常熟市中学百年校史
（1924—2024）

常熟市中学 编著

苏州新闻出版集团
古吴轩出版社

图书在版编目（CIP）数据

常熟市中学百年校史：1924—2024 / 常熟市中学编著. -- 苏州：古吴轩出版社，2024.9. -- ISBN 978-7-5546-2440-1

Ⅰ．G639.285.33

中国国家版本馆CIP数据核字第2024TP5405号

责任编辑：俞　都
见习编辑：王朝霞
装帧设计：韩桂丽
责任校对：蒋丽华
责任照排：刘　浩

书　　名	常熟市中学百年校史（1924—2024）
编　　著	常熟市中学
出版发行	苏州新闻出版集团
	古吴轩出版社
	地址：苏州市八达街118号苏州新闻大厦30F
	电话：0512-65233679　邮编：215123
出 版 人	王乐飞
印　　刷	苏州市越洋印刷有限公司
开　　本	787mm×1092mm　1/16
印　　张	20.25
字　　数	342千字
版　　次	2024年9月第1版
印　　次	2024年9月第1次印刷
书　　号	ISBN 978-7-5546-2440-1
定　　价	100.00元

如有印装质量问题，请与印刷厂联系。0512-68180628

编辑委员会

主　任：马　宁　华国平
委　员：平卫星　邵俊峰　葛　岩　张一览
　　　　　沈国明　顾　钰　朱　梅　张琦祯

顾问委员会

王克芳　金沛耀　李勤晓　钱文明
王金涛　凌解良　周永良

专家委员会

沈秋农　唐　坚　吕惠峰　金　晔　俞益民

编写组

主　编：张琦祯
副主编：顾　钰　程亚群　朱　梅

校名沿革

1924.07—1937.11	常熟县立初级中学校
1939.10—1945.08	常熟县立中学校
1945.09—1952.02	常熟县立初级中学校
1952.03—1958.05	常熟市中学
1958.06—1982.12	常熟县中学
1983.01—	常熟市中学

各时期校徽剪影

常熟县立初级中学校门（1933年—1983年）

常熟县立初级中学女子部旧址
（1927年—1936年）

20世纪60年代县中校门近景

常熟市中学校门(1987年—2001年)

常熟市中学校门(2001年—2002年)

1927年—1991年教学楼

1953年—1991年教学楼    1979年—2002年教学楼

2001年新建之教学楼、实验楼

思进园与常熟县立中学校校名匾（2001年修建）

学海无涯雕塑（1994年6月立，王淦昌题词）

陈旭轮塑像（2000年9月立，孙起孟题）

缃素楼遗物——白皮松
（2001年修，校友戴逸题）

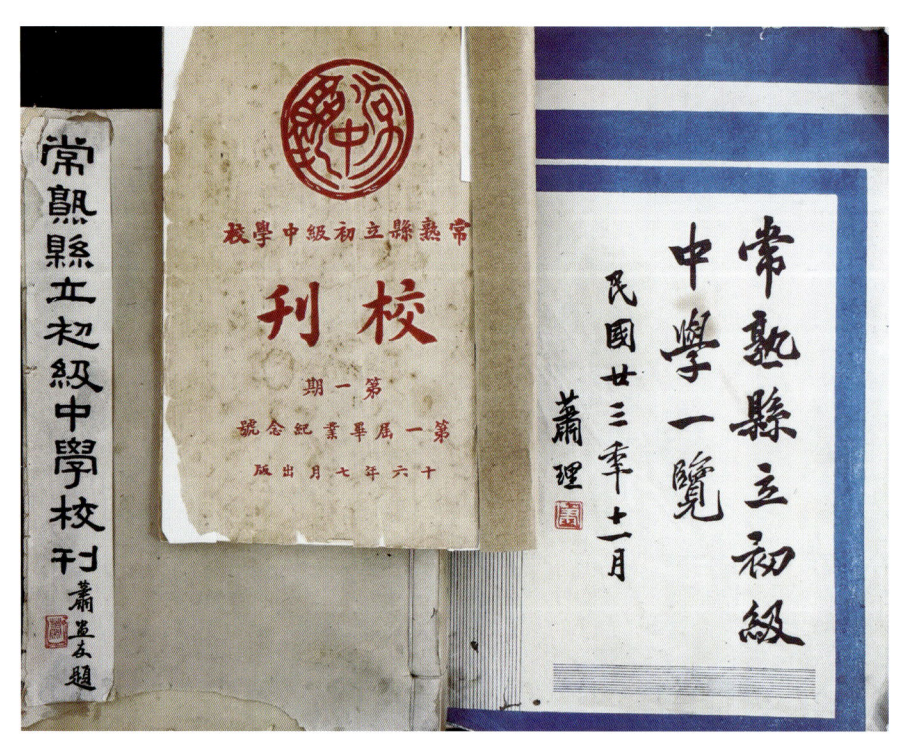

常熟县立初级中学校刊（中：1927年第一期校刊；左：1937年校刊；右：1934年校刊）

《常熟县立初级中学校校歌》

学风玉律无形树　风尚初培

常熟县立初级中学校训

公 勇

罗时宝题

"公勇"校训（1933年）

明礼义 知廉耻
负责任 守纪律
培根仁弟存念
陈旭轮赠言
戊子春日

陈旭轮校长题词赠言（1948年）

"诚敬"校训（1945年以后）

钱孟豪老师题词赠言（1950年）

县中女声小合唱队合影（1959年）

学生文艺宣传队表演《长征组歌》（1966年）

学生拔河比赛（20世纪70年代）

常熟市中学首届业余党校开学典礼(1988年)

首届校园文化艺术节(1989年)

《市中青年》黑板报(20世纪90年代)

1946年8月26日《新生报》登载的西仓前地名由来

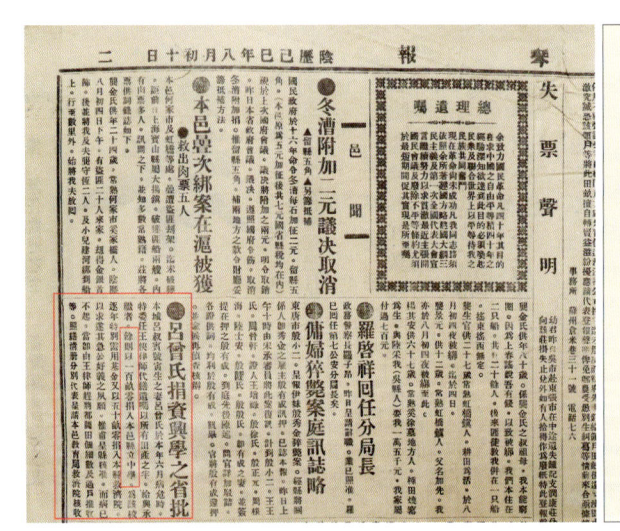

原文：

小掌故
西仓前

西门有西仓前街，河之两对面均称之。惟所谓仓，指藏谷之处。今单有其名曰仓，不见仓之所在，其实就是现在县立初级中学校校址。以前本为仓廒，系收得田赋实物堆积之地。区区于6、7岁时，曾随先父纳赋，即其处也。至于以西别者，为本邑素有常熟、昭文两县，常熟偏于西，仓设其地；昭文位于东，故小东门外，有东仓街，即昭文粮赋堆积之所也。

1929年9月12日《琴报》登载的吕曾氏向县中捐资兴学

原文：

吕曾氏捐资兴学之省批

本城吕叔宾号寅生之妻吕曾氏于本年六月病危时，特委任王侠律师代缮遗嘱，以所有田亩之半，给与承继者；余则以一百亩零捐入本邑县立中学，为该校逐年特别需用基金；又以五十亩零捐入本县救济院，以求遂其急公好义之夙愿。惟甫呈县核准，而病已不起，当即由王律师赶将都图佃细数及过户推收等，照缮清册，分别代表呈请本邑教育局、救济院核收。

校园晨雪

登载本校学生作文的部分报刊

学雷锋小组坚持助残上学
（20世纪80年代初）

小花园晨读（20世纪80年代）

科技讲座（20世纪80年代）

课外活动（20世纪90年代）

学生参观上海光机所激光装置（前排左2为范滇元院士）

学校规模新壮丽　恢宏校园

教学楼外景

教室内场景

学校规模新壮丽　文脉传承

校训石（2007年立）

常熟县立中学校校名匾（2014年仿）

常熟市中学老校门（2012年仿）

常熟县中学老校门（2024年仿）

建校百年纪念碑（2024年8月立）

学校规模新壮丽　文脉传承

旭轮广场（2014年建）

学海无涯雕塑
（2014年从老校移立，吴树青题词）

旭轮书院（2024年建）

学校规模新壮丽　特色凝练

"助力前瞻项目"行动支部活动

"光荣在党50年"纪念章颁发仪式

党员冬训主题党日

重温入党誓词

"爱心助学"结对活动

"市中书市"爱心基金捐款

"志愿者之星"颁奖仪式

"江苏省中小学生品格提升工程"优秀项目证书

学校规模新壮丽　特色凝练

"美与科学"跨界课堂示范教学

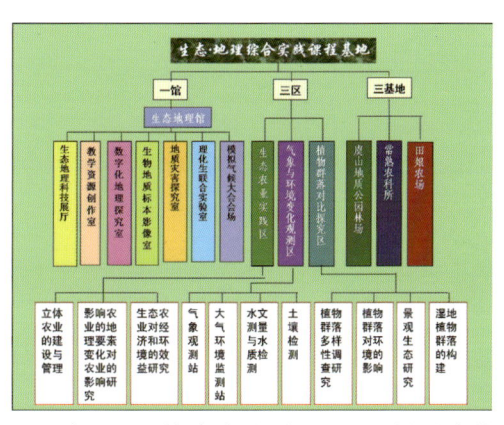

"生态·地理综合实践课程基地"教学建构示意图

东篱生态农场农业实践课

普职合作社会实践活动

19

学生干部培训

任臻同学（左3）获2005年全国化学奥林匹克竞赛一等奖

"跨界课堂"获国家教学成果二等奖证书

"高中地理品质课堂"获苏州市基础教育成果特等奖证书

"青蓝结对"仪式

首届"四有"青春杯青年教师赛课颁奖仪式

教师培训学术报告会

江苏省教科研工作先进集体证书

学校规模新壮丽　特色凝练

常熟花边传承人谢燕月老师（右3）
指导学生制作花边

刘云钊同学获江苏省中学生运动会跳高冠军

跑操运动会颁奖仪式

学校体育工作获得的部分锦旗、奖杯

建校以来历任校长、书记（一）

首任校长沈佩畦 　　孙贡元校长 　　陈旭轮校长

王克芳书记 　　张剑校长 　　庞学渊校长

刘省主任 　　刘杏度主任 　　梅影校长

建校以来历任校长、书记（二）

钱建南校长 　　　　　金沛耀校长 　　　　　李勤晓校长

钱文明校长 　　　　　王金涛校长 　　　　　凌解良校长

周永良校长 　　　　　马宁校长 　　　　　　华国平校长

季昌龄　首倡建立县立中学 　　郑宗鲁　江苏省优秀教师 　　季良生　江苏省优秀教师

孙鸣玉　江苏省优秀教师 　　黄　冠　优秀教导主任 　　司马淳　江苏省优秀教师

郑士杓　常熟市优秀教师 　　顾树棠　常熟市优秀教师

邵宪鸿
全国优秀班主任

吴宗瑾
全国优秀工会积极分子

钱文明
全国优秀教师

陆如年
全国优秀教师

周永良
全国优秀教师

邓一先
全国优秀教师

沈国明
全国模范教师、江苏省特级教师、正教授级高级教师

顾　钰
全国中小学外语教学名师

吴彦彰
全国先进青年志愿者

强守仁
江苏省特级教师

韩建光
江苏省特级教师

马　宁
江苏省特级教师、正高级教师、"苏教名家"培养对象

邵俊峰
国家教学名师、江苏省特级教师、正高级教师

汤丽萍
正高级教师

肖　敏
正高级教师、江苏教学名师

陆文博
正高级教师、江苏教学名师

蒋少卿
正高级教师

1936年县中教职员合影

常熟市中学首届教代会合影（1984年）

20世纪90年代部分女教师合影

21世纪初部分退休教师合影

现任学校党政领导合影（2024年8月）

学校行政会议

语文教研组

数学教研组

英语教研组

政治教研组

历史教研组

地理教研组

万卷园丁书满腹　　现任团队

物理教研组

化学教研组

生物教研组

体育教研组

艺术、信息、劳技、心理教研组合影

芬芳桃李金秋色　学术巨匠

姚　鑫　1930届
中国科学院院士

戴　逸　1937级
中央文史馆馆员、清史编纂委员会主任

黄心川　1943届
中国社会科学院荣誉学部委员

陆　埮　1949届
中国科学院院士

范滇元　1956届
中国工程院院士

吕达仁　1956届
中国科学院院士

庞翔勋　1927年首届
中国职业教育家

温肇桐　1928届
中国绘画史论家

周太炎　1928届
著名植物学家、植物药学家

俞炳元　1930届
著名水电专家

严寄洲　1928级
著名电影艺术家、导演

王　立　1932届
原第五机械工业部副部长

芬芳桃李金秋色　各界精英

吕　恩　1934届
戏剧表演艺术家

朱爱秾　1935届
革命烈士

吴大梁　1942届
中国炮兵射击理论奠基人

吴树青　1946届
北京大学原校长

姚振炎　1946届
国家开发银行原行长

顾家柳　1947届
获国家科技进步一等奖

吴　翔　1948届
获国家自然科学奖一等奖

陆治年　1948届
获国家科技进步一等奖

沈辛荪　1949届
著名运载火箭技术专家、
获国家科技进步特等奖

王炜炘　1950届
国家有突出贡献专家

张留徵　1951届
获国家科技进步一等奖

张宗悦　1952届
获国家科技进步一等奖

芬芳桃李金秋色　各界精英

吴铨叙　1954届
中国人民解放军原副总参谋长、上将

陈炜湛　1954届
著名古文字学家

李　英　1956届
获第六届全国发明展览会金奖

温鸿钧　1956届
获国家科技进步一等奖

霍兴云　1956届
获国家科技进步一等奖

蔡　鹍　1959届
国家水雷行业首席科学家

倪允琪　1959届
国家"973"项目首席科学家

蔡若明　1960届
著名翻译家

金振昭　1962届
少将，某发射中心基地原副总工程师

潘连生　1964届
陕西省原副省长

沈国放　1968届
外交部原部长助理

杨燕华　1978届
国家电力投资公司首席专家

尤新刚　1980届
获国家某部最高科技奖

朱　兰　1980届
中国医学科学院学部委员，获2024年中国"最美医生"称号

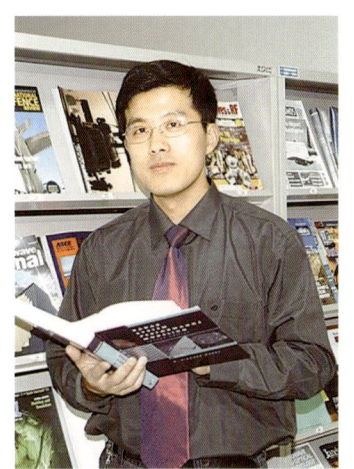

邢文革　1981届
中国电科首席科学家，"中华神盾"雷达副总设计师，获国家科技进步特等奖

余　兵　1985届
国家能源投资集团有限责任公司总经理

宋云明　1985届
中国科协海智计划专家

王岳明　1986届
深圳万科德投资发展有限公司董事长

沈新莲　1986届
获国家科技进步一等奖

干春晖　1986届
财政部产业经济学跨世纪学科带头人

黄志强　1988届
中共第二十届中央委员会候补委员、
内蒙古自治区党委常委、政府常务副主席

潘红兵　1989届
国家重点项目首席专家

屈文洲　1990届
福建省首批哲学社会科学领军人才

朱　波　1992届
获中华医学科技进步一等奖

季 薇　1992届
华映资本创始管理合伙人、总裁

石建军　1995届
上海浦江学者、曙光学者

归泳涛　1995届
北京市高等学校青年教学名师

郑庆余　1995届
获全国青年美术作品展优秀奖

徐 瑜　1999届
国家高层次人才计划青年拔尖人才

朱 真　2002届
获国家科技进步二等奖

昔日青衿贺华诞　贺信题词

母校百年校庆　学子衷心祝贺

望各位学弟在校打好基础，养成良好学习习惯，做好终生学习准备，为中华民族伟大复兴贡献一份力量。

祝母校越办越好！

53届初中　学子　姚振汉
2024.5.27

1953届　姚振汉题词
清华大学教授、博导

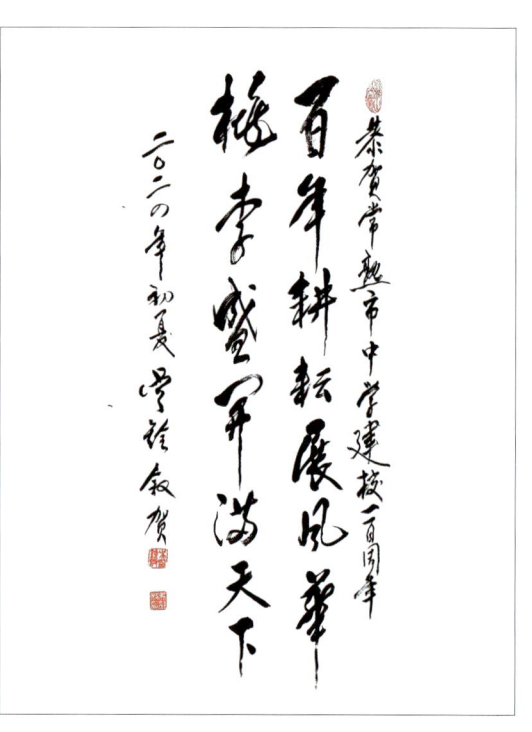

恭贺常熟市中学建校一百周年

百年耕耘展风华
桃李盛誉开满天下

二〇二〇年初夏　吴铨叙贺

1954届　吴铨叙题词
中国人民解放军原副总参谋长、上将

常熟市中蕴
人杰地灵　英才辈出
教书育人硕果累
砥砺前行再谱华章

贺母校百年华诞
五六级毕业校友　范滇元
2024.7.26

1956届　范滇元题词
中国工程院院士

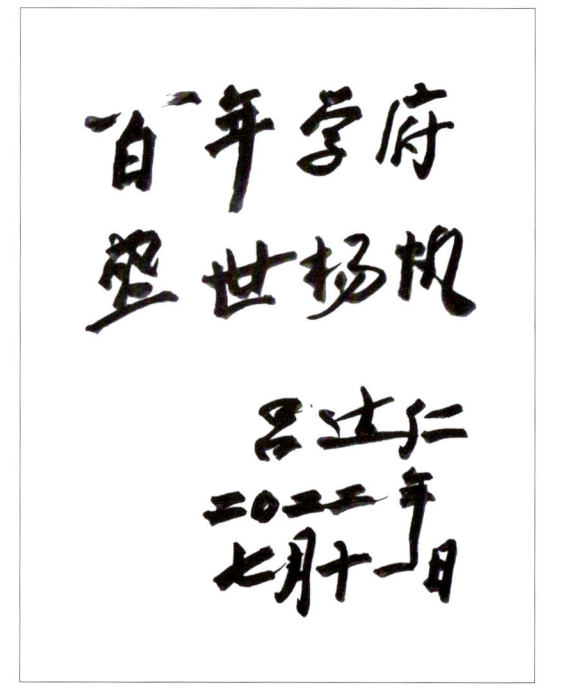

百年学府
盛世扬帆

吕达仁
二〇二二年七月廿一日

1956届　吕达仁题词
中国科学院院士

42

1961届　缪宝根题词
市中，
我心中的学校，
它培养了我，
教我如何做人。
缪宝根 上

1961届　缪宝根题词
资深翻译家、新华社对外部译审

祝母校常熟市中学百年华诞
敬录母校箴训全句
校训 诚敬
校风 爱国勤奋文明进取
教风 严谨求实科学创新
学风 精思好学濡诚活泼
原常熟县中学63届高中毕业
校友 潘永樑 敬书

1963届　潘永樑题词
解放军外国语学院教授、博导

在传承中创新
在创新中发展
建一流队伍
育杰出人才
为强国富民

再创辉煌！
贺母校百年华诞
戈雪芬
2024.6.16.

1964届　戈雪芬题词
全国五一劳动奖章获得者

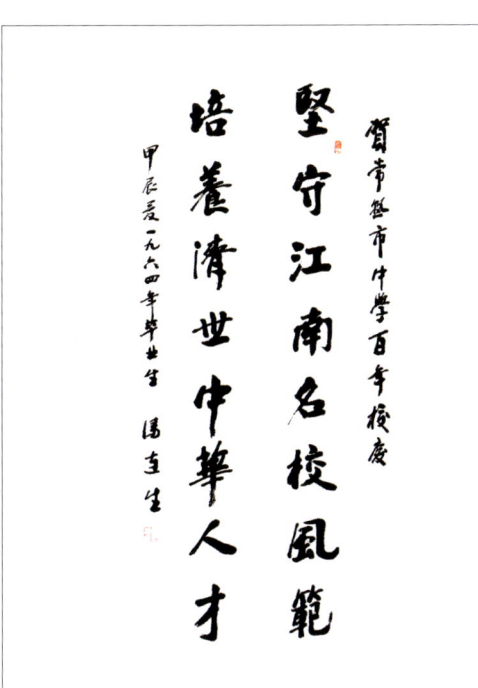

贺常熟市中学百年校庆
坚守江南名校风范
培养济世中华人才
甲辰岁一九六四年毕业生 潘连生

1964届　潘连生题词
陕西省原副省长

43

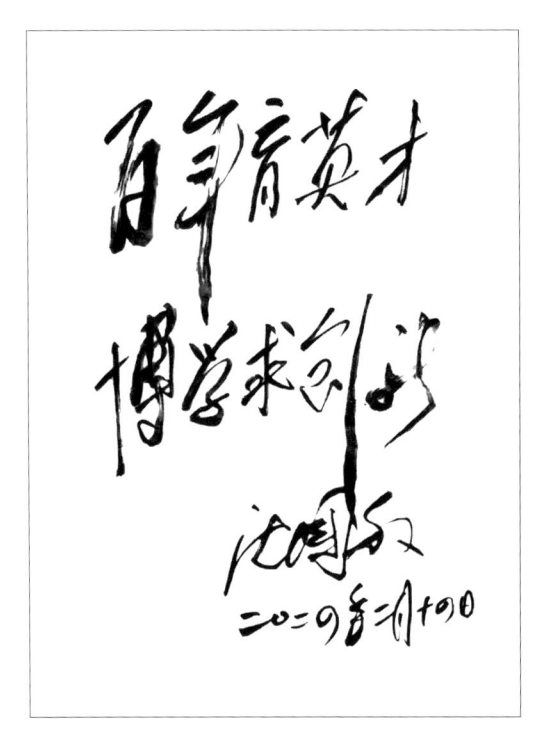

1968届　沈国放题词
外交部原部长助理

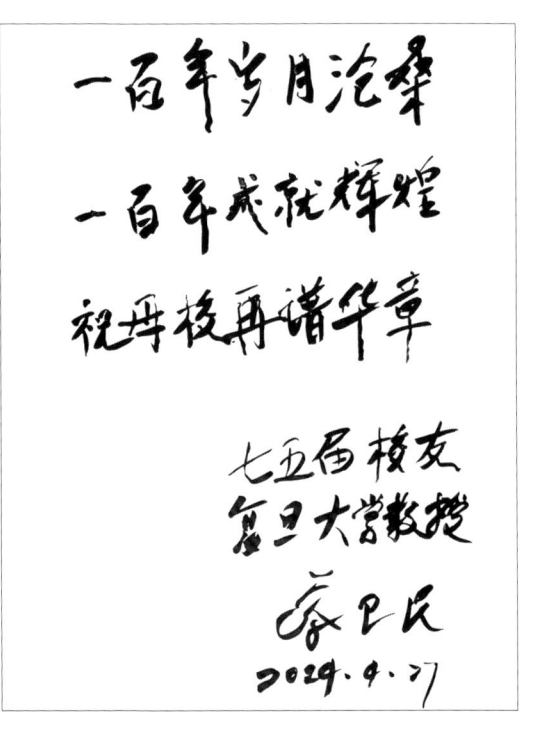

1975届　蔡卫民题词
复旦大学教授、博导

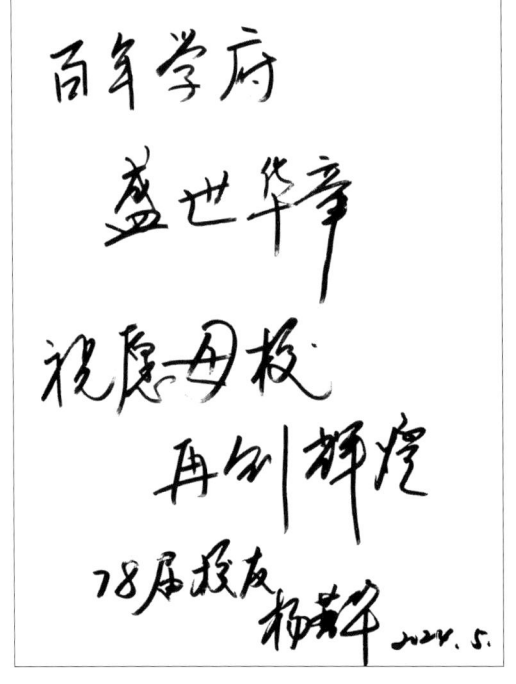

1978届　杨燕华题词
国家电力投资公司首席专家

1981届　杨崇华题词
常熟市人大常委会原主任

编辑说明

一、本书共分四篇，第一篇为校史综述，第二篇为学校各领域之分述，第三篇为人物，第四篇为表，另附有大事记。

二、本书主要采用史书体例，并以志书体例参互之。第一篇全采史书体例，叙学校之发展历程及治校措施之脉络，记教方之足采者，供后来者鉴之；第二至第四篇多用志书体例，罗列百年间学校各领域之状况，补纪事之不足，以存志览之要。

三、校史综述部分，按学校发展阶段分列三章：第一章为初级中学时期（1924年—1952年），第二章为完全中学时期（1952年—2002年），第三章为高级中学时期（2002年—2024年）。其章节设置，兼取历史时期、学校发展线索、历任校长任期三者厘分之。

四、校史分述部分，主体为叙各领域校事之本末，所记尽量与前述少相重复，以全概貌；每一领域之前，按史书体例，分阶段叙说，求与前述呼应，裨益读者撷采；每一领域之后，按志书要求，条缕明细，全其始末。

五、人物部分，主要记载历任学校领导、卓越教师、建校百年杰出校友。卓越教师之选，以受国家表彰教师、特级教师、中小学正高级教师为准；建校百年杰出校友之选，以专家、教师评选结果为准。

六、表记部分，择其要点、特色及可资借鉴者分列之。部分为原始表格，为便阅读，仅对繁体字进行了简化，有的作了竖排转横排调整；其余表格，均据所掌握材料整理统计，力求真实可信；表内部分数据材料，因手头资料所囿，无法周全的，作空缺处理。

七、史志之末，附有大事记，求其简约。主要围绕校史之源流、政教之发端、人物之奉献，择要展开，并酌补本书叙事疏阔之不足。

八、关于时间概念，本书全部采用公历，除标明年、月、日之外，其余时间概念均按历史学科通用方法处理。有个别时间用干支纪年,以公历注明之。

九、本书所据资料,主要采自学校档案,并参阅常熟市档案馆之教育局档案和常熟市人民委员会档案,同时酌取新中国成立前后报刊、《常熟文史》等有关记载,未擅妄改;其间说法不一、内容互歧之处屡见,经考订尽量存真去疑;有些事实去时久远,虽询之耆旧犹不能明,一般作阙而不用处理,必须载入者则用而置疑之。

序

  古城常熟文脉渊深，亘历千载；常熟市中学教育繁盛，至今已届百年。回眸历程，思绪良多。市中靠什么发展？应如何前行？这是我们立于特定时间节点上，必须认真思考并回答的问题。

  古人云："敬教劝学，建国之大本；兴贤育才，为政之先务。"作为常熟第一所公立中学，市中在家乡父老的支持下而建立；中华人民共和国成立后，市中在党和政府的领导下而兴盛。为国兴教、为民办学，是市中人的宗旨。常熟县立初级中学建校之初，面对当时战乱频仍、经费竭蹶、校舍仄陋的巨大困难，首任校长沈佩畦身怀教育救国宿志，带领全校师生筚路蓝缕开辟荆荒，历经三年把学校办成规模初具的普通中学。从1927年至1937年间，县中面临多事之秋，曾多次被迫解散。危难中，全校师生怀着造福乡梓的赤子之心，一次次地奋起挽救学校，使县中血脉得以绵延至今。抗战胜利以后，陈旭轮校长等高举复兴大旗，以极大的毅力团结师生排除万难，使县中逐步发展成为苏南名校。20世纪70年代末期，全校师生以实现"四个现代化"为己任，夙兴夜寐，数年之间把学校建成为江苏省首先办好的重点中学。自此之后，市中人牢记办学宗旨，不断勇攀高峰，在跨越国家级示范性普通高中、江苏省四星级普通高中的基础上，继续朝着高品质示范高中目标奋力前行。一部市中发展史充分表明：志存家国、坚守使命、勇于担当，是市中的立校之基、强校之本。

  一个世纪以来，常熟市中学经历了初级中学、完全中学、普通高中三个发展阶段。在不同历史时期里，市中始终与国家和家乡同呼吸、共命运。家国情怀、责任意识、奉献精神始终是学校教育的主旋律。100年间，常熟市中学共培养了近5万名初、高中毕业生。他们中有中国科学院院士姚鑫、陆埮、吕达仁，中国工程院院士范滇元，中国社会科学院荣誉学部委员黄心川，国家开发银行原行长姚振炎，北京大学原校长吴树青，中国人民解放军原副总参谋长吴铨叙上将等一大批著名校友，以及遍布全球、覆盖各行各业的优秀学子。数以万计的市中校友在母校的教育熏陶下，同怀天下之志，齐展聪明才华，用实际行动向世人昭示了市中学子的抱负和担当，树立了母校教育的世纪丰碑。事实表明，胸怀祖国、心系家乡、不负人民，是市中学子依仁成材、建功立业的必由之路。

　　一所学校的发展，关键在于培育优良的风尚。市中历来以管理"严、实"为其本色。常熟县立初级中学校建立初期，学校以"公勇"为校训，通过不断修订典章，建立了较为完备的管理制度，为优良校风的形成打下了良好基础。从抗战胜利至常熟解放，县中大力弘扬"诚敬"校训精神，建立了一整套"严格要求、严明风纪"的管理体制，产生了广泛而深远的影响。中华人民共和国成立后，学校根据党和国家的教育方针，不断推陈出新，"积极上进、学风端正、勤俭朴素"成为全体师生的时代风貌。1981年，学校首次提出以搞好"校风、教风、学风、领导作风"建设总揽全局的思路，大刀阔斧地实施各项改革；至20世纪90年代，市中根据素质教育和教育现代化要求，两次重新诠释"四风"建设内涵，并据此全面修订各项规章制度，系统推进内部管理体制改革，市中"严、实、新"的管理风格特色获得社会公认。进入新世纪以后，市中贯彻文化育人理念，突出"诚敬"校训文化建设，强化情感管理、制度管理和精细化管理，逐步形成了具有市中特色的校风建设新模式，学校的优良传统进一步发扬光大。可以说，百年来持之不懈的优良校风培育，是我们这所名城老校赖以永葆活力的不二法宝。

　　常熟市中学建校以来，经历了国家和民族的沧桑巨变，经受了办学进程中的各种磨难与挫折，通过了百年教育史上的重重考验。在每一个历史节点，市中都能一往无前地走过，靠的是变则通、通则久，靠的是日日新、又日新。市中人有追求卓越的胆气。其中涌现出一大批德才兼备、业绩卓著的优秀教育工作者，他们用高尚的师德情怀、精益求精的工作作风，引领着学校登高望远、阔步行迈，充分体现了市中人永无止境的理想追求。市中人有敢为人先的勇气。百稔之间创造了不胜枚举的常熟第一：第一个实施教职员全日办公制度、第一个理化分组实验室、第一个推行年级组管理、第一所家长学校、第一所中学生业余党校、第一所教师发展学校、第一个青年志愿者协会和志愿服务共建基地、第一个学生素质发展评估"绿卡"制度、第一个实行普职联动社会实践等。市中人有永不自满的豪气。长期以来，市中一直走在区域教育的前列，在骄人的成绩、夺目的荣耀面前，市中人从不故步自封；在雄厚的办学底蕴、行之久远的治校经验面前，市中人从不墨守成规；在新的课题、新的挑战面前，市中人从不作壁上观。顺时而动、应时而发、及时而上，是市中完善自我、常创常新的要诀。近年来,学校在研教团队、五育融合、教育科研、课程建设等方面展开新的探索,其经验成果已居于江苏省领先地位。我们深知,兴校之路无有止境,百尺竿头更有一楼,我们将为之上下而求索。

历史代表了过去,历史可以照鉴未来。在常熟市中学风华百载之际,我们组织编写了《常熟市中学百年校史(1924—2024)》,以总结学校既往办学经验和成果,从中汲取新的发展动力。市中未来可期、大有可为。在党和政府、社会各界、广大校友的关心支持下,我们的学校亦必一如既往,不负重托,努力为国家和家乡的发展作出更大贡献!

马宁 华国平

2024年7月

注:作者马宁为常熟市中学党委书记,华国平为常熟市中学校长。

目 录

序 ·· 马　宁　华国平

第一篇　综　述

第一章　初级中学时期(1924年—1952年) ··· 2
　　第一节　公立中学之肇建(1924年—1927年) ··································· 2
　　第二节　学校的扩充前行(1927年—1937年) ··································· 6
　　第三节　沦陷时期的县中(1938年—1945年) ································· 10
　　第四节　困局中的艰难发展(1945年—1949年) ······························ 13
　　第五节　苏南名校的形成(1949年—1952年) ································· 17

第二章　完全中学时期(1952年—2002年) ··· 21
　　第一节　学校的社会主义改造(1952年—1956年) ··························· 21
　　第二节　全面发展的学校教育(1957年—1976年) ··························· 24
　　第三节　江苏省重点中学的建设(1976年—1986年) ······················· 27
　　第四节　省重点中学地位的确立(1986年—1992年) ······················· 32
　　第五节　国家级示范高中的建设(1992年—2002年) ······················· 38

第三章　高级中学时期(2002年—2024年) ··· 47
　　第一节　办人民满意教育的探索(2002年—2010年) ······················· 47
　　第二节　办人民满意学校的发展(2010年—2017年) ······················· 55
　　第三节　高品质特色高中的建设(2017年—2024年) ······················· 63

第二篇　分　述

第四章　党建工作 ·· 76
　　第一节　党的建设 ··· 76

第二节	群团组织、民主党派	83

第五章 德育工作 ········· 87
第一节	德育管理	87
第二节	德育特色项目	91

第六章 教学与科研 ········· 101
第一节	教学管理	101
第二节	科研管理	105
第三节	招生、课程	108
第四节	教研组	112
第五节	体育、美育	117

第七章 校产、后勤 ········· 122
第一节	校舍校产	122
第二节	后勤管理	126
第三节	经费、校办企业	128

第八章 附设机构 ········· 134
第一节	暑校、简师、西塘桥分校	134
第二节	常熟市中学分校	137

第三篇 人 物

第九章 学校领导、卓越教师 ········· 142

第十章 建校百年杰出校友 ········· 146

第四篇 表

一、学校组织情况表 ········· 158

二、建校以来教职员工情况表 ········· 167

三、建校以来校舍建设、布局情况图表 ········· 183

四、建校以来历年班级数、学生数汇总表 ········· 190

五、学校、教师获得苏州市级及以上荣誉表彰情况 ········· 196

六、学校教学、科研成绩情况表 ········· 203

七、学生学习成绩情况表 ········· 213

八、学校德育活动计划表 …………………………………………… 217

九、建校以来学校课程实施情况表 ………………………………… 223

十、普通高中时期部分对外公开课安排表 ………………………… 230

大事记 …………………………………………………………………… 238

后记 ……………………………………………………………………… 261

第一篇 综 述

第一章　初级中学时期（1924年—1952年）

第一节　公立中学之肇建（1924年—1927年）

清末民初，常熟地区小学教育发展迅速。至1923年，全县先后兴办小学195所，在校学生13504人，当年毕业生约1000人。是时，本县仅有孝友中学、诚一中学两所新办私立中学，规模很小，无法满足学生升学需求。

1923年，海虞市议员季昌龄（字梦九）等提议创办县立初中。1924年1月5日，县教育局确定在西仓基处建筑县立中学校校舍。1月8日，县参事会核议决定募集建筑中学校舍公债25000银圆，自甲子年（1924年）始，按亩征"县中建筑税"，分4年归还。7月22日，县公署和教育局决定暂以大步道巷新城隍庙后宫（原女子职业学校）为校舍，并入原县立师范的设备，建立常熟县立初级中学校，聘沈承烈（字佩畦）为筹备委员。7月底和8月初，两次借县立第一高等小学进行招考，共录取学生39名。

首届录取学生名单为：

1924年8月1日，常熟县立初级中学校第一次录取新生：

孙云勋　顾声华　钱树琼　卞鹤年　归志鹏　俞炳益　赵仲伋　何家麟
孙云榜　顾锡鼎　张同恺　蒋经武　金达智　张长福　钱文熙　李元庆
王叔稣　钱大邦　徐巽行

1924年8月12日，常熟县立初级中学校第二次录取新生：

周说礼　朱钟祥　顾兆璜　温肇桐　归　鸿　褚振华　庞翔勋　殷李沛
金炳元　曾锡蕃　朱维典　蒋凤阳　沈振基　龚煜麟　朱其相　石兆麟
黄同禾　屈赓尧　陈　文　屈骐培

8月中旬，沈佩畦会同县公署、县教育局代表、原女子职业学校校长等，接收新城隍庙后宫。随后在大步道巷开辟校门，修葺房屋，平整场地，购置课桌椅和教学设备，8月底完成开学准备工作。时因江浙军阀战争，县公署经费竭蹶，学校被迫延期开学。9月26日，县教育局聘任沈佩畦为县中校长。沈校长学术湛深，致力于教育事业，以精诚相感召，为学界所推崇。延聘钱景高（字南山）、归钟麟、王景福、王思方、李翊华、吴奎、邵福平、李镇寰、王楜、钱元鼎、陆映斗、钱祖墉、吴俊成为首任教职员。

1924年10月4日，行开校礼，正式开学，是为常熟县立初级中学立校日。

开学以后，县中在常熟教育界首先建立了教职员全日办公制度，并设立教务、事务、训育三部，各委主任，分掌庶务。在校长领导下，建立了教职员办公会议，学校一切重大事项，都由会议集体讨论决定。1925年元旦，学校图书、科学、艺术、体育四个陈列室同时开放。

1925年5月，县中开办将近一年，常熟县视学杨祥麐来校视察，他在呈报县教育局的视察报告中说："该校全年经费三千六百余元……训育方面，颇多设施，有周记、学期反省录、谈话录、学生习惯调查录。课余有演说竞进会、星期远足会，以及各种运动会组织，均能切实办理。校舍借用昭邑庙后宫，地步局促，内部构造亦少合用。操场僻小，各种运动不足以资回旋，将来学生发达，殊难进展，亦不可不预为计也。检阅试验成绩，均斐然可观。知识科以作文为最，技术科以竹刻为最……查是校开办迄今将届一载，而成绩已楚楚可观。沈校长诲人不倦，办事切实，尤注意于训教，孟晋不息，将来成效，益有可观。"

建校初期，县中的教育是德智体三育并进。重视思想教育，重视课堂教学和课外文体活动，指导学生实行自治。

在思想教育上，提倡学习认真、工作踏实的校风，进行热爱祖国、尊师守纪、修养品德、勤奋学习的教育。对教师强调在立身处世、待人接物、品格道德、学习工作、生活习惯上以身作则。对学生先从调查入手，详细了解学生个性、家庭和过去所受教育情况；平时注意观察学生言行，尽量发挥每个人的长处，调动同学们的积极性；在方法上常用个别谈话，动之以情，晓之以理；多用积极的指导和鼓励，少用消极的训斥与禁止；对个别屡教不改者，才进行纪律制裁。每学期对于操行列入甲等、各科成绩均列甲乙等、服务有卓越成绩、一学期无缺课、演说竞赛和体育优良者，学校均分别发给荣誉证书，并在校中提名揭示。

20世纪20年代，中国内忧外患，苦难深重。学校通过校内外各种形式的纪念活动，进行爱国主义的教育，如元旦、"五一"、"五四"、"五九"（国耻日）、"五卅纪念"等。县里举行的各种大会，学校均推派师生代表参加，如孙中山追悼会、反日出兵大会等。1925年6月7日，县中师生参加集会游行，谴责英国巡捕制造"五卅惨案"。6月10日，县中学生分往城厢内外募捐，协济沪工。

学校很重视培养学生的自治能力，支持学生组织起来，开展课外活动，实行生活自我管理。1925年6月26日，校内建立了学生会，分立法部和执行部，执行部下设会务、级务、舍务、校刊、图书、演讲、学艺、体育、卫生、巡察、娱乐等11个部，以开展班级工作、文娱体育、出版校刊、练习演说以及宿舍管理、清洁卫生等活动。为了便利学生购买课业用品和食品等，1926年6月1日，沈校长指导学生会建立消费合作社性质的贩卖部，资金由同学自由认股，每股几角钱，后来积累到股本50多元。每天课后营业，由学生轮流值日，年终结账，将盈余部分按股分配给认股同学。此举极受同学欢迎。

在教学上，当时县中各科教学要求严格，课堂教学严肃认真，讲解详明，秩序井然。首届学科教学情况列表如下：

课程	主要教材	补充教材	任课教师	教学特点
公民	中华教育改进社丛书《初中公民学教本》	选辑阅报、阅书、演说、书信、开会、旅行、时事研究、日常言行、假期工作等	沈佩畦	教学上辅以周记、"学期回顾录"、时事纪要指导等
国语	由教师选编，主要讲授唐、宋、明、清散文	乡土教材《书谭半城事》《佩兰诗草序》等，三年级选读《论语》	钱南山	博古通今，讲课时议论风生，见解精辟
			王吉民	备课充分，讲课细致详明，批改作文特别仔细，批语多用鼓励疏导
			邹朗怀	讲解透彻，特别重视诵读
算学	中华书局《新中学算学》《代数》；商务印书馆《现代初中代数学》《几何学》《三角术》	大同丛书《近世初等代数学》《近世初等几何学》和辑印《算学引论》	庞守白	分析详当，重视分组演示
英语	商务印书馆《现代初中英语教科书》《新学制英语读本文法合编》《英文语句分析与图解》；伊文思书馆 Good Manners；中华书局《英文法》	《格列佛游记》《英语周刊》，三年级选授英文地理	王矩庭	注意准确读音，讲解文法和练习口语并重
			唐维麟	特别重视会话练习
自然	商务印书馆《新学制自然科学教科书》《现代初中生理卫生学》《物理学》《化学》		邵丽生	注重分组实验、课后应用，组建昆虫队，每周一次出西门采集、自制标本
书法			王仁济	名闻琴川的隶书家

1926年秋学期起,学校对首届初三学生进行职业指导,由沈校长讲教育界概况,电报局局长蒋吉如讲电报界概况,邮务局局长张偓仙讲邮务局概况,苏州美专校长颜文樑讲图画引论,第一师范音乐教员张耀卿讲音乐引论,本校教师庞守白讲算学引论,并印发了刘湛恩的择业自审表,调查学生的特性、兴趣、志愿、环境、经历等,同时进行个别指导。这些举措对学生毕业后的升学与就业,起了一定的指导作用。

在课外活动方面,学校提出:"利用学生生活余力,为种种正当之课外作业,一以调剂单调的生活,一以替代无意识的妄动。"其主要课外活动有:

1. 课外阅读:学校把校备图书借给学生,并发动教师、学生捐赠或借存书刊,合计有400多种,由学生自治会图书部同学负责管理。学生借书非常踊跃,他们从诵读古文的圈子里跳出来,开始接触新文艺、新思想的书刊,提高了阅读和写作的能力。

2. 出版墙报:1924年10月13日,《学生周刊》第一期出版,由全校同学参加编写,主编李元庆同学负责以毛笔誊写,上墙展出。以后每周一期,3年间共出版93期,另有增刊27期,内容包括散文、诗歌、小说、谜语、校闻、图画等。后来寄宿生发起出版《雕龙周刊》,以研究文艺为主,前后共出刊68期。1925年3月1日,《学生旬刊》第一期出版。

3. 戏剧活动:1925年12月1日,学生会设立新剧部。根据学生喜爱话剧的情况,学校委派庞守白老师指导。1926年元旦,演出了《棠棣之花》《终身大事》《新闻记者》和《板桥道情》。1927年元旦,演出了《楚垒》《死后之胜利》等。1927年5月,在逍遥游(址在老城区西隅、虞山东南麓)举办的庆祝北伐游艺大会及赈灾募捐游艺大会上,县中话剧队的《虫之乐队》《孔雀东南飞》等节目颇受观众欢迎。

4. 书画、篆刻:1925年3月2日,成立篆刻部。1926年秋,学生温肇桐、季国屏等发起成立书画研究会,同时将篆刻部改为篆刻研究会。两个研究会每周将会员的习作陈列于教室后壁,两周更换一次。尽管这些作品大多出于模仿,但在全校美育教育上起了一定的促进作用。1925年4月13日,举办第一届图画展览会。

5. 演讲比赛:学校重视学生口头表达能力的培养,1925年4月11日,演讲部举行第一次总比赛,庞翔勋、李诗雄等获最优胜奖。平时报名参加演讲练习的同学被分成小组,在星期日按组练习,期末时举行比赛,优胜者给予表扬。1926年1月16日,演讲部举行第二次演讲总比赛,贺永湘、周太炎等获最优胜奖。"五卅惨案"发生后,校学生自治会组织同学上街宣传演讲,并进行募捐,听众深受感动,纷纷解囊捐助。

6. 修学旅行：1925年起，学校开始举行远足和修学旅行，学生事先在老师指导下制订计划，并规定纪律，先后去梅李、福山、维摩寺远足，修学旅行到无锡和镇江等地。回校后每人写远足记、旅行记，举行报告会和旅行成绩展览会。

7. 体育运动：是时学校只有一片篮球场，体育设备也少，但体育活动较多。其中篮球队最活跃，经常和兄弟学校比赛，多次获胜。足球队在复旦大学原校队守门员王矩庭老师的指导下，也颇有成绩。

此外，学校还组织了音乐会，举办了邮票、贺年卡展览会等活动。

1924年—1927年县中篮球队比赛情况表

时间	比赛双方	比赛成绩	比赛结果
1925年6月23日	县中队与诚一中学队	11∶12	县中负（初赛）
1925年6月28日	县中队与诚一中学队	7∶19	县中负（复赛）
1926年4月24日	县中队与昆山县师队	42∶1	县中胜
1926年5月21日	县中队与诚一中学队	14∶7	县中胜（初赛）
1926年5月25日	县中队与诚一中学队	16∶6	县中胜
1926年5月29日	县中队与孝友中学队	24∶2	县中胜
1926年6月1日	县中队与县师队	6∶2	县中胜（初赛）
1926年6月16日	县中队与县师队	8∶0	县中胜（复赛）
1927年5月18日	县中队与孝友中学队	29∶5	县中胜（初赛）
1927年5月23日	县中队与孝友中学队	34∶2	县中胜（复赛）
1927年6月24日	县中队与虞西初中队	18∶10	县中胜

第二节 学校的扩充前行（1927年—1937年）

1927年4月，县中西仓前校舍落成。8月，县教育局改聘殷懋德（字摩斗）为校长。殷校长聘徐信为教务主任，沈子山为训育主任，宋楚石为事务主任。9月19日，学校迁入新校舍。按照县府决定，常熟私立女子中学于是年并入县中，辟为女子部，仍设于石梅原私立女中（游文书院旧址）内，以朱诠为女子部主任，负责日常管理。男、女学生分两地上课，全校性活动和女子部部分体育课在男子部进行。

1927年秋，县中奉令在初中男女一年级学生中试行童子军训练，以后渐次推行，至1928年秋正式加入全国童子军总部。1930年12月，被核准为中国童子军第277团并附设女童子军团，在校内成立县中童子军团部。嗣后，全校开始实行童子军管理，每周上课两小时,课外训练一小时。学校聘请沈重光为童子军教练员,负责全校童子军训练工作。

迁入新址不久,学校发生学潮。新校长到任后,对旧任教职员全部予以解聘,并取消邮票展览会、贺年卡展览会、图画展览会、修学旅行等课外活动,引起学生不满。校方所拟订的学生公约规定苛细,学生们认为,这个公约剥夺了他们的应有权利。10月底,县中学生召开全体大会,学生会要求同学们一方面要学好功课,一方面要继续投入革命运动。11月22日,全校举行学生公约宣誓仪式,会上师生发生争吵,秩序混乱。学潮的背后,实际上是国民党"新常熟社"势力打入县中,与海虞市议会中"旧派"之间的宗派斗争。11月23日至29日,全校停课。11月28日,学校布告开除学生会主席张钰等5人,一时随同退学者20余人。经邹朗怀等调解,部分学生转入他校学习。30日,学校恢复上课。

1928年2月,殷校长辞职,县教育局任命徐信(字允夫)为校长。初以殷懋仁为教务主任,后改聘郑宗鲁担任。5月,日本侵略者出兵中国山东,制造济南惨案。20日,常熟县立初级中学全体师生发出通电:"敝校男女两部全体师生300余人一致主张,第一步请国民政府极力抗议;抗议不成,继之以战!与其为奴隶,毋宁作国殇!"

1929年秋,江苏省教育厅规定县中校长改由教育厅委任,徐信仍被委为常熟县中校长。同年学校实行教训合一,将教务与训育合并,设教导处,以郑宗鲁为教导主任,段英为副主任负责女子部。徐校长根据师生意见,修订学校规章制度,重视国文、算学、英文三主科的教学质量,对成绩差的学生给予课外辅导;同时积极添购理化仪器,充实体育设备;倡导增加写周记、学科竞赛和球类比赛等课外活动项目,周记内容有言行反省、自修、服务、运动、通信、星期日生活、校事纪要和时事纪要等;学校还在每学期组织会文比赛。1929年3月13日,首届全校运动会举办,学校以银盾为优胜者奖品,各班教师也准备了奖品赠给班内获胜学生;其后逢校运会,社会各界和教师多赠学生以奖品,用作鼓励。10月4日,建校5周年纪念活动举行,并进行游艺表演。

1929年9月,本城吕叔宾妻吕曾氏(吕曾叔和)以100亩土地捐入县中,为该校逐年特别需用基金。1930年起,学校将其田租收入用作经济困难学生的助学金。1930年3月,县中师生参加提倡国货大会,开展宣传活动。6月,学生顾曾芝获常熟县拒毒演讲比赛初中组第一名。1931年,日本发动九一八事变,师生分赴城乡宣传抗战,学校停课2周。是年,学生嵇同耀、勇龙桂等编辑出版《春风》双周壁报,前后共15期。

1932年8月1日,省教育厅任命桑新(字灿南)为校长。围绕下学期教师聘任问题,徐信依照惯例,在上学期结束时颁发了聘书;新旧交接时,受聘教师与新校长发生争执,相持不下。9月23日,省教育厅下令解散县中。10月8日,省教育厅改任朱印离(字丽天)为县中第五任校长。10月27日,行始业式。是时,学校以"公勇"为校训,取"舍己为公见义勇为"之意。朱校长沉静细密,治校有条不紊,为阖校所钦敬。他根据《江苏省立中等学校组织暂行规程》《江苏省县中等学校教训合一试行办法》等,重订学校各项规章。校长之下,设教导、事务二处,教导处设主任一名,掌理全校教导事宜;副主任两名,一人驻男子部,一人驻女子部;驻女子部教导副主任,掌理女子部一切事务。事务处设主任一名,掌理全校预算决算款项、校舍调配、校具购买等。以庞树家为教导主任,徐振亚为副教导主任,刘佩华以副教导主任负责女子部事务;以丁鉴民为事务主任,下设庶务、会计、图书管理、印刷品管理、文牍、书记等员,分理事务。朱校长调整了各班级任,并召集学生谈话,勉励他们勤奋学习,遵守纪律;1933年重修了校门,外以围墙、两扇铁门与城河南岸相隔,中有小院,院北复修门房,安装一扇可以拉叠的铁门,门房顶部为钟楼。学校外观焕然一新。

在教导方面,学校建立教导会议、级任导师会议,讨论教导计划、教训联络,决定操行等第诸事宜,并试行教训合一实施方案12项,订立训育"训练标准"如下:

◎养成探求知识之习惯　　◎培养生产智能之基础

◎力求思想行动之合理　　◎养成刻苦耐劳之精神

◎养成勇敢奋发之精神　　◎养成庄敬谦和之态度

◎崇尚中国固有之美德　　◎锻炼强健端正之体格

◎养成清洁卫生之习惯　　◎养成爱国爱群之观念

◎养成精诚团结之意志　　◎养成严守纪律之习惯

◎养成舍己为公之精神　　◎养成互助合作之精神

◎养成高尚优美之情操

教学上,课程大部分依据当时教育部课程标准而行,初三年级增设职业训练课程,有国文常识、实用英文、商业知识、商业簿记、珠算、家政等。学校建立各科研究会、监试委员会、升学指导委员会等组织,以加强教学研究、严格考试纪律、统一教学进度、开展升学教育。每月之初,拟定当月各周中心工作及实施办法,开展整洁周、秩序周、运动周、演讲周、雪耻周、会文周、普法周、自治周等活动。还定期组织修学旅行、会文比赛、书法比赛等活动,假期布置制作图表、采集标本、读书札记、假期日志等作业，开学后汇齐展览，酌予奖励。

1933年7月，省教育厅委孙贡元（字萃甫）为校长。聘郑宗鲁为教导主任，顾俊玉为事务员，刘佩华为女子部主任，大部分教师留任。是年秋，经教育局核准，增添一年级男生1个班，全校共有男生4个班，女生3个班，学生共350余人。学校的各项措施均按原订规章制度赓续进行。孙校长倡议级任导师每学期必须家访一次，此举深受家长欢迎，并获得良好效果。9月，举行全校第一次各科月考。同年，将校西北部"上海观音堂"后院划入校内，扩大了操场面积。校内设立文具贩卖部、理发室，学生在校内购物、理发，便利而价廉。1934年4月，举办春季运动会。9月，举行建校十周年庆祝大会，孙校长致辞后，应邀前来参加校庆的十多位校友作了热情洋溢的发言。会后在校内树立"母校十周年纪念碑"。

1936年1月，省教育厅委顾彦儒为校长。聘季良生为教导主任，顾光裕为事务员，刘佩华为女生生活指导，并对旧任教职员作了部分调整。学校设校务会议，每学期举行两次；教导会议、事务会议、级任导师会议、童子军团务会议等，每月举行一次。经过十年的不断增修，是时学校各项规章制度臻于完备，主要有组织大纲16条，教导实施大纲三章52条，体育委员会、经费稽核委员会、招生委员会、升学指导委员会等的各种规程18项，教导处办事细则八款48条，事务处办事细则八款44条，学生生活规约21项。在操行成绩评定上，依据治学、品行、思想、健康、服务、生活六个方面，开学初每生赋分750分，并开列加、减分明细条款，平时按学生言行成绩予以加分或减分，记入学生操行成绩单；期末时凡成绩800分以上的列甲等，700分以上的列乙等，600分以上的列丙等，不足600分者为丁等；甲等至丙等为优良者，给予学费免除，授予奖状、奖章、奖旗、摄影、题名、实物、记功等不同等级奖励，列丁等或有其他劣迹的，则施以退学、记大过、记过、训诫等惩戒。在学业成绩考查方面，增添了降级等措施，规定秋学期考试成绩过于低劣、大部分学科不及格的，经教导会议核定，可给予降级处分；同时设置补习班，将一年级新生中国文、算学、英语成绩差，且不能随班学习的，编入补习班学习。

1936年8月，因学生投考省立高中成绩欠佳，经省教育厅同意，学校将原有的7个班改为6个班，其多余的预算经费移充购置理化、生物仪器和标本之用，之后又另筹经费向外商添购了一批理化实验仪器。是时，县中共6个班级，学生327名，教职员25人。校舍面积3360平方米。同年秋，女子部因校舍改建为县立图书馆，乃迁入西仓前校舍，学校西楼上下改为女生教室，叔和斋全部改建为女生宿舍，另筑女生饭堂、浴室、盥洗室。原雨操场改建为礼堂，以资开会之用。与此同时，学校成立校刊出版委员会，以萧理为主任委员。是年，地方人士周顾丽兰的后裔向学校捐赠1000银圆，作为学校对每学年成绩优良学生的奖学金。

1937年八一三事变后，常熟屡遭日机轰炸，师生不能安心上课。经校方要求、县教育局同意，把学校迁到王庄镇（迁地今属无锡市港下镇），借陆姓茧行为临时教室，又借须姓义庄及附近民房作男女生宿舍与膳堂，所有教师都借宿附近民宅。在迁移中，师生同心协力把一部分校具和必要的图书仪器运到乡间。下乡后，日机虽每天在上空飞过，师生们仍能安心上课。10月28日，日机轰炸常熟城区，投弹20余枚于城西一带，其中3弹落于县中操场隙地，1弹落于学校礼堂。校园后半部的女生宿舍、礼堂、教员办公室、校长室、书记室、图书馆及一部分教室、沿操场建筑的门窗俱告坍毁；前半部的男生宿舍、教师卧室、教室等，亦为震毁，玻璃碎屑散落满地。11月13日，日军在白茆口登陆后，城内居民纷纷弃家逃避，学校师生亦无法安心上课，经顾校长与县教育局协商后，宣布学校解散。校中一切设备委托当地政府代为保管。11月中旬，常熟城乡沦陷。

第三节　沦陷时期的县中（1938年—1945年）

1938年春，避难在外的大批县中学生随家长陆续回城，闲居家中。他们纷纷请求教师给予补习英文、国文、数学三门功课，以免荒废学业。在家长们的敦促下，由萧理、宋梅春、徐信、郑宗鲁4人共同发起，借大东门虞阳小学内一幢上五下五楼房为校舍，成立私立勤业补习社。宋梅春任教务，萧理任会计兼事务；发起人除自己担任课务外，另聘原县中教师顾树棠、蔡干等任课。1939年6月，向伪教育局备案。

勤业补习社在开办时，就向学生阐明办社目的，在于帮助学生复习与巩固课本知识，要求学生多思考、多练习、多自学。补习内容最初为国文和数学两门课，每日上午上课3小时，下午和星期日休息。收费标准为每生每学期大米5斗，可以分期支付，并可按米价折缴货币。学期结束时，根据学费收入的多少，扣除学校的日常杂支，基本上按全校教师人数平均发放教师工资。教师亦可预支报酬，以米折价，付给货币。

从开办至1940年8月，勤业补习社多次招生，男、女兼收。分甲、乙、丙三组，甲组要求小学毕业，相当于初中一年级程度，开设国文、英文、日文、公民、算术、动植物、史地等课程；乙组相当于初中二年级程度，开设国文、英文、日文、公民、代数、几何、物理、史地等课程；丙组相当于初中三年级程度，开设国文、日文、代数、几何、三角、生物、文学史、史地等课程。补习社初办时，第一月仅50余人，每班学生10余人。之后人数渐增，他校学生也来参加，一年后学生达200余人，甲组（初一）、乙组（初二）改为双轨制。县中复校后，补习社学生人数骤降。1940年10月，该社尚有教师10人，均为大学或专门学校毕业；男女学生90人。1942年初，勤业补习社停办。经伪江苏省教育厅同意，补习社学生凭转学证书进入县中学习，教师转到县中任教。

1939年，殷懋仁（字溥如）、郑宗鲁、周起之等被指派为县中复校筹备委员，并借石梅小学教室为临时办公地点，招录新生。8月5日和25日，学校两次举行招生考试，先后录取初一、初二年级新生共274人，其中部分为勤业补习社学生。时西仓前校舍被日伪绥靖队强占，并在校内修建弹药库等，乃借书院弄教育用房为校舍。此校舍于1937年兴建，原计划作教育局办公用。八一三事变后，工程中辍。1939年春，伪县公署续建竣工，暂充县立初中安顿之所。校园占地不足2亩，学生宿舍及新辟之教室，系向胡姓租用，中有学生宿舍4间，大者设9床，小者仅能设3床，均拥挤简陋；膳堂一大间，盥洗、浴室均缺；操场系向庞、胡两姓借用，占地不足0.8亩；学校中课桌椅、办公设备等，通过伪县教育局，向原县中搬调应用。县中原有之图书、实验器具、动植物标本等，因日本全面侵华战争而散失殆尽，乃由殷溥如先行垫款300元，向曾姓购置，仅能勉强解决化学药品等项。常熟县立初级中学解散两年以后，在极其恶劣艰苦的环境里，于10月12日复校。

开学初，殷溥如被委为县中校长，下设教务、训育、事务3处，并辅以校务会议、教导会议、级任导师会议等。教师有徐信、邹朗怀、顾树棠、徐蕙芬等。教学上，按照伪维新政府教育部颁布的中学设施规程办理，停止童子军训练，改"党义"为读经，增设日文、卫生等科，恢复各种课外活动；太平洋战争爆发后，取消英语，专授日语。教材方面，复校初英语采用开明读本，算术、地理采用中华本，国文、历史、音乐等科的部分教材由教师自编。在作息制度、学生成绩检查制度、奖惩条例等方面，推行正规中学的一切规章制度。1939年12月初，举办成绩展览会，主要为书法、绘画、手工等学生作品。

1940年秋，学校之经费由伪教育局按沦陷前标准拨给学校，每月经常费实领1097元，其中教职员薪金占85%左右，办公经费每月77元，校役每月8元（学校另补贴3.5元，实领11.5元）。教员报酬按课时计算，国文、算术科按每小时0.9元计，公民、英语、日语、自然、社会等科为每小时0.8元,艺术、体育等科每小时0.7元;专任教师每月薪金最低时平均16元,待遇低下,故教师中多有外校兼职者,借以糊口。学生交费主要有学费和杂费等,学费每生每学期6元,杂费每生每学期7.9元;杂费包括讲义费2元,体育用品2元,图书费1元,医药费1元,实验及劳作费1.5元,役费0.4元。其时随着物价的变动,各种经费也按米折算,随时作相应调整。

  1940年8、9月间,县中招录初一新生3个班。是时全校有7个班级,三个年级中各有1个女生班。男、女学生数合计376人,其中男生209人,女生167人。有教员39人(女性5人),其中专任教师20人,兼任教师19人。由于兼任教师多,且奔波于各校之间,上下课时间经常延宕,教学计划难以落实。是后学校裁撤兼职与冗员,推行教师专任,教学秩序趋于正常。1939年10月至1945年9月学校各年级在籍学生数列表如下:

时间	年级	班级数	学生数	合计	备注
1939年10月	初一	3	169	264	是年复校,所招各年级均为新生。
	初二	2	95		
1940年9月	初一	3	163	376	
	初二	2	121		
	初三	2	92		
1941年9月	初一	3	192	474	因报考学生数大增,而书院弄教室紧张,故各班班容量大增,人数最多的班级有92人。
	初二	2	171		
	初三	2	111		
1942年9月	初一	5	264	562	学校迁回西仓前校舍,增设班级、减少班级容量,全校班容量恢复到52人左右。
	初二	3	164		
	初三	3	134		
1943年9月	初一	5	341	662	
	初二	4	194		
	初三	2	127		
1944年9月	初一	6	394	812	初一新生中含1个自费班(共101人)。
	初二	4	272		
	初三	3	146		
1945年10月	初一	7	331	686	抗战胜利后,对原有学生进行甄别考试,合格者重新分班学习。
	初二	4	213		
	初三	3	142		

  1941年初,举办成绩展览会。1942年秋,日伪绥靖队从西仓前县中校舍撤走。1942年9月底,学校迁回原址上课。于是添招新生,扩充班级,至1945年2月,学校共有13个班级,男、女学生800余人,专任教师20余人。

沦陷时期,学校师生纷纷反抗日本侵略和奴化教育。教师徐信严拒日军威逼利诱,坚决不充任日军翻译官,并以民族精神勉励、教育学生;教师祁龙威1943年2月至1945年7月在县中执教期间,借自选国文篇章之便,取爱国诗文为补充,以慷慨激昂、铿锵壮烈之诵读出之,把民族忠魂、凛然气节注诸学生心扉,使之在琅琅书声中感受民族大义,培植爱国情怀;钱孟豪、陶蠡风分任理化等课,寓哲理授业于教学之中,激发生辈立科学救国之志;音乐教师徐蕙芬坚持教唱抗战前之《常熟县立初级中学校歌》,教育学生毋忘国耻,勉为后起之秀。学生们抵制日军同化政策,抵制日语等奴化教育。1941年9月,1935届校友、中共常熟县委委员、梅南区委书记、县妇女抗日协会主席朱爱秋参加澄锡虞地区反"清乡"斗争,牺牲于江阴峭岐马家村。

1945年3月,殷校长因病辞职,宋柳江(字梅春)继任校长。

第四节　困局中的艰难发展（1945年—1949年）

1945年8月15日,日本宣布投降。8月底,县教育局开始对教师进行甄审,规定教材一律采用抗战前各类课本,同时决定缓征学费,初中暂收部分维持费1万元(法币)。1945年10月9日,江苏省教育厅委任陈旦(字旭轮)为校长。10月13日,陈校长会同县教育科长等到校办理交接手续,将校具、印信等照册点收,同时组织甄审委员会。17、18日,举行学生甄别考试。10月19日,正式开学。

陈旭轮校长学问博洽,风格高迈;执教垂20年,深为桑梓推崇;其时先后任县复员委员会委员、县临时参议会委员、县教育会委员等,地望隆重。陈校长莅任后,弘扬"诚敬"校训,采取有效措施整顿学校:设置教务、训育、事务、会计、舍务各处,聘郑宗鲁为教导主任、陆醒弱为事务主任,以加强管理;摒弃日伪时期的奴化教育制度,贯彻爱国民主教育思想,修订了一系列规章;在课程设置上取消日语与读经,恢复了公民与英语课程;实行教训合一、自学辅导的教育方略;尤其重视教学班子整合,添聘了一批教学经验丰富的教师,如宋清如、瞿果行、金易占、郑士杓、曹仲道、张甘泉、沈复、孙鸣玉等;坚持任人唯贤,以教学质量作为评价标准,择优任用;充实图书期刊,以便利师生课外阅读和参考。此后,学校步入正轨,学生逐渐增多。1945年秋,初一扩展至7个班。1946年秋,初一招收8个班(其中春季班1个),学校规模达到16个班,学生987人。1947年秋,从初二年级中分设一个春季班,以充留级生班。至1949年4月,学校初中班级数达到18个(其中春季班5个),并设初中先修班1个,共招48人,合计19个班;学生人数达到1113名。

在办学规模扩大的过程中,学校改进教学方法,教育质量也逐步提升,吸引大批学生立志投身科学事业。1949届校友、中国科学院院士陆埮回忆说:"我的兴趣主要是从初中开始的,初中对我影响最大的是平面几何,平面几何(编者注:钱孟豪任教)这门课我觉得非常精彩,每一条都是讲理的,从定理一步步推理,这个逻辑性是非常强的……当时就对科学感兴趣,不仅仅是对数学,所以我就决心要学科学。"

1946年以后,由于学生增加,学校陆续翻修了学生浴室、盥洗室、水灶间、厨房等配套设施。1948年7月底,县教育局下拨积谷200石,动工建筑了新教室两间。1948年8月,经陈校长力争,县政府决定由县立初级中学兼办本县理化实验所,并从黄花鱼捐中拨出粳稻490石价为基金,在校内建筑理化实验室121平方米。由此,县中开始实行分组实验教学。

1946年3月,县教育局在县中开办附设简易师范班。1946年7月,县教育局在县中举办小学教师暑期讲习班,校长陈旭轮兼任甲组(小学校长班)级任导师,主讲《教学原理》;教师郑宗鲁、邹莲芬、陶啸冬、蒋韶九等充任教员。9月,县中恢复初中童子军教育。是年秋,为了提高工人文化水平,按照县教育局要求,开办工人业余补习班,招收具有小学学历的男女青年50余人,不收学费,义务补习语文和数学,每天晚上学习两小时,一年后停办。1947年8月,县教育局改西塘桥原私立虞西初中为县中分校,由陈旭轮兼任校长。

这一时期,局势动荡,物价飞涨,学校办学艰难。教育局经常不能如期发薪,教师生活陷入困境。1946年3月,县中教师代表8人赴县府请愿,提出依照生活指数计算薪金、每月薪金至迟月中发放、暂支维持费每人每月10万元(法币)、请教育局通知校长供给膳食等四项要求。12月,学校教育经费积欠达3个月,县中被迫以原有学产补充教育费。1949年3月,县中教师无奈前往县府坐请,要求及时发放教师工资。为了应对困局,按照各级政府要求,学校收费项目和标准不断调整。兹录以备考(1948年8月9日前的货币单位均为法币):

1946年2月收费项目和标准(每生/元):

项目	学费	杂费	合计
标准	3500	1500	5000

1946年8月收费项目和标准（每生/元）：

项目	学费	杂费	体育费	图书费
标准	1500	2000	1000	1000
项目	讲义费	劳作材料费	实验材料费	医药费
标准	2000	1000	2000	1000
合计	通学生每生11500元。寄宿生加收杂费2000元，合计13500元。			

1947年1月收费项目和标准（每生/元）：

项目	学费	杂费	体育费	图书费
标准	7000	10000	3000	3000
项目	讲义费	劳作材料费	实验材料费	医药费
标准	5000	3000	5000	3000
合计	通学生每生39000元。寄宿生加收杂费10000元，合计49000元。			

1947年8月收费项目和标准（每生/元）：

项目	学杂费	辅助费
标准	112000	180000
合计	292000	

1948年2月收费项目和标准（每生/元）：

项目	学费	杂费	图书费	体育费	实验费
标准	10000	180000	30000	30000	60000
项目	医药费	童子军费	讲义费	劳作材料费	
标准	30000	20000	60000	30000	
合计	每生450000元，宿费、膳费另收。				

1948年8月收费项目和标准（每生/元）：

项目	标准	备注
学费	2元	1. 1948年8月9日以后，实行金圆券改革，以法币300万元兑换1元金圆券，学校收费改用金圆券。 2. 8月19日，粳谷市价每担8.766元金圆券。 3. 此后物价暴涨，学校多以实物征收。
教师进修费	5元	
图书体育费	1.5元	
杂费	2.5元	
学习材料费	2元	
学谷捐		1. 每生粳谷4斗（折合金圆券3.5元）。并补收上学期学谷捐。 2. 学谷捐50%上解县府，20%为教师补助费，余为修葺校舍、设备添置、办公之用。补收之学谷50%由县统筹，余为校添建等费。

1949年2月收费项目和标准（每生）：

项目	学杂费	教师进修费	合计
标准	白粳6斗	白粳4斗	白粳10斗
备注	\multicolumn{3}{l}{1. 由于学生家庭普遍困难，学校分两次收取。2. 除收实物外，亦可现金抵交。3. 寄宿生另收宿费2斗。4. 1949年春学期，共收得白粳87石9斗，金圆券3175.73万元。学校即以所收之金圆券发放教师进修费，其余购进实物，计白粳17石、粳稻78担95斤、银币71枚。}		

在全面内战中，学校的进步势力与反动势力展开斗争。抗战胜利后，"三青团"常熟县委经常派人到校，企图打入学校内部，建立组织，借以打击进步势力，但由于校长陈旭轮等的抵制，这一阴谋始终未能得逞。教师吉连康冒着危险在课堂上教唱讥讽国民党腐败和专制的《古怪歌》、勉励穷孩子为翻身解放而努力的《小儿郎》等进步歌曲。学生向往和平民主，关心群众疾苦。1947年12月底，县中师生在校内礼堂组织三场公演，邀请社会人士观演，筹募善款。先后演出剧目《一袋米》《五姐妹》《蛊惑》《生命是我们的》，歌曲《民主之神》《长江》《苦命苗家》《一颗心》等，寓颇深长，精彩可观，深受好评。捐款捐物所得全部用于救济严冬饥寒之贫民。

随着解放战争节节胜利，校内进步势力与反动势力的较量也趋于激烈。国民党派特务打入学校，迫害学生；"三青团"外围组织江锋文艺社在校内出刊《江锋》半月刊墙报和其他油印刊物，毒害蛊惑学生。但进步师生毅然反抗，教师高鼎公开在集会上指斥国民党特务；学生孙云山等参加解放军，投身人民革命斗争。1949年春，苏南临近解放，毕业班学生在教师陆铿、吉连康的指导下，唱响以"为人民服务、为大众勤劳"为主旨的自创《毕业歌》。其歌词附记于下：

五月的榴火，燃烧着潜炽的心苗。

正好，我们毕业了！

山明水秀春怀抱，

三载熏陶，技能知识增多少？

时代新潮，在那里怒号，

同学们，着鞭宜早！

为人民服务，为大众勤劳，

莫迟疑，挽着手儿向前跑。

待他年，重来母校，应记住今天：

新时代，1949，风起云高！

第五节　苏南名校的形成（1949年—1952年）

1949年4月下旬，常熟解放。学校摆脱了旧中国反动统治枷锁和战乱频仍局面，获得新生。

苏南解放之际，县中师生迎来光明，由衷拥护中国共产党，欢迎解放军。1949年5、6月间，师生们组织秧歌队、歌咏队等，多次走上街头、融入社会，欢庆胜利和慰问部队、工人。6月5日，县中1000多名师生赶赴南门，欢迎南征福州归来的解放军部队。6月10日，县中师生与工人联欢，共同庆祝上海解放。6月13日，常熟解放庆祝大会在县中举行，6000多名各界人士前来参加，会后举行了盛大的火炬提灯游行。

1949年4月底，常熟县军管会文教部领导来校慰问教职工，并发放了安家费。5月5日，县军管会发布命令（教字第一号），令常熟县立初级中学取消反动训育制度，取消"党义"、公民、童子军教育等课程，其他课程有显著反动思想的除外，按原课程组织教学。5月16日，县军管会决定县中暂归军管会文教部管辖，并派崔希唐为军事代表，接管学校。是时县中有教职员54人，班级19个；校舍面积3746平方米；有图书2754册，理化实验仪器248件，生物标本47件，体育器械30余种。

按照教育上"原封不动、逐步改造，先公后私、先城后乡"的方针，全校教职员队伍基本未变（除1人去世、1人辞职外），校长陈旭轮、教导主任庞伯龙、事务主任陆醒弱仍任原职。9月，陆醒弱辞职，季良生续任。党和政府对县中加强调研，着手整顿组织，按照新民主主义教育方针改造学校。1949年9月27日，根据苏南人民行政公署《中等以上学校行政组织暂行办法》，成立以校长陈旭轮为主任的校务委员会，下设生活辅导、减免费评议及经济稽核等委员会，并推行经费公开。校务委员会加强集体领导。吸收教师及学生代表参加，听取各部门的工作汇报，拟定各项制度及工作计划，传达上级指示及研讨各项工作；生活辅导委员会着重加强政治思想教育，指导班主任开展班级工作，帮助学生树立为祖国而学习的目标，引导学生自觉遵守纪律、积极参加各项政治活动；减免费评议委员会贯彻面向工农、向工农子弟开门的思想，着重扭转了过去减免费只面向社会贤达和教职工子女的错误做法。

1950年1月，常熟市教师联合会成立，县中校长陈旭轮、教师吕英当选为委员，吕英兼任教联会学委会主席。4月7日，苏南苏州行政区专员公署训令（教中字第75号）：任命常熟县立初级中学校长陈旭轮兼校委会主任；任命黄冠为教导主任，吕英为教导副主任,朱庆荪为事务主任。1951年4月,吕英任县中副校长。4月,常熟县教育工会成立,县中建立工会分会。1950年3月底至4月初,先后成立由师生参加的教导、经费、生产节约、学习等委员会,推进学校民主管理。各委员会组成情况见下表:

组织	主任	副主任	委员
校务委员会	陈旭轮	黄冠	宋瑞枬、郑宗鲁、曹仲道、郑效春、陆宝芬
教导委员会	无	无	熊开元、朱声金、钱孟豪、潘浩荣(学生)、王炳良(工友)
学习委员会	曹仲道	黄冠 徐永正	宋瑞枬、熊开元、瞿果行、孙鸣玉、朱声金
经费委员会	黄敦谦	顾树棠	钱悌生、胡宗渭、盛善求(学生)
生产节约委员会	殷维松	钱孟豪	徐永正、朱声金、唐韵清、钱起云(学生)、庞功勋(学生)、蔡葵(学生)、徐祖生(工友)、夏祖福(工友)

在党和政府的关怀领导下,教师的思想和精神面貌迅速转变。从1949年5月到11月,军管会陆续补发了转折时期积欠的公办教师工资,解除了他们的后顾之忧。1949年5月14日,县军管会文教部召开全市教职员座谈会,阐明人民解放军保护文化事业和争取团结改造知识分子的方针,号召大家为建设新常熟而努力。6月6日,县中全体教师参加军管会文教部举行的集会,明确了为人民服务、在毛主席的领导下建设新中国、教育后一代主人的光荣使命,明确了新民主主义的教育方针和政策。暑假期间,陈旭轮、黄冠等15位教师分别参加了在南京、苏州举行的集中培训。1950年间,学校成立在职学习委员会,由学校行政和教职员代表组成,全体教师参加了开国教育、土改学习、国际主义(抗美援朝)教育、全国概算、苏南教代会决议、加强生产节约、开展批评与自我批评等学习活动。暑假中,全体教师又分别参加了苏州和常熟两地教师的集中培训,并组织在校集中学习,学习了《目前形势和我们的任务》《在延安文艺座谈会上的讲话》《论知识分子的改造》《社会发展史略》等文献。学校内部的学习交流气氛趋于活跃,教职员在政治理论上、思想觉悟上、工作作风上都发生了质的转变,为新民主主义教育服务的自觉性明显提高。1951年暑假,全校教师赴无锡参加苏南人民行政公署文教处组织的"忠诚老实"学习班,很多老师都放下了历史包袱。1952年暑假,全校教职员再次集中无锡参加思想改造学习,清除了自己的帝国主义、封建主义和官僚资本主义思想残余,全心全意为人民服务的根本思想进一步明确。

在教师转变的同时,学生也积极要求进步,迸发出爱党爱国、勤奋学习和为人民服务的巨大热情。1949年5月中旬，县中学生组织漫谈会，并邀请青工队同志参加，学习新民主主义的政策。6月9日，县中学生会筹备会成立，组织开展街头宣传。6月下旬，县中学生踊跃报名参加县军管会文教部领导的学习革命理论夏令营，至26日，报名人数达90名以上。1950年，县中学生会、少年先锋队、新民主主义青年团等组织相继成立。1951年1月，张留徽、周保康、归敬良等15名学生考入军事干校；7月，俞良、钱家驹等20多名同学考入军事干校。下半年，学校举行了"目前形势和我们的任务"报告会，文史地各科中贯彻形势教育。学生围绕"结合时事学习、响应抗美援朝、开展文体活动、搞好课堂学习"四个方面订立《爱国公约》，互相检查，互相促进，对学校的教育教学和学风转变起了良好作用。

为了贯彻教育为人民群众服务的思想，这一时期县中积极为工农开门，一面派出教师和学生，深入城乡开展招生动员工作；一面开办暑期预备班，招收工农子弟补习，初步扭转了旧中国教育的局面。1949年秋至1952年上半年，学校中工农子弟所占比例从0.7%增加到21%。1950年秋，县中建立附设夜中学，开始招收失业、失学青年。到1952年秋，先后招收4个班206人，每天夜间上课3小时，其课程和课时安排如下：

1952年10月常熟市中学附设夜中学课程开设情况

初一	课程	语文	历史	植物	音乐			
	周课时	7	5	2	1			
初二	课程	语文	算术	代数	化学	动物	历史	音乐
	周课时	6	2	2	4	2	5	1
初三	课程	政治	语文	算术	物理	历史	地理	生理卫生	音乐
	周课时	2	6	4	4	1	4	2	1

1951年，苏南人民行政公署指定常熟县中为试行《中学暂行规程》学校之一，研究试行新民主主义教育方针、理论与实际一致的教学方法，把青少年培养成为德、智、体、美四育全面发展的，具有升学深造或参加国家建设能力的工作人才。为此学校首先提高教师的政治理论素养，树立起新的教育思想，研究及改进教材和教学方法，运用马列主义的立场观点和方法，把普遍的科学真理贯彻到各科教学中去，并广泛吸取学生对教学的意见，批判和纠正学生不正确的学习思想和学习观点、方法；同时成立各科教研小组，认真进行教学改革，改进教学方法，在个人备课的基础上进行集体备课，掌握每节课的教学目的和五个原则，还组织公开观摩教学，总

结教学经验。在教学内容方面,着重清除了封建主义、帝国主义思想,加强了民主性的、进步性的和科学性的教材内容。同年10月,常熟县文教科指定县中拟订初中政治常识课教学提纲,供各校参考。11月,苏州专署文教科组织专区行政干部和专区公私立中学负责同志共44人到校视导,对县中加强政治思想领导,有计划地开展爱国主义教育、教学方法改革和民主管理等方面,都给予了充分的肯定。

第二章　完全中学时期（1952年—2002年）

第一节　学校的社会主义改造（1952年—1956年）

1952年3月9日，苏南人民行政公署决定，常熟县立初级中学更名为常熟市中学，由常熟市人民政府领导。1954年8月，王克芳任校党支部书记、副校长。

县中建校初期，即有增办高中之议。1933年前，第一届县行政会议中，已议有县中添设高中办法，徒以岁遭荒歉，且国难迭起，议遂中辍；其后亦曾多次酝酿，并刊登招收高中学生广告，因时局动荡而未果。1952年7月，县中在党和政府支持下，招收首届高中学生2个班共100余人。是为常熟市中学有高中之始，完全中学时期由此发端。

1953年暑期，根据国家和地方经济发展需要，县中对附设夜中学进行调整，不再招生。除当年毕业1个班外，另外3个班级进行编级测验，成绩合格者分别编入相当年级之普通班级继续学习，不合格者动员其参加生产劳动，夜中学不再存在。1955年1月，陈鹄东任党支部委员兼第二正教导。3月，姚崇俭任总务处主任，钱孟豪为副主任。此时学生数量激增，市中因正进行校舍建设而无法容纳，乃在庙弄建立"常熟市中学校分部"。1956年7月9日，经报请江苏省教育厅同意，分部改设为常熟市第三初级中学，由陈福田任校长，熊开元任副校长，其教职工暂由市中统一调度解决。随后学校迁至南门大街（后为供销合作总社址），继迁于一号桥西北（后为花边经理部址）。1956年11月，中国农工民主党在学校的组织正式成立，成员有钟承德、季良生、张宗炎等12人。

这一时期，校舍和设施建设进展较快。1952年12月，增建大礼堂一座，共736平方米。1953年5月和1955年7月，分两期增建新教室大楼一座，共16个教室，1232平方米。是时，市中校园面积达27098平方米，生均17.75平方米；建筑面积6462平方米，生均4.23平方米。1955年4月，江苏省教育厅确定常熟市中学为当年重点装备教学设备学校,学校图书、仪器、标本、运动器具和其他设备等都陆续增添。以理化仪器为例,其价值从1952年的30000余元增加到1956年的60000余元,每次理化分组实验仪器各有15套。1956年,经上级批准,学校在校门外西仓前上塘之吴姓观音堂,修葺旧房辟为学生宿舍,合计285.8平方米,并建浴室、厕所等配套设施45平方米。

1952年7月,首次实行省中、市中高中联合招考。1954年,实行省中、市中、沙洲中学三校高中联合招考,初中面向常熟市、县统一招生。从1952年至1955年,市中先后招收初中学生1508人,高中学生435人。1955年7月,首届高中学生毕业,共95人。1952年以后,学校"向工农开门"工作继续推进,逐步采取向工农子弟倾斜的招生政策,工农子弟与其他子弟在录取成绩标准掌握上相差10—15分,在学杂费减免上注意照顾工农子弟。1955年8月,市中初中实际招生347人,其中工农子弟205人。1956年7月,市中所招初中新生中剥削阶级成分子女只占15.08%。学校的社会主义改造基本完成。

向社会主义过渡时期,学校紧扣全面发展的教育方针,从"德智体美劳"五育并举入手调整工作重点。德育上扭转了过去"学校不问政治""管教不管导"的倾向,加强政治思想建设和组织建设。1952年起,学校根据《中学暂行规程》,并学习苏联和东北的经验,积极改进和加强班主任工作,订立了班主任职责:每学期班主任根据教导处的计划制订出本班教导计划,有计划地进行班级工作;实行班主任全面负责制,全面了解学生思想、学习、生活、工作和活动情况,促进学生全面发展;班主任负责指导班委、团干部工作并紧密配合社团工作;班主任有计划地开展班会活动,加强政治思想教育;班主任辅导学生的各种课外活动,并深入课堂、寝室、饭厅、操场等场所全面关心学生。1953年以后,结合时事政治,围绕爱国主义、国际主义、国家过渡时期总路线总任务等方面开展教育,帮助学生树立"为祖国而学习"的信念。1954年秋,举办全校性的"祖国在前进""贯彻学生守则"的班级座谈会。1954年底,特别加强了劳动教育、增产节约教育,初步扭转了轻视体力劳动、轻视劳动人民的错误思想。1955年下半年起,学校开始全面贯彻《学生守则》,采取"全面学习、逐条细化、订立规章、落实纪律"的方式,促进了学风的进一步好转。同时还开展了社会主义前途教育、共产主义道德品质教育和综合技术教育。一系列德育活动的开展,使学生的精神面貌明显改观,1955学年第一学期品德甲等的学生占全校学生数的20.29%,乙等占74.17%,丙等占5.21%。同年,初三(1)班邓增林、高三(2)班徐乾易同学分别勇救落水儿童,受到常熟市人民委员会通报表扬。

这一时期，学校教学管理明显加强。校行政组织教师学习了凯洛夫教育学、辩证法及其他的苏联教学先进经验，开始统一制订学校教导工作计划、教师教学计划、课时计划；学校主要领导分工负责语文、数学两大教研组；1953年，市中校务会议专题研究"怎样上好一堂课"，教师围绕课堂教学和教学质量的研讨会、座谈会、交流会活动频繁；教学观摩课、公开课逐步推开，1953年下半年，先后举行5次全校性教学观摩；1954年3月，在初二年级举行了全校性的几何学科观摩教学；至1954年下半年，学校主要学科都进行了教学观摩活动。考试后重视质量跟踪分析，先由教师个人小结，后由各科教研会进行总结，终之以全校各学科交流。学校行政向教师提出"概念明确、重点突出、系统完整、效果良好"的规定，突出备课环节，扭转了过去"边讲边备、要讲才备、讲而不备"的偏向；要求教师在备课中重视教材内在的政治性、思想性和科学性，"钻研教材，相应改进教法"，要求备课"自备、超前、统一、有效"；课堂教学强调"讲解正确、深透和启发"，要求切实减轻学生课业负担，能基本上当堂巩固，让学生有更多的时间实现全面发展。校长和教导主任还注意不定期抽查教师备课笔记、学生笔记和作业，及时与教师交流研讨。这一时期的教学改革提高了学校的教学质量，不及格率显著地下降：1954学年度第一学期不及格率为41.86%，第二学期为29.96%；1955学年度第一学期不及格率为12.75%，第二学期为10.59%。1955年举行教学成绩展览会，展览了教师的备课笔记和学生的课内外作业。1956年，又举行教学教具展览会，展览了教师自制的教具、挂图等，得到校内外同行一致好评。

学校教学管理和教学研究的深化，加快了教师的成长发展。1956年，学校开展了全面发展和因材施教的讨论，评选出司马淳、张甘泉、吴宗瑾等10名优秀教师，出席了常熟市优秀教师会议。12月，江苏省优秀教师代表会议在南京召开，市中季良生、孙鸣玉老师作为代表出席。

学生课外活动复趋活跃。在"教育与生产劳动相结合"方针指引下，课堂内加强了有关生产科学原理的阐述，在课外组织各种学科小组和班级活动小组。初一、初二年级每班都建立了栽培小组和种植园地，高中理化学科小组在老师指导下，成功试制电动机、蒸汽机、磁针、温度计、弹簧秤、轮船、电车等。

在全面发展的教育方针指引下，根据上级《关于开展学校保健工作的联合指示》，学校领导和教师重视加强体育卫生工作，为国家培养合格的人才。学校开展经常性的体育文艺活动，组织体育锻炼小组进行经常性锻炼，定期举行文艺会演、体育运动会和各种选拔赛。推行劳卫制预备级锻炼,采取措施保证学生每天一个小时的体育活动时间,组织开展广播操、晨间操、健身操活动。学校提出"四勤"(勤洗澡、勤理发、勤洗晒衣物、勤剪指甲)、"三不"(不随地吐痰、不随地便溺、不随地抛弃杂物)要求,定期按年级举办卫生讲座,及时注射防疫针,改善环境卫生,注意学生饮食营养,并对毕业班学生进行体格检查。学生的健康情况得到了改善,体质有所增强。1954学年第二学期校医室门诊数为2062人次,1955学年第一学期为1919人次。

第二节　全面发展的学校教育(1957年—1976年)

1957年11月,陈旭轮校长调任常熟市人民政府副市长,张剑继任市中校长。1958年4月,国务院批准撤销常熟市,将原辖区改设虞山镇,划归常熟县管辖。6月,常熟市中学改称常熟县中学,校团总支改组为团委。秋,根据《江苏省中学、师范学校校务委员会暂行条例》,撤销了教导处和总务处,在党支部领导下建立校务委员会,由张剑、王克芳任正副主任,下设校务办公室。是时,初、高中扩展到30个班,并设立高一的文、理分科各1个班(后并入常熟师范),学生数增加到1702人。

1958年秋学期,学校以年级为单位,成立年级工作组。年级工作组由同一年级的班主任、任课教师组成,由一名较有经验的班主任担任组长(教师仍按教研组办公)。学校领导分工深入各组进行指导。年级工作组每周举行一次会议,研究学生情况,统一下一周工作部署与要求。1959年4月,常熟县文教局检查组在县中总结了年级工作组的经验,认为:"常熟县中成立年级工作组后,班级工作更有起色。这样的组织形式有如下优点:1.便于加强领导、掌握情况,加强指导;2.便于同一年级交流情况,统一工作步调,发挥集体智慧与力量;3.增强了任课教师的责任感,贯彻了教学合一的原则,更便于教育;4.加强了任课教师与班主任的联系,使班主任了解各科教学情况、课堂纪律情况,便于辅导帮助与教育,任课教师能了解班级当周活动内容,便于教学时有机结合贯彻;5.便于交流经验与吸取教训,取长补短,互相促进。"因此县文教局在全市推广了这一做法。

1958年春开始,根据上级有关指示精神,学校"勤工俭学"群众运动迅猛发展起来。师生采取每周5天学习、1天半劳动、半天休息的时间安排;通过各班轮流学习、劳动与休息,实行内部"小循环"。先后开办细菌肥料厂、草菇厂、土壤试剂厂、颗粒肥料厂、糠醛厂、饲养场、理发组、花边组、成衣组等。同年,常熟县人委将虞山南麓山湖乡孙家山、糯谷湾山地（南至环山公路、北至孙家山脚、东至猪獾洞高岗，东南角至猪獾洞山涧，西至维摩湾之山涧止）共约20亩土地划拨县中，作为生产劳动课用。一年之中，全校师生四次下乡参加劳动锻炼：到练塘灭螺，去李市夏收夏种，到何市抗旱以及绿化虞山。暑假中还组织师生去藕渠、横泾"扫盲"。1959年6月，苏州行政区专员公署确定常熟县中为苏州专区十项科研规划重点项目之一"空中取氮肥"攻关承担单位。"大跃进"运动高潮中，学校停课达两个月，大炼钢铁。当时，教师日夜忙于开会，挤掉了必要的备课和批改作业时间，在一定程度上干扰了正常的教育教学秩序。

1959年，学生劳动时间得到控制，规定为每周半天，主要是在校内工厂、种植园地、饲养场劳动，同时也进行对外勤工俭学活动，如为食品厂代加工、为苗圃插桑树、扎手套、拆麻绳、敲矿石等。2月，县中细菌肥料厂试制赤霉素成功。是年，全校饲养猪137只、羊26头，畜牧业总产值4931元；自办工厂10个，学年工业总产值7056元，农副业总产值1749元。是年，举办了"教学与生产劳动相结合"展览会，接待了兄弟学校前来参观指导。1960年5月，学校建立民兵营，将学生编为5个连，由徐蕙芬老师任营长。

1959年后，学校教育教学逐步恢复正常。校行政采取"条块结合"的办法，既抓教研组，又抓年级工作组；教学上明确提出了"四认真"要求，对备课、上课、批改、辅导等方面都提出了明确的实施办法，并且把"四认真"的督促检查从制度上固定下来：每周星期日晚上主任室抽查教师个人备课笔记，并提出具体意见；每月末星期二、四主任室抽查集体备课记录，每月主任室互相抽查听课记录3到5本；学校紧抓教师的在职学习，组织生物教师赴农大参观访问，还请兽医来校为生物教师讲课，丰富实际的生产知识；重视充分发挥教研组作用，开展集体备课、互相听课、互相检查学生作业、自制测量仪器等活动。1959年10月，县中语文教师参加常熟县文教局教研室语文教学参考资料的编写，数学教研组编写了《初中代数"多项式的因式分解"》参考资料。1960年3月，瞿祖华、孙鸣玉、蔡百鑫、赵静华、邵宪洵、司马淳等被评为常熟县文教群英会先进工作者。

1961年9月，王克芳调离。12月，学校调整校务委员会，由张剑、王民等11人任委员。1962年7月，张剑调离，庞学渊继任县中校长、支部书记。是年，根据国家"调整、巩固、充实、提高"的方针，常熟县文教局决定把县中办学规模调整为24班。以后进一步调整，1963年至1966年，学校规模逐步稳定为初中4轨12班，高中2轨6班，全校18个班级，在校生千余人。1962年，县中下放教师16人到农村中小学，下放工友8人回乡生产。

这一时期学校工作坚持以教育为中心，以培养学生德智体全面发展为目标，抓紧落实教育部《全日制中学暂行工作条例（草案）》，从思想发动、整顿纪律、巩固学额、正常秩序入手，使学校秩序回到正轨。1963年，学校加强"尊师守纪"教育，解决了学习纪律问题；组织学生开展了学习雷锋活动，通过讲故事、谈日记，开展"为什么要学习雷锋，能不能学雷锋，怎么学雷锋"大讨论，弘扬雷锋在学习上的"钉子"精神，搞好学习，踏踏实实地形成刻苦钻研、认真学习的社会主义学习风气。

教学上重视加强"两基"，提高质量，采取了一系列有针对性的措施：引导教师加强基础知识和基本技能的训练，突出精讲精练，并将"少而精、启发式、学以致用"作为教研活动的中心议题；组织主要学科教师学习教学大纲，强调讲清重点，不忽略一般；提倡教师多听不同学科的教师的课，让新教师先听课后上课；举行语文、英语等科优秀作业展览。1962年秋，为配合课堂教学，组织教师进行了各科课外学习讲座，数学科举行了初一、初二年级的数学游戏，初三年级几何证题法，高二毕氏数、高三因式分解等讲座；语文科组织了课外阅读、书法讲座；物理科举行了宇宙飞船讲座；史地科举行了历史故事会；还邀请县科协负责同志举行了击落"飞船U-2型"的讲座。学校还配合学科教学，刊出各科《知识园地》，政治科每周出刊"时事摘要"，数学科从"初二因式分解"到"高二不等式"出刊17次，外语科出刊英语墙报9期、俄语墙报5期。学校的文艺活动也十分活跃，有文工团、合唱团等，每班都建立了文艺小组。学生由教师带领，每星期轮流到大街和茶馆演出文艺节目，进行宣传，十分受群众欢迎。

从1962年到1966年，由于党中央制定和执行一系列正确的政策，并初步总结了"大跃进"中的经验教训，县中在教育革命中继续贯彻全面发展的教育方针，领导对教师提出严格要求，听课、备课、教研活动普遍开展，学生劳动合理安排，教学质量有了一定的提高，苏南名校地位得到巩固。

1966年春，"四清"工作队进驻县中，开展社会主义教育运动。5月，"文化大革命"开始，学校的教学业务工作几乎全部停顿，所有党、政、工、团、队、民主党派等组织陷于瘫痪，学校领导和教师被迫靠边检查，接受揭发批判。

在"文化大革命"中，县中教师受到了不同程度的冲击，学校工作"以阶级斗争为纲"，教学研究和业务进修几乎全部陷于停顿。

1976年10月,江青反革命集团被粉碎,"文化大革命"结束,学校进入新的发展时期。

第三节 江苏省重点中学的建设(1976年—1986年)

一、学校管理

1978年,常熟县中学被确定为苏州地区首批办好的11所重点中学之一。1980年10月,江苏省人民政府批转《江苏省教育厅关于办好重点中学的意见》,确定常熟县中学为"首先办好的重点中学"之一。1983年1月,常熟撤县建市,学校改称常熟市中学。

1977年6月,梅影因病不幸逝世。10月,钱建南任校"革委会"主任、党支部书记。1978年2月,国棉等厂驻县中全体工宣队员撤离学校,校"革委会"撤销,恢复校长责任制,钱建南任校长。1983年9月,金沛耀任校长、党支部副书记,钱建南任党支部书记。1984年4月,金沛耀调任市教育局长,邓丽正、顾崇文相继调任市中副校长。

1977年秋,县中初、高中各15班,全校共30班,学生1608人,教职工83人。1978年开始,执行部颁六年制全日制中学教学计划,将初中和高中的学制从二年制逐步调整为三年制。1980年开始,执行江苏省重点中学教学计划,将办学重心向以高中教学为主过渡。1982年,完成初中阶段学制过渡;1985年,完成初、高中轨制(初中4轨、高中6轨)调整。是年,全校有班级30个,学生1861人,其中初中学生760人、高中学生1101名,教职员146人。此后,办学规模固定为全校30个班,高中6轨18个班级,初中4轨12个班级,直至20世纪90年代中期。

党的十一届三中全会以后,校党支部积极着手在知识分子中进行党建工作,扭转了过去存在的发展教师党员中的"左"倾倾向。至1984年,先后发展教师党员11名。学校复设校长办公室、教导处、政教处、总务处等管理机构。1980年9月,恢复了语文、数学等8个教研组,定期开展教研活动。1980年10月,县中工会恢复,戴政良任第六届工会主席。1981年12月,团县委同意建立县中团委,高振莲为团委书记。1982年12月,中国农工民主党常熟委员会直属县中小组恢复组织活动,金元庆任组长。从1979年起,教师中的冤假错案普遍得到复查和平反,至1986年底全校共有30多位教师获得正确处理结果,政治待遇得到改善,经济损失得到补偿。1983年至1987年,学校先后购置教工宿舍810平方米,并兴建教工住宅楼一幢,解决了部分教师的住房困难。

整顿学校教育教学秩序,是这一时期的工作重点之一。1980年秋,试行班主任津贴制,并根据部颁《关于班主任工作的要求》制定六项考核规定。1981年9月,学校提出以搞好"四风"建设总揽全局:

校风:品德高尚、学习勤奋、尊师爱生、文明礼貌。

教风:热爱学生、认真教学、又红又专、为人师表。

学风:勤学苦练、精思好问、诚实谦虚、全面发展。

领导作风:热爱教育、深入实际、积极工作、知人善任。

围绕"四风"建设,1981年9月,学校全面推行部颁《中学生守则》,并在全校试行,评定学生的操行等第。为了树立良好学风,教导处制定《关于加强学生纪律教育的十项规定》《常规教育要求》《学生学习、作业与考试的基本要求》等规章,以加强管理。1982年3月,教导处修订《关于控制学生考试次数和作业量的规定》,并提出教师"五认真"的几项规定,要求教师认真备课、认真讲课、认真布置作业和批改作业、认真辅导、认真进行成绩考查和评定。这些措施的贯彻落实,使全校风纪有了根本好转,1978年至1984年,学校连年被评为常熟县(市)、苏州地区(市)先进集体。

学校民主管理进一步加强。1984年12月,常熟市中学首届教职工代表大会召开,听取了学校工作报告,总结了建校以来、特别是改革开放以来学校所取得的成绩;审议了学校财务情况报告和教代会提案工作情况报告,通过了《常熟市中学教职工代表大会暂行条例》和大会决议,选举产生了第七届工会委员会和经审小组,并向全体教职工发出了"把我校办成有特色高质量的重点学校而努力奋斗"的倡议书。

二、德育创新

"文化大革命"以后,在继承优良传统的基础上,学校德育呈现出新的特色。

学校把常年坚持的"学雷锋"传统与弘扬优良校风、学风结合起来。1977年,制订了"学雷锋,批四害,争三好"的活动计划,各班普遍开展了"查思想,比立场;查纪律,比秩序;查学习,比进步;查团结,比风格"的"四查四比"活动。1979年开展"学雷锋,树理想,争三好"活动。从1976年至1980年,先后涌现了1976年的高一年级学雷锋交通值勤小组、1977年的高二团支部、1978届的王晖、1979届的沈军、1980届的尤新刚等十几个标兵集体和个人。1981年初,制订了"学雷锋,争当建设文明礼貌之校的先锋"计划,全校开展创"文明班级、文明小组、文明宿舍"的竞赛活动,并明确了相关评比条件和评比方法。2月,常熟县文教局在全县推广县中创"文明班级、文明小组、文明宿舍"竞赛活动的经验。5月,常熟县中学被团省委表彰为"学雷锋、树新风、建设社会主义精神文明"先进集体。秋,深入开展"学雷锋,创三好""五讲四美"活动。1982年下半年,全校有174个学雷锋小组,其中111个经常开展活动。1983年4月,团委被授予苏州市"为民服务"先进集体。1984年5月,初三(1)班学雷锋小组被评为江苏省"学雷锋、创三好"先进集体。1981年4月27日《新华日报》、1982年2月《人民教育》、1982年3月《江苏教育》分别报道介绍常熟县中学坚持开展"学雷锋"活动的先进经验。

1980年秋,学校成立学生思想政治工作领导小组,由党支部、教导处、团总支、学生会、少先队队部各定一名代表参加,定期(一月一次)研究部署学生德育工作,并对班主任提出了"要求要明、管理要严、工作要细、态度要好"的工作要求。1981年9月,试行学生操行等第评定,并制定了《中学生守则》与学校常规要求对照表。是年秋,提出班主任要做到"五个坚持":坚持正面教育、坚持严格要求、坚持言传身教、坚持长善救失、坚持学校社会家庭三结合;班级工作要贯彻"五个结合":"五讲四美"与学雷锋、创三好相结合,与贯彻《中学生守则》相结合,与各科教学相结合,与搞好环境卫生、美化校园环境相结合,与经常性的政治思想教育相结合。各班广泛开展了"赛钉子精神,比勤奋学习成绩好;赛尊师守纪,比班级风气好;赛共产主义风格,比助人为乐精神发扬好;赛遵守社会公德,比维护社会秩序好"的"四赛四比"活动。1985年秋,恢复年级组活动,学校提出德育工作要实现由"保姆型"逐步向"导演型"的转变,要求教师围绕理想、爱国主义重点,通过班会、团队活动、文艺演出、晚会、音乐欣赏、板报、广播等多种形式,开展以创建良好班集体为中心的常规教育、法制教育、尊师重教教育。1986年,全校共组织了主题班会105次,基本做到了主题明确、计划周密、目的明确、广泛参与、形式多样,收到较好成效。1983年,邵宪鸿老师被评为全国优秀班主任。

三、教学改革

恢复高考以后,学校迈开了教育改革的步伐。1978年10月,学校制定《关于教学工作的八项要求》。1981年,制定《文明教研组评比条例》。1983年4月,学校推行"勤、量、质、绩"奖励制度。11月,开展"课堂教学质量管理"分析试点工作,实行"评教评学制度",同时实施竞赛辅导奖励方案。学校提出"三个为主"(以学生为主、以自学为主、以培养能力为主），"坚持三全"（全面贯彻教育方针，面向全体学生，全面提高各科教学质量）；推行按照教学计划、教学大纲和教科书要求来管理教学，按照教学过程的特点来管理教学，按照教学原则的要求来管理教学；积极引导教师改进教学方法，在"启发学生思考""指导学生自学""精讲多练""重视实验""提高学生能力"等方面有所突破，以提高课堂教学效率。1980年，学生章晖获江苏省高考理科第一名。

1978年，县中被列为江苏省电化教育重点建设学校。各教研组将改进教学方法、引进电化教学手段作为教改重点。为了加强电化教学，学校开辟了电化教室，添置了幻灯机、录音机、放映机、电子计算机和大批录音带、幻灯片、唱片等，外语、语文、史地等教研组的电化教学取得了比较丰富的经验和成绩。

与此同时，学校课程改革也扎实推进。1981年，在初、高中六个年级开设了劳动技术教育课程，有书法、珠算、英文打字、缝纫裁剪、微电脑、六管半导体收音机装配、装订簿册入门等，并举办了两次第二课堂成果展览。1982年下半年起，学校建立劳技教研组，做到了有固定教师、有稳定教学时间、有教学基地、有教学计划、有考核制度、有成绩记载。高中劳技课程开设了高一机械制图、高二男生家用电器和女生裁剪缝纫，初中劳技课程为初一实用美术、初二园艺，学生普遍反映较好。1984年3月，劳技教研组在校内举办了一次缝纫成品展销会，有学生自己缝制的鞋垫、童帽、枕套、坐垫、电视机套、缝纫机套等产品几百件。1985年3月，市中在上级领导部门的支持下购买了四台PZ-80型电子计算机，在高中学段增设电子计算机课程，由数学、物理教师兼课。1986年9月以后，配置专职教师任教微机课。1985年，学生陶然编制的BASIC程序（程序一）获第七届全国"儿童计算机世界"希望奖，濮巍等四名学生获江苏省计算机程序设计竞赛三等奖。

1978年，学校成立美术兴趣小组，新时期课外学科兴趣活动由此发端。1983年，各学科都组织了兴趣小组，全校共有16个，有船模、航模、无线电、哲学、摄影、地震监测、唐诗欣赏等小组。学校举办科技讲座30多次，还举行了化学魔术、智力竞赛、生物讲座等活动。1984年春，组织了文学作品欣赏、哲学、历史、数学、物理、化学、英语、动植物、无线电、歌咏、美术、棋类、摄影、天文等24个学科兴趣小组，参加的学生共有870多人，占学生总人数的47%。1985年秋，学校第二课堂有劳技课、选修课、课外兴趣小组、专题讲座、学科竞赛、各班信息窗等6种形式，共有25个小组956人参加活动。一系列课外兴趣活动的开展，结出了累累硕果：1982年，化学小组的《化学谜语》获省青少年科技作品二等奖,电动小车模型获县科技作品高中组第一名。1984年,园艺小组的《常熟地区古树分布及其现状》获江苏省农业科学小论文竞赛一等奖。1984年,美术小组学生华丹获全国少儿书画展一等奖。1985年,棋类小组学生俞伟获江苏省青少年围棋竞赛冠军,文学小组学生朱晔的作文获华东六省一市作文竞赛二等奖,歌咏小组学生李明玥和徐怡获七省二市民族杯小歌手二等奖。

体育卫生工作得到重视,学校认真贯彻两个《暂行规定》和新颁《体育锻炼达标标准》。1982年初,学校将初一体育课由每周两节增加为每周三节,提出体育教师要"四会"(会讲、会做、会教、会组织),努力搞好"两操一课两活动",定期组织乒乓球、篮球、排球等单项比赛,确保学生每天锻炼一小时。1982年秋学期,全校体育达标率由原来的24%上升到46.9%。学校田径队坚持锻炼,取得较大进步。1982年,县中田径队夺得常熟县中学生运动会初中组团体第一名、高中组团体第二名,至1985年,蝉联初中团体四连冠、高中团体三连冠。学校按照要求建立和完善了学生健康卡,定期对学生进行体检,开展爱国卫生运动,搞好校园环境卫生和防疫防病工作,开展近视防治。1983年10月,市中代表苏州市重点中学接受江苏省体育卫生工作检查,获得高度评价。12月,学校被评为江苏省体育传统项目先进集体。1984年7月,学生邵洁在全国青少年运动会女子乙组田径赛上打破省女子乙组跳高纪录。

20世纪80年代初,校园文体活动重趋活跃。1981年,组织了拔河比赛、中秋赏月晚会、虞山半日游、新春游艺会等。1982年,举行了"党抚育我成长"国庆征文活动、"三热爱"诗歌朗诵会、优秀电影影评活动、《农村调查》报告会,初中歌咏队以班为单位排练节目,在这基础上举办了全校性的1982年文艺会演。1985年秋,《市中教工》《市中青年》相继出刊。1986年,全校先后组织了30多项活动,如举行各种比赛、晚会;开展下棋、猜灯谜、英语角、电视电影展等周末活动;举办跨年级、跨班级联欢活动;组织征文活动和读书演讲比赛等。

四、现代化建设

改革开放以后,学校硬件建设进入快速发展阶段。1978年,县中被定为江苏省电化教育重点建设学校。1980年6月,被确定为苏州地区开展电化教育试点学校。是年,常熟县人民政府启动优先建设重点中学计划。1979年,新建教学楼1幢986平方米。1981年，新建男生宿舍楼1085平方米。1983年，新建女生宿舍楼706平方米。1984年，兴建实验楼1485平方米，学生食堂828平方米。1986年，兴建科技楼1316平方米。同时学校电教设备、实验仪器、图书报刊等方面都有较大改善。至1986年底，建有微机教室1个，电教设备价值2450元；学生理、化、生分组实验组数均达28组，并建有语音、缝纫、制图、家用电器、英文打字、美术、装订等专用教室；有图书50450册，报刊200多种。

第四节　省重点中学地位的确立（1986年—1992年）

一、学校管理

20世纪80年代后期，教育改革步伐加快。1985年，市中被中共常熟市委确定为基础教育体制改革试点单位。8月，李勤晓任校长、党支部书记。1986年10月，合并教务处、政教处，建立教导处。12月，学校召开二届一次教代会，制定了《常熟市中学1987—1989年发展规划》，提出了学校远期、中期和近期奋斗目标：自1987年起，经过四个发展规划的实施，即经过12年的奋斗，把市中办成现代化、有特色、高质量的重点中学；经过第一、二个发展规划的实施，即经过6年的努力，把市中办成名副其实的重点中学；经过第一个发展规划（1987—1989年）的实施，把学校初步办成较有特色、较高质量的重点中学。这是市中历史上第一个发展规划，为学校指明了发展方向，激发了全校师生的积极性。

1987年2月，中共常熟市委组织部批准中共常熟市中学党支部改设为总支部委员会。3月，学校党总支正式成立，下设文科、理科、行政、退教4个支部。1990年4月，学校重新建立校务委员会，由行政、教职工、校办厂代表等13人组成。

在党总支的领导下，学校加快在骨干教师中的党建工作，落实党内"三联系"制度，每名党员至少有1名党外联系对象，普遍开展谈心活动。从1986年到1991年，共发展教师党员23名。1987年底，校内10个教研组全部有了党员，6个教研组建立了党小组。1991年底，全校10个教研组组长均由党员担任，实现了把党小组建在教研组，党小组、教研组、工会小组三位一体的组织建设目标。1988年8月，常熟市职改办确认市中首批教师职务任职资格，其中31人被确认为中学高级教师，81人被确认为中学一级教师。中、高级职称教师占全校教职工总数的70.9%。1989年，钱文明被评为全国优秀教师。1991年，陆如年被评为全国优秀教师。

青年教师培养被列为教师队伍建设的重点。20世纪80年代前期，市中教师队伍平均年龄达48周岁，为此学校积极引进青年教师充实力量。至1986年秋，40周岁以下教师共32名，其中35周岁以下18名。校行政确立了热情帮教、放手培养、放手使用的思路，采取政治上热情关怀、工作上大胆信任、生活上严格要求的做法，多次召开青年教师座谈会，充分调动了他们的积极性；提供各种进修机会，配备"传帮带"教师每周听课、加强指导；实行公开教学制度，校长室、教导处和教研组共同参加听课评课；组织青年班主任培训，发挥老班主任的"传帮带"作用。1986年下半年，在青年教师中提拔了1名副教导、1名团委副书记、1名教研组副组长、1名年级组长，至1989年，有11位青年教师在苏州市和常熟市的青年教师会讲课中，分获一、二、三等奖。

学校群团组织逐步健全。1985年，成立学校退协组。1989年1月，退管会和退教协会成立，并制定《常熟市中学离退休教职工管理委员会章程》。10月，女职工委员会成立。1990年2月，中国民主同盟常熟市中学支部成立。1992年3月，制定《常熟市中学退离休教职工管理委员会工作条例》。各组织配合学校中心工作，开展了比较丰富的活动。工会先后组织了教工自行车环山游、文艺茶话会、乒乓球比赛、象棋比赛等活动，丰富了教工文化娱乐生活，增强了学校教师的凝聚力。1991年，工会获苏州市总工会"先进职工之家"称号，工会主席吴宗瑾被评为全国优秀工会积极分子、苏州市劳动模范。

这一时期，校办企业获得发展，为学校创筹办学经费作出了贡献。1987年2月，市中被常熟市教育局表彰为1986年度"校办工业成绩显著学校"。1988年5月，建办常熟市昭文综合经营部。8月，建办常熟市铝合金门窗厂。1992年5月，常熟市教育印刷厂试行由市校办工业公司直接管理。7月，原常熟市教育印刷厂琴川彩扩社更改企业名称为"常熟市广角摄影图片社"。1992年11月，建办"常熟市佳乐食品炒货厂"。

二、德育创新

20世纪80年代后期，学校德育特色逐步彰显。1985年，市中在苏州市范围内率先开展创建"优秀班集体"活动，其做法得到苏州市教委推广。1986年，成立家庭教育委员会，并在常熟市范围内第一个举办"家长学校"，对初一学生家长开展8个方面的系统教育。1986年4月，召开首届"三优"（优秀活动、优秀集体、优秀个人）代表大会。1987年上半年，党总支在高中学生中建立党章学习小组。1988年3月，举办了常熟市第一所"中学生业余党校"，开始在优秀青年学生中进行党的知识学习教育和党建工作。1987年秋，组织开展"小记者活动"，开办"市中之声"广播站。1989年7月，举办首期学生干部夏令营。1989年秋开始，在各班建立"班级小银行"，培养学生自理、自治能力，养成勤俭节约的良好习惯。1989年12月，举行首届校园文化艺术节。1990年3月，制定《常熟市中学关于贯彻〈中学德育大纲〉岗位责任制实施办法》。5月，制定《常熟市中学贯彻〈中学德育大纲〉实施意见》。6月，首次在业余党校优秀学员中发展了许唯伟、钱焱两位学生党员。1991年9月，学校"三结合"教育委员会成立。1992年5月，市中与博物馆、烈士陵园、千斤顶厂、市蔬菜基地、驻常部队汽车营等13家单位签订校外德育基地协议，开始建立了比较稳定的校外德育阵地。至此，以学校德育工作领导小组、"三结合"教育委员会、家庭教育委员会和校外德育基地为依托的"三结合"德育格局初步形成。从20世纪80年代中期到90年代初所开创的一些德育工作路子，在市中一直传承了下来，有的逐步发展成为传统特色品牌，并对其他学校起到了示范作用。

1988年以后，全校师生认真贯彻国家教委颁发的《中学生日常行为规范》，学校进一步在"严、细、实"上狠下功夫，提出了"常规管理抓长效"的要求，有针对性地加强以"文明礼貌、热爱劳动、勤俭节约、艰苦奋斗"为重点的德育活动，并把这一活动明确为"文明礼貌从孝敬父母、尊敬师长、团结同学开始；热爱劳动从认真做好值日生开始；勤俭节约从珍惜粮食、不剩饭剩菜开始；艰苦奋斗从不乱花零用钱开始"。1987年，制定了《"规范"实施细则》《学生"五认真"基本要求》《寄宿生管理规定》等规章，设立了"卫生评比""二操评比"等布告栏，以加强常规管理；政教处和团委在学生中组织了文明监督岗、卫生检查组、护校队、宿舍值日队、周末电影服务队等10个自我管理小组，定期检查、评比和公布结果。学校还大力开展普法教育，利用法律常识课、广播、漫画及图片展览、法律知识竞赛、观看案例录像、组织参观等多种形式进行教育。1989年4月，全校共评出执行《规范》，"勤奋学习、自尊自爱、遵纪守法、孝敬父母、遵守公德"等10个方面的标兵234名。

1990年5月，根据校情和形势的需要，学校重新诠释了"四风"建设内涵：

校风：爱国、勤奋、文明、进取

教风：严谨、求实、科学、创新

学风：精思、好学、谦诚、活泼

领导作风：团结、奉献、廉洁、高效

坚持开展群众性的学雷锋活动，是这一时期学校德育的重要内容。1991年，全校共有学雷锋小组120多个，定点挂钩小组50多个。活动中把学雷锋与开展共青团"立志、勤学、实践、成长"主题活动相结合；与创建优秀班集体、开展各项创优争先活动相结合；与贯彻执行《中学生守则》和《中学生日常行为规范》相结合；与学生参与学校日常管理、进行自我教育相结合；与社会实践、社区服务相结合。"五个结合"的做法赋予了学雷锋活动新的内涵，在常熟市、苏州市范围内起了很好的示范作用。学校"挂钩服务队""为民服务队"的好人好事不断涌现。1991年3月，湖南省望城县"雷锋纪念馆"特地给常熟市中学全体师生来信，对全校师生坚持学雷锋活动进行表扬和鼓励。1989年，归泳涛同学被评为全国"心中有祖国，心中有他人"活动的先进个人，高三(4)班被评为江苏省优秀班集体。

三、教学改革

20世纪80年代中期以后，学校逐步完善办学思路，至1991年形成了比较完整的"三个转变"理念：把单纯培养少数拔尖学生转变为提高全体学生的素质，把单纯注重智育转变为德智体美劳的全面发展，把片面追求升学率转变为为社会主义建设服务。在具体工作中提出"四个统一、四个一起抓"：树立全局观念，把教书与育人统一起来，做到德智体美劳一起抓；面向全体学生，把教师的主导作用与学生的主体作用统一起来，做到优、中、差一起抓；树立全面观念，把知识传授、智能发展、非智力因素三者统一起来，做到各门学科全面重视，考试学科、考查学科一起抓；树立注重个性发展观念，把教好、学会与培养特长统一起来，做到课内课外全面安排，两个课堂一起抓。

这一时期，学校课程、教学方法的改革逐渐深化。市中课改课题《关于开设选修课和课外活动课的研究》被列为苏州市教育科研项目。到20世纪90年代初，在课程结构上形成了必修课、选修课、劳动技术课三者有机结合的新格局，基本完成了高中课程改革任务。1991年秋开始，高中完全按照新教学计划开课，每周除28节必修课、2节劳技课外，增设了5节必选选修课、1节自选选修课。1992年，审核编订了六门选修课（即音乐、美术、摄影、文学、物理实验、英语口语）的大纲和教材。

1991—1992学年高中选修课开设情况列表如下：

年级	学期	必选选修课	周课时	自选选修课	周课时
高一年级	上学期	物理实验	1	数学解题思路	1课时（学生任选其一）
		化学实验	1	文学名著欣赏	
		人口教育	1	乡土历史	
		音乐	1	英语口语训练	
		美术	1	摄影	
	下学期	物理实验	1	文学名篇选读	1课时（学生任选其一）
		化学实验	1	英语口语	
		数学解题思路	1	乡土地理	
		音乐	1	物理解题思路	
		美术	1	化学解题思路	
高二年级	上学期	数学解题方法	1	物理实验、化学实验、历史、地理、音乐、美术、写作指导	1课时（学生任选其一）
		英语听读	1		
	下学期	物理解题方法	1	外语听读、数学解题思路、历史、地理、生物、音乐、美术	1课时（学生任选其一）
		化学解题方法	1		
高三年级	分科性选修				

全校第二课堂活跃。各学科都成立了较有特色的兴趣小组或竞赛梯队，健全了活动制度，做到了"四定""三出"，即定时间、定地点、定内容、定辅导教师；出成果、出人才、出经验。1991年秋，全校有竞赛辅导、科技发明等36个小组。学校美术兴趣小组在成立以后坚持活动十余年，至20世纪90年代初期先后向高校输送了美术专业学生数十名。1987年9月，学校组织的日环食观测活动获苏州市二等奖，学校获先进集体奖。1988年5月，市中舞蹈队表演的《我的祖国》获常熟市中学生文艺会演一等奖。1990年张军同学发明制作的"交流电零火线自动切换器"获全国第五届青少年发明比赛二等奖、江苏省一等奖。1991年，徐炳炎老师被评为江苏省优秀青少年科技辅导员。

在教法改革中，学校提出"教为主导、学为主体、以教促学、以学论教"的原则，把落实"严谨的教风、精要的讲解、扎实的教学容量、配套的作业系列"作为提高教学质量的基本方向，同时积极引导全体教师努力实现教学方法的最优化和教学手段现代化。特别是电化教学的全面推广，有效提高了课堂教学效率。从1986年至1992年，市中共向高校输送了900多名优秀学生。1986年，学生钱向阳获全国奥数竞赛一等奖。

与此同时，教研组、年级组建设得到推进。学校认真落实教研组的"政治、学习、管理"三大职能，努力抓好各教研组"学习活动、教研活动、集体备课、青年教师培养、教改科研、第二课堂、资料建设"等7项常规工作，深入开展创文明教研组活动。1986年10月，各教研组都制定了本组《教师"五认真"实施细则》《作业规范化的要求》，并认真抓好教学计划的制订、实施、检查、总结4个环节。1990年，语文、物理、外语3个教研组被评为常熟市先进教研组，生物、体育2个教研组获得市级表彰，常熟市教育局为此在市中召开了"教研组建设"现场会，推广有关经验。

1985年，学校恢复年级组活动，将校行政、党支部、教导处和团委负责人分到各年级，以年级组为联系点，与班主任一起学习、交流，进行德育方面的研讨。1987年秋，制定了《年级组长工作职责》《班主任工作"五认真"基本要求》，年级组活动做到了定时间、定内容、定人员，各年级管理趋向规范化。

20世纪80年代中期起，市中教育科研逐步取得进展。1984年，市中教科研学术刊物《教苑》第一期出刊。1986年春，筹建教育科研小组，提出了教科研工作指导思想和具体任务。1991年4月，成立学校教育科学研究组，由一位副校长分管，负责规划、组织全校教科研活动。9月，在教导处内设立教科室。10月，《市中教改》第一期出刊。这一时期，市中的人口教育、第二课堂及选修课、初中数学实验教材教学等方面的课题，分别被列为江苏省、苏州市、常熟市级教科研项目。《启导猜想、讲练结合——优化数学课堂教学法的研究》《初中整体教改班实验》《初二公民课与思想教育一体化》《高中物理与化学课渗透德育教学实践》等教科研项目，都取得了一定成果。1991年，"英语课文整体教改"实验小组的"听说领先，读写跟上"的教法改革经验在苏州市范围内得到推广。从1989年到1992年，教师在省级及以上刊物共发表论文122篇。

四、现代化建设

随着教育改革和现代化的深入，学校硬件升级迫在眉睫。1987年4月，新校门落成，"常熟市中学"校名由时任全国政协副主席钱昌照题写（1986年题）。在上级大力支持下，从1986年至1992年底，市中先后建成行政楼、高中教学楼、教师办公楼、图书馆等新校舍，总面积4000多平方米。1986年，学校按两名学生一组为标准，配齐了理、化、生共6个实验室的分组实验仪器器材。1991年秋，开辟了语音教室（语音设备54套），升级了英文打字专用教室、计算机教室（计算机38台）设备，建立了电教、音乐、美术、制图、缝纫、电子技术、摄影、天文等10个专用教室。此外，各教室讲台、课桌椅以及校内道路、操场等设施都得到了更新，师生教学、生活条件初步改善。

到1992年4月，市中占地面积31278平方米，校舍建筑面积18335平方米，其中教学、行政用房8743平方米，生活用房8076平方米，其他（校办厂）1516平方米。藏书4.7万册，报刊200多种。1992年9月，市中共30个班，其中初中12个班，高中18个班。在校学生共1638人，其中初中725人，高中913人。有专任教师125人，行政人员23人，工勤人员24人，校办厂人员9人，合计181人。其中中共党员68名，共青团员24名，另有民主党派组织3个。

第五节　国家级示范高中的建设（1992年—2002年）

一、学校管理

1992年8月，钱文明任常熟市中学校长、党总支书记。1994年8月，成立常熟市中学教育改革和发展委员会，由热心教育、关心和支持常熟市中学发展的社会各界代表组成，当年筹募基金40余万元，以促进学校改革与发展。1997年2月，撤销教导处，分设教务处、政教处。1999年6月，常熟市人民政府决定，撤销常熟市第八中学建制，与常熟市中学合并，市八中改称常熟市中学分校，其原有独立开展的一切业务并入市中，由钱文明兼任分校校长。

1992年11月，江苏省教委验收组对常熟市中学进行重点中学复查验收，验收报告充分肯定了市中的工作：全面贯彻教育方针，坚持把德育工作放在首位，德智体美劳全面发展，能按年级分层次落实《中学德育大纲》，重视学生的行为规范训练，提高学生的整体素质，抓紧、抓好了教学管理、德育管理和校园管理，校风、教风和学风好；办学有自己的特色，第二课堂活动安排合理、组织严密、效果好，艺术教育有广泛的群众基础，近年来向高等艺术院校输送了不少人才；重视教育教学改革和教育教学科研，有一定数量的综合教改和单项改革课题，并取得了一定的实效，体现了正确的育才观和质量观，较好地发挥了带头作用、示范作用和实验作用；领导班子"团结、奉献、廉洁、高效"的作风好，教师"五认真"得到了较好的落实；多年来被评为常熟市、苏州市"文明单位""校园管理先进单位"。1993年5月，学校被确认为合格的江苏省重点高中。

1993年,《常熟市中学1993—1995年发展规划》提出:通过三年的努力奋斗,把学校办成"比较现代化、比较有特色、教育质量较高的重点中学"。1996年,学校制定《实施教育现代化工程,创建国家级示范学校五年规划(1996—2000年)》,提出苦干实干五年,至2000年将常熟市中学办成现代化、高质量、示范性、有特色的国家级示范学校。所谓"现代化",即教育思想现代化、教学体系现代化、教学设施现代化;"高质量"指管理水平高质量、师资队伍高质量、学生素质高质量;"示范性"指在全面贯彻教育方针,全面提高学生素质,积极推进教育、教学、体制改革等方面,发挥学校的带头示范作用;"有特色"指办学有特色、教师有特色、学生有特长。这两个《规划》为这一时期的学校改革和发展指明了方向。

1994年,市中明确提出"三育""三全"的教育观念,即教书育人、管理育人、服务育人和全面育人、全员育人、全程育人。2001年,提出"诚、爱、新"校训,在全校树立"做人诚恳、办事诚实;爱国爱民、爱校爱岗;观念更新、教育创新"的基本理念。20世纪90年代中期,为了实现学校的现代化管理,校行政认真总结了市中办学经验,提出运用"整分合"原理进行管理的理念,强调在整体规划下明确分工,在分工基础上进行有效合作,从而实现管理的科学化和效率最优化。市中据此进行了多方面的管理革新。

20世纪90年代中期开始,学校管理体制改革取得突破。1993年春,学校提出"以《中国教育改革和发展纲要》为指针,全面贯彻教育方针,积极推进教育改革和体制改革"的思路,着手深化内部管理体制改革。8月,制定了以"五制三提高"为主要内容的学校内部管理体制改革方案。是年12月,四届一次教代会通过的学校发展规划明确提出"积极稳妥地配套改革学校内部管理体制,逐步实施校长负责制、全员聘任制、岗位责任制、考核奖惩制和结构工资制",促进学校管理的科学化、规范化、民主化。1994年,学校初步实行"校长全面负责,党支部监督保证,教职工民主管理"三位一体的管理体制。

1998年开始,市中全面推进分配制度改革,强化激励机制,实行结构工资制。是年制定《常熟市中学教职工考核实施意见》《常熟市中学教职工津贴工资实施方案》,将出勤、任教课时、教案、职务等列入考核范围,作为衡量校内津贴发放的标准;每年总投入人均2000元,用于校内津贴工资的发放,初步拉开了教职工的分配差距。2001年,分配制度改革力度加大,学校总投入人均提高到4000元,并将班主任津贴、第二课堂成果、教科研成果等奖励也列入校内津贴工资范围,分配差距扩大到5000元左右,基本上实现了教师任务、业绩差异与收入差距相匹配。2002年10月,进行第三步分配制度的改革,实行按任务、业绩定酬的分配改革,将季度奖、工资中的30%以及学校的新投入,约人均12000元,纳入分配制度改革的范围;考核时坚持效率优先,兼顾公平原则,重实绩、重贡献,支持教师创造一流业绩,取得一流报酬。至此初步实现了档案工资与实际收入相分离的改革目标。

在学校管理体制改革中,学校党组织的保证监督作用显著。党总支召开多层次、多类型的座谈会,针对学校内部配套改革广泛听取意见,使改革方案不断充实完善。1995年6月,制定《党总支委员会议事规则》《干部廉洁自律八项规定》《师德规范八项规定》。2000年,制定《关于推行校务公开的实施方案》《党风校风监察员制度》。党总支委员会重视发扬教职工的主人翁意识,尊重民意,坚持开好与民主党派组织的双月座谈会,及时听取工会和教职工意见,加强科学决策,对推进学校管理体制改革起了重要作用。2002年6月,校党总支被评为江苏省中小学党建工作先进集体。

教职工民主管理得到加强。1993年以后,学校工会、各民主党派组织在党总支领导下,做了大量工作。围绕管理体制改革,教代会先后审议通过、制定、修订《评选先进教育工作者的意见》(1994年12月)、《常熟市中学教职工津贴工资实施方案》(1998年11月)、《师德建设五年规划》(2000年1月)、《常熟市中学章程》(2000年8月)、《实行全员聘用合同制的实施意见》(2000年8月)、《教职工代表大会条例》(2001年1月)、《常熟市中学工会规章》(2001年1月)等重要规章、方案。

为了早日建成国家级示范性普通高中,市中新一轮校园改造工程迅速展开。1997年多功能体育馆落成;1998年校办教育印刷厂搬迁至校外,学生、教师新食堂投入使用;1999年8月男生宿舍楼投入使用。2000年,常熟市人民政府将市中校园拓展工程列入"为民办实事十大工程"。2001年4月,校园拓展工程完成。拓展校园面积14775平方米(约合22.2亩),校门迁临西门大街,新建教学楼、实验楼、办公楼各一座,建筑面积合计10912平方米。在校园改造进程中,学校根据周边自然条件和校园文化积淀等情况,提出了建设"古典园林式花园学校"的构想,一方面重视对校内文化遗存的修缮兴复,另一方面因地制宜地加强了人文景观、古典建筑等方面的建设,先后修建"学海无涯"雕塑(1994年6月,王淦昌题词)、西翠苑(1998年)、陈旭轮塑像(2000年9月,戊子级毕业生集资建造)、思源堂、思进园、缃素楼遗址、乐山桥、乐水桥(以上均为2001年4月建造)等标志性景观。至21世纪初,形成山水园林环绕周边、小桥流水襟带其内、古树名木掩映其中、古典建筑星罗棋布的校园格局，深得师生喜爱和社会好评。

二、素质教育

20世纪90年代，素质教育进一步深化。

1996年，市中明确提出办学目标是努力使学生"学会做人、学会学习、学会生活、学会审美、学会劳动"，成为"素质全面、基础扎实、能力较强、特长明显、人格健全、适应社会"的跨世纪新人。学校认真实施"三主三落实"（坚守主阵地，落实好常规教育；畅通主渠道，落实好梯度教育；弘扬主旋律，落实好素质教育）的德育模式，建立起"一组两线"德育网络："一组"是以党总支为核心的德育领导小组，"两线"指由校长室、教导处、年级组、政治教研组、班主任构成的纵线，以工会、总务处、舍务领导小组、团委、学生会、少先队构成的横线，并辅以学生家长委员会、家庭教育指导小组等，形成双线交叉、整体推进的德育新格局。

被确认为合格的江苏省重点中学以后，市中坚持推进德育创新。1992年9月，初三以上各年级分别建立团总支。1993年10月，开展"市中书市"活动。1995年3月，在常熟市范围内率先成立青年志愿者协会和师生"爱心"基金会。1996年6月，实行班主任双向聘任制。1997年4月，与城西街道办事处签约，建立常熟市教育系统第一个志愿服务基地。1998年9月，举行首次成人仪式。11月，在初中开展创建"星级小书屋"活动。1999年春，颁发《常熟市中学学生手册》。2000年，建立心理咨询室。2001年下半年，在高一年级实施"学生素质发展评估"制度。是年，完成校内外德育"四校三基地"（业余党校、中学生团校、暑期军校、家长学校；爱国主义教育基地、社会实践基地、社区服务基地）建设。

这一时期，市中以爱国主义、集体主义、社会主义为主线，通过系列活动、主题活动、专项活动等，扎实开展主旋律教育：坚持开展"五心"（忠心献给祖国，爱心献给社会，关心献给他人，孝心献给父母，信心留给自己）教育、"七不"（不随地吐痰，不乱扔垃圾，不损坏公物，不破坏绿化，不污损墙壁，不在校内骑车，不说粗话脏话）规范教育和"双学、双有、双争、双创"（双学：学雷锋，学赖宁；双有：心中有祖国，心中有他人；双争：争当三好学生，争做文明寄宿生；双创：创优秀班集体，创文明宿舍）等活动。1993年，围绕纪念毛泽东诞辰100周年，举办了"人民的领袖，世界的伟人"广播报告会、"毛泽东事迹"图片展，组织观看《秋收起义》《毛泽东和他的儿子》电影，开展以"红太阳颂"为主题的讲故事、朗诵、歌咏、演讲、珍藏品联展及文艺联欢等系列活动。1995年，组织安全知识宣传队、环境卫生保护队、义务交通值勤岗、校园文明监督岗、军属孤老照顾小组、居委会服务小组等，深化学雷锋活动。1996年，开展"校园百家""与不文明行为告别千人签名"等活动。1998年11月，在市文化广场举办"1998金秋广场文艺演出"。1999年底，在石梅广场举办"走进新时代"文艺会演和千人大合唱。2001年元旦，在虞山门举行"沐浴新世纪曙光"仪式。

1996年，市中的德育特色和经验先后在中共常熟市委扩大会议、全市青少年思想教育工作会议上作了交流，受到一致好评。学校先后被评为苏州市先进集体（1993年度）、创三好先进集体（1994年），江苏省德育先进学校（1994年、2001年），江苏省先进集体（1991—1996年），苏州市文明单位（2000年，2002年）。校团委连续被表彰为常熟市红旗团委。1992年，陆建锋同学被授予"常熟市精神文明建设标兵"。1997年，王成琦老师被评为江苏省优秀班主任。1998年，钱律新老师被评为江苏省优秀德育工作者。

1994年开始，学校班级数呈逐年上升趋势。到2001年秋，发展到46个（初中19个班，高中27个班），共有学生2547人。围绕素质教育和新课程改革，市中严格执行课程计划和减负规定；各年级根据自身特点，确定阶段性教学突破口：初一抓中小学衔接，初二抓提优补差，初三抓后进生转化，高一抓三年目标规划，高二抓综合平衡，高三抓整体水平；对教师的备课，要求依据素质教育和创新精神培养，充分调动学生的自主创新意识，注重培养学生的学习能力和分析问题、解决问题的能力，体现教学的整体化和层次递进。各年级各学科设立了备课组，将每周一次的集体备课列入课表，统一各备课组教学要求、进度、命题和作业量。全面开展以"革新教学手段，提高课堂教学效益"为中心的说课、上课、评课活动。1992年，周永良老师获江苏省青年教师数学学科评优课一等奖。1999年，英语、语文、物理、史地、体育5个教研组再次被评为常熟市先进教研组。2000年，数学教研组被评为江苏省优秀教师集体。严谨务实求新的教学，提高了学校的办学质量。1998年，学生金亮获高考苏州市文科第一名、李政道奖学金一等奖。2002年，高考本科上线率升至66%。

学校积极建立适应素质教育要求的课程体系，在抓好必修、选修课主阵地的同时，建立了劳动技术课程体系，全面开设初一书法和英文打字、初二摄影和缝纫、初三照明电路、高一微机、高二制图、高三电子技术等课程，做到师资、教时、教材、考核四落实。1996年，在初中开设人防课程。学校集中力量探索在课外活动中开展素质教育的途径，组织拓宽知识类、学科深化类、体育艺术类、科技发明类和应用技术类等5类课外活动，并积极开展全校歌舞比赛，演讲比赛，知识竞赛，诗歌朗诵比赛，征文比赛，书评、书法、美术、摄影、自办小报联展，广播讲座，"旭轮电视台"节目等校园文化活动。1993年，学生任宇红获江苏省"热爱社会主义祖国"演讲比赛一等奖。1995年，徐黎同学获"亿利达青少年发明奖"全国二等奖。1996年，王琳同学获江苏省青少年象棋比赛女子组冠军，潘磊同学参加"苏州市少年儿童武术比赛"，包揽男子乙组规定拳、自选拳、刀术、棍术和全能5项冠军。1998年，熊舒恬获第二届全国"青春杯"书画大赛一等奖。2000年，高二（1）班获苏州市班会课比赛一等奖。

经过既往10多年的努力，学校美术特色教学成绩显著。1993年11月，江苏省中小学美术书法优秀课、观摩课活动在市中举行。1994年，在原美术兴趣小组基础上，开设了美术特色班，当年招收两个班学生共108人。1996年9月，建立艺术教研组。1997年，美术特色班首届毕业生全部被高校录取。2000年5月，市中学生美术书法作品展在常熟市博物馆举行。至2002年，美术专业学生高考本科录取率从75%上升到94%。

2002年4月，为了探索中学教育教学改革新模式，面向世界，培养实用型、外向型、复合型人才，常熟市中学与澳大利亚国际应用教育学会达成合作办学协议。是年秋，经江苏省教育厅同意，在常熟市中学校内招收全日制普通高中国际班两个，学生共106人。2003年1月，部分国际班学生赴澳大利亚进行了短期修业学习。同年秋，再招一个新生班39人。2004年起，由于办学体制变化，国际班停止招生。

2001年4月，常熟市中学接受了创建国家级示范性普通高中工作的评估验收。省教育厅检查验收组在检查评估后认为：市中是一所具有深厚文化底蕴、优良办学传统的老校，其办学指导思想、目标要求明确，积极推进素质教育成效显著；校园环境优美，管理严格规范，校风优良，现代化教学设施装备比较齐全；学校领导班子重视加强自身建设和教职工队伍建设，形成了敬业奉献、团结实干的优秀群体；市中是一所学生向往、家长信任、社会声誉良好的学校，在同类学校中发挥了较好的示范与辐射效应，已达到国家级示范性普通高中的验收标准。

三、现代化建设

1992年江苏省重点中学复查验收后，市中展开了新一轮教育现代化建设。1995

年成立电教领导小组,由两位校级领导分管,具体负责推进教育现代化工程。1997年,进一步调整、充实了电教领导小组,由校长担任组长,并制定了《常熟市中学电化教育发展规划(1997—2000年)》。2000年,成立现代教育技术领导小组,进一步整合各种资源,加强领导和投入。

1995年,学校各教室"三机一幕"全部到位;1996年,新建音像控制中心1个、486微机教室1个、多媒体教室2个,并添置了多媒体电脑扫描仪、光盘刻录机、大彩电、影碟机、激光打印机等。1997年4月,"旭轮电视台"开播,配有中心控制室和演播厅,定期播放闭路电视节目。1997年下半年,建成闭路电视系统,可同时播放10个频道的节目。1998年1月,"旭轮电视台"演播中心与教室的双向控制系统投入使用。1999年秋,建成教师电子阅览室、专用微机室,使教师的多媒体电教活动有了基本保证。是年秋,学校网页接入常熟市教委网站,辟有10多个栏目,其中包括市中教师自制多媒体课件和已发表论文等。该网页经专家评审,获常熟市中小学学校主页制作比赛一等奖。2000年,建立校园网,设立中心机房,铺设光缆连接教学楼和办公楼。

在现代化教育装备逐步完善的进程中,学校致力于推进电教手段在教学中的运用。为此加强对教师的电教培训,要求教师"四会":会应用幻灯投影机和收录机,会自制幻灯片,会使用有线电视机和录像机,会使用电脑;对专、兼职电教老师,提出"四能":能掌握电教基本理论,能进行电教设备的一般维修,能指导其他教师正确使用电教设备,能单独开展电教科学研究。1995年秋,举办了两期微机培训班,共有51名青年教师参加。1997年春,开办微机专修班。1999年秋,组织了83名中青年教师参加现代教育技术培训和考试。2000年,举办了现代信息技术教育培训班,并举行了"关于网络环境下的教与学"交流会、"课件和积件"讲座。

另一方面,学校积极引导教师结合教学实际运用电教手段,利用计算机进行辅助教学,并开展电化教学课题研究。1996年上学期,全校共制作幻灯片1357张,教授电教课1690课时,市中被确认为江苏省电化教育实验学校。1997年9月,学校申报并立项江苏省级课题《运用电教媒体,培养学生观察事物、分析事物和解决问题的能力研究》,集中全校力量攻关,推动了电教手段在课堂教学中的运用。各学科根据自身学科特点设置了相应的子课题,并先后申报常熟市级电教课题11个。1997年5月,中央电教馆和常熟市电教工作现场会同时在市中召开。1999年5月,被评为江苏省电化教育示范学校,任宇劲被评为江苏省电化教育优秀工作者。到2000年,青年教师运用多媒体课件上课学科覆盖率达100%,自制课件80多个,史地组被确定为常熟市多媒体课件制作学科点,学校课题《运用信息技术建立以学生为主体的研究性学习模式》被评为苏州市优秀电教成果。2001年12月,被评为江苏省现代教育技术示范学校。2003年1月,被确定为教育部教育科学"十五"规划重点课题《网络教育与传统教育的优势互补研究》子课题《学习型校园网的建设与使用研究》的实验基地。

这一时期,现代化教师队伍建设加速推进。1996年10月,江苏省级课题《培养跨世纪青年骨干教师队伍的研究》立项,并被确定为学校主课题,由校长任课题组组长,副校长、副书记任副组长,小组成员汇集了全校各方面的骨干力量。课题着重对全校70多名35周岁以下青年教师的两项素质(思想素质、文化素质),三种能力(教育、教学、科研)加速培养。校行政和党总支抓师德建设、业务提高和岗位练兵,采取了组织学习、启发引导、树立榜样等多项措施加强了这方面的工作。1996年五四青年节,召开大型青年教工座谈会,围绕"发扬市中光荣传统,争为教育建功立业"畅谈,取得较好效果。同年,提出青年教师每学期的"四个一"要求(一节公开课、一篇论文、一篇规范教案、一学期备课笔记)。从1997年开始,党总支在全体党员中持续开展党员形象工程活动,推动全校的师德建设。同年,建立青年教师发展档案,开展结对帮学活动。暑假中组织青年教师培训班,举行名师专题讲座、青年教师经验交流、外出参观学习。1998年,制定《青年教师两项素质、三种能力评估表》,建立青年教师定期交流、评议、奖励等制度,并举办了暑期教科研专题培训班。至1999年,学校主课题研究取得明显成效,其间共培养出3名苏州市学科带头人、9名常熟市带头人、12名常熟市教学能手;1996年至1999年,青年教师在各级评优课、基本功竞赛中获一等奖13个,在省级及以上刊物发表论文68篇。周永良(1993年)、邓一先(1995年)被评为全国优秀教师。1998年,沈国明被评为全国教育系统劳动模范、全国模范教师。

1999年10月,学校在前期研究成果的基础上,申报立项了国家级课题《现代化教师队伍建设的研究》,并将之列为新的学校主课题,旨在探索知识经济、素质教育背景下培养现代化教师队伍的途径和方法。课题组对青年教师采取"结对子"(新老教师挂钩),"通路子"(提供各种进修、培训机会),"压担子"(每学期上一堂公开课,交一本备课笔记、听课笔记,写一个优秀教案,发表一篇优秀论文,制作一个多媒体课件)等措施,推动青年教师"一年适应教学、三年站稳讲台,五年成为骨干";在班主任培养上,提出"一精、二会、三懂、四功"的能力培养要求:所谓"一精",指精班级管理;"二会"指会做学生思想工作,会总结育人经验;"三懂"指懂教育法规，懂现代教育学理论，懂心理学理论；"四功"指上好班会课的基本功，善做学生思想政治工作的基本功，写好学生评语的基本功，撰写育人论文的基本功。该课题注意教师的分层次培养，制定了《学科带头人考核条例》，明确要求市级以上学科带头人要带好一个兴趣小组、独立承担一个课题研究、在省级报刊上发表一篇论文、上好一堂示范课、指导好一个备课组教科研工作，并鼓励外出讲学。2001年，张琦祯被评为江苏省优秀教育工作者。2002年，沈国明老师被评为江苏省特级教师。

　　教育科研成为教师队伍现代化建设的重要动力。1993年，苏州市级综合教改课题《关于开设中学选修课和课外活动课的研究》结题，苏州市级教科研课题《启导猜想、讲练结合——优化数学课堂教学法的研究》立项。1995年，市中被确定为苏州市教育科研窗口学校。1996年3月，教科室从教导处分出，单独设置，并制定《教科室工作条例》《兼职教科员工作条例》《教育教学论文、实验课题成果奖励暂行规定》《对指导学生发表作文的教师奖励暂行规定》等文件，实行教科研规范管理和奖励；建立了由教科室、教研组、教科研积极分子组成的三级网络队伍，加强国内外教育理论、教育动态和学校教育发展的研究；1997年，编辑出版了《市中简报》《教科苑》等，每年组织教育教学论文交流会，还协同有关部门开展多种形式的教师培训和评课活动。在教科室推动下，学校教科研气氛逐渐浓郁。2000年，全校有国家级课题2个，省级、苏州市级课题各1个，常熟市级课题16个；2001年，又新立项各级教科研课题17个。从1996年到2000年，教师在省级及以上刊物发表论文190篇。2002年春，编印《常熟教育科学研究·常熟市中学"九五"课题研究成果专辑》《耕耘录·常熟市中学教育科学研究论文集》《研究与探索·周华生老师论文集》等。1998年和2001年，学校两次被评为苏州市教育科研先进单位。

第三章　高级中学时期（2002年—2024年）

第一节　办人民满意教育的探索（2002年—2010年）

一、学校管理

2002年4月，常熟市中学被确认为国家级示范性普通高中标准的省级重点高中。2003年10月，钱文明任校长级调研员，教育局副局长王金涛兼任市中校长、党总支书记。12月，市中分校单独建制，恢复常熟市第八中学校名，同时保留"常熟市中学分校"牌子。2004年3月，学校转评为江苏省四星级普通高中。2004年8月，凌解良任市中校长、党总支书记。2008年7月，校党总支改建为党委，下设5个支部，由凌解良任党委书记。

2001年，常熟市委、市政府决定常熟市中学实行初、高中分设。初中部留原址，改建为常熟市第一中学；高中部为常熟市中学，整体搬迁。市中新校舍建设被列为当年常熟市"为民办实事十大工程"之一。2002年8月，市中迁入新址。新校舍坐落于新世纪大道东侧，占地173094平方米（约260亩）。建筑总面积78215平方米（含2003年竣工的两幢学生宿舍7528平方米），其中教学用房38762平方米，教室79个，学生实验室14个，图书室、阅览室、计算机教室等设施设备均达到江苏省基本现代化要求；生活用房39453平方米，其中学生宿舍24231平方米，食堂12948平方米；室外活动场地23182平方米（含报告厅1个），运动场建有400米塑胶跑道，室内活动场地3779平方米。2004年以后，学校高中办学规模稳定为16轨48个班级，在校学生2000多名。

迁入新址以后，针对各年级班级数激增、新教师大量引入、校园功能区分设等问题，市中迅速调整发展思路和管理方式。

2006年，《常熟市中学"十一五"发展规划》确定新的办学目标是："2010年前，在办学条件、队伍建设、管理水平、素质教育、办学效益等方面基本达到江苏省普通高中五星级评估标准，全面推进学校现代化建设，争创江苏省五星级普通高中；在连续被评为苏州市文明单位的基础上，再接再厉，争创江苏省文明单位。"

在管理思想上，市中提出了"坚持以制度管理为基础、以情感管理为动力、以师生发展为根本，把我校办成人民满意、学生向往的学校"。一方面强调管理的科学化、规范化和制度化，另一方面引入情感管理思想，强调"以率先垂范的行为感染人、以高尚的人格魅力感化人、以润物无声的真情感悟人、以营造宽松愉快的工作环境氛围感召人"；注重制度修订、实施的过程中有机渗透情感管理，既突出制度的导向激励作用，又体现对师生的人文关爱，同时突出领导干部的依法治校、按章管理和率先示范，确保制度管理有效落实。实施过程中，市中有《情感管理的理性思考与校本实践》《制度和文化的对话》等10多篇研究论文在省级及以上刊物发表。2006年，被评为苏州市安全文明学校。2009年，被评为江苏省城市节水型单位、苏州市校务公开先进学校。2010年，被评为江苏省学生军事训练工作先进单位。2011年，被评为江苏省依法治校先进学校。

在管理方式上，学校重视干部队伍建设。2004年9月，修订《中层干部竞聘实施办法》，通过召开教代会公开竞聘中层干部。2005年，制定《廉政文化进校园实施方案》。2008年，制定《推行党务校务公开工作实施意见》。2009年，开展中层干部专项调研，提出了优化中层岗位设置、加快干部队伍年轻化、全面提高干部素质等建议，据此制定了《中层干部试用期考核制实施办法》《中层干部任期届满考核制实施办法》《中层干部任期年限制实施办法》等文件，由教代会讨论通过后施行。同年，修订《教师师德考核标准》《教师师德考核细则》《关于治理教师有偿家教的若干规定》《教师师德承诺书》等。2010年，试行中层副职干部轮岗制。学校积极加强政风行风建设，坚持党组织与民主党派组织定期交流制度、党风校务监察员制度，坚持每年召开一到两次教代会，坚持规范办学行为，师生合法权益得到切实维护。2007年，被评为江苏省文明学校。2008年，被评为江苏省精神文明建设工作先进单位。

2002年秋，学校根据新校情，及时调整管理重心，加强年级组工作。各年级设正、副组长各一名，其中一名主抓教学管理，一名主抓德育管理；年级组各由一名校级领导、一名中层干部分管，实行条块结合；撤销文科、理科支部，改设年级支部，实行党政一体；修订《年级组工作条例》《教研组工作条例》，确立年级组以行政管理为主、教研组以业务管理为主的原则。2005年，改设年级部，年级部主任调整为中层正职，副主任为中层副职。是后，处室部门主要负责全校性事务的组织管理，各年级工作指导、监控和服务；年级部负责本年级教育、教学管理，以实现事权分立。

2002年至2004年，市中新进教师87名，其中35周岁及以下青年教师75名。2003年，青年教师占专任教师总数的48%，教师队伍建设成为重中之重。学校采取"领导带头、引领师风；落实责任、制度先行；树立标杆、典型示范；规范言行、严格考核"等方式强化师德师风建设；重视突出教育主题：把弘扬高尚师德和建功立业放在首位，确立全体教职员工以发展学校事业为己任、以提高学校教育质量为中心、以学生发展为根本的师德意识；注意突出师德建设重点，在教师中有的放矢地进行敬业爱生、教书育人、为人师表、严谨治学、廉洁从教等师德师风教育。

2002年秋，成立学术领导小组，着重加强青年教师培养。继续抓好教师"青蓝工程"，定期组织青年教师学习教育理论、大纲、教材，交流备课和课堂教学经验，定期组织全校性的青年教师公开课和评课活动，定期对青年教师的备课笔记、听课笔记、教案、论文等进行检查考核。2003年，组织开展校级教学能手评比，通过上课、撰写教案、论文基本功竞赛、述职等形式，评出了首届校级教学能手11名。2005年11月，评选市中首届"教坛新苗"。2007年3月，学校在常熟市率先成立"教师发展学校"，把专任教师分为青蓝教师、骨干教师、业务把关教师3个层面，从教育管理、教学能力、教科研能力、理论水平、自我发展几个维度加强引导。2009年4月，举行首届青年教师校内评优课活动。11月，举办常熟市中学优秀教师师德风采展。2010年8月，邀请现代家庭教育专家顾晓鸣老师为全体教师作"家庭教育问题"专题报告。

学校鼓励和支持教师参加各级校外培训，至2010年，先后有200多人次参加苏州市级及以上专业培训，30多名教师参加研究生学历进修（其中16位教师取得教育硕士或研究生学历）；校行政大力加强校本研培，紧扣新课程改革，开展"专业引领""合作研究""自我反思"等校本教研，构建"个人、团队、学校"三级融通研究范式；先后制定校本化的《教师发展学校学分制评估细则》《"5—3制"课堂透视量表》和"课堂操作观察卡"，对教师课堂教学目标、教学活动、教学能力、教学反馈、组织管理进行量化考核评估。2006年，沈国明被评为江苏省首批正教授级中学高级教师。2008年，韩建光被评为江苏省特级教师。2010年，马宁被评为江苏省特级教师。至此，市中优秀教师群体基本形成，其中有特级教师3名，正教授级教师1名，苏州市名校长、名教师2名，苏州市学科（学术）带头人8名，常熟市学科带头人55名，常熟市教学能手40名。邵俊峰被聘为教育部基础教育课程教材发展中心地理课程团队核心成员,薛惠良被教育部聘为赴香港专家团成员,李波被聘为全国普通高中体育课程改革培训专家团成员,韩建光被聘为华东师大教育技术学博士后流动工作站兼职研究员。2003年,学校被确定为江苏省历史教育科研基地。2009年,地理教研组被评为全国地理教学先进集体,物理教研组被评为江苏省物理教育专业委员会系统先进集体。

二、德育创新

2002年以后,学校坚持"全面育人,全员育人,全程育人"的办学宗旨,坚持以德育工作为首位、以教育质量为中心、以教育科研为先导,围绕新目标,深入推进素质教育,提高办学品位,加强特色建设,取得了新的进展。2009年,学校提出新形势下学校科学发展的6个建设重点,即"诚敬"校训下的人文校园、信息化校园、校本课程体系、课堂教学效能提升、特优学生群体培养、名师团队等方面的建设。全校开展了"我为市中发展进一言、我为市中发展献一计"活动,得到教职工热烈响应。

成为普通高中以后,学校积极创新德育管理。2003年,重组德育领导小组,形成党总支、德育处、年级德育主任、班主任为纵线,相关组织机构为横线的新德育管理网络。2003年,重建各年级团总支。2006年,新设沙家浜革命历史纪念馆、翁同龢纪念馆等12个德育实践基地。2007年,成立年级学生分会,在各年级确立了年级部与团总支、学生分会贯通的德育机制。与此同时,调整、充实了"三结合教育委员会"、"四校三基地"、青少年维权岗、青年志愿者服务、精神文明监督岗等。2009年,设立青少年税收教育基地。

这一时期,学校坚持"抓素质为根本,养成教育为中心,行为礼仪为重点,班级为基础,活动为载体,特色为龙头,制度为保证,考评为动力,学校、家庭、社会三结合"的德育模式,扎实开展以弘扬校风、助学帮困、志愿服务等为重点的美德教育;以学习英烈、国旗下讲话为形式的人格教育;以校园文明监督岗、交通安全值勤为载体的安全法制教育;以新生入学、五项常规检查评比、校园"七不规范"、寄宿生管理为内容的养成教育;以学工、学农、学军、研究性学习、社会服务、社会调查为途径的素养教育,以音乐、美术、兴趣小组为分类的美育教育等。

德育处、团委积极组织各种形式的德育活动,2003年校园文化艺术节中,举办了灯谜竞猜、市中书市、手抄报评比、网页制作、大合唱比赛、十佳主持人大赛、十佳歌手比赛、棋类比赛等活动;2004年,德育围绕《中学生守则》和《中学生日常行为规范》教育、诚信学习教育、心理健康教育等方面展开;2005年,德育以学雷锋纪念日、植树节、清明节、劳动节、五四青年节、国庆节、抗日战争胜利60周年、一二·九运动70周年等节日和纪念日为线索展开;2008年,"弘扬雷锋精神,构建和谐校园"主题教育活动、"春华秋实校友情"院士讲学活动、"迎接奥运"五四系列活动、改革开放30年30件大事网上投票活动、"改革开放,铸就辉煌"校园文化艺术节活动等有声有色。2009年4月,举行"让生命充满爱"大型感恩励志演讲报告会。

帮困助学亮点突出。2007年,校团委为2006届校友镇江医学院花倩同学、高三(2)班孙彩萍同学两位白血病患者募集救助款52300元,全校师生还为学校爱心基金捐款14697元,用于支持贫困学生。2008年5月,全校师生为四川汶川地震灾区捐款178113元。2010年5月,全校师生向青海玉树地震灾区捐款29818元。2010年,学校被表彰为苏州市优秀"青少年维权岗"。

三、教学改革

进入新世纪后,课程改革和提高教育质量成为两大焦点。2005年9月,制定《常熟市中学新课程实施方案》,确定了制定课程管理制度、开发校本课程、改进评价方式等方面的目标任务,成立了课程改革领导小组、课程资源管理中心、专家支持组等,设立学生选科指导、新课程校本研训、课程资源开发、校本课程实施、学生评价改革等项目工作推进小组。学校开齐开足必修课程、选修课程、研究性学习课程、社会实践活动课程等,开发了常熟花边、热点问题追踪、绘画基本技法、千古文章千古情、宋词鉴赏、英美概况、中学生市场经济意识、环境问题专题分析、当前流行病与抗生素等46种校本课程,基本满足了学生对"选修Ⅱ"课程的需求。2007年7月,市中在常熟市率先实行普、职合作,组织高一年级学生前往常熟市职教中心进行技能培训,开设电工、钳工、烹饪、环艺等20多门课程,由学生自主选修。这一做法被常熟市教育局在全市推广。2008年,修订《常熟市中学关于开展综合实践活动课程实施方案》《常熟市中学学生综合素质评价方案》等,全面实行学分制管理,并完善了学生成长记录袋。

学校狠抓教育质量,全面实施目标管理,采取"常态管理,一抓到底;立足课堂,教学相长;学生主体,全面发展"的方针,从教学管理、备课组建设、课堂教学改革等方面进行探索创新。在教学管理上,保持"严、实"的管理特色,调整考试方式,严格考试纪律:每次统一测试时,均打乱班级编制,由电脑派位编号,学生对号入座；试卷密封，备课组流水阅卷、信息组统一登分结分、教务处统一反馈成绩，端正了考风考纪。这一做法被常熟市教育局肯定和推广。校行政立足各年级、各学科均衡发展，对起始年级提出"起点低一点、进度慢一点、反馈勤一点"的要求，对高二年级提出"全面调整、分层教学、突出重点"的要求，对高三年级提出"目标引导、综合平衡、注重实效"的要求；全面实行"四必规范（作业必须批改，批改作业必须评讲，做错题目必须订正，困难学生必须指导）；2008年，实行青年教师夜办公制度，开展"推门课"（听课事先不打招呼）活动。在备课组建设中，编印《备课组工作手册》，全面施行备课组教研、集体备课、统一进度、统一作业、统一阅卷等制度，开课听课制度、学生评课制度、教学资料建设制度等均得到切实贯彻；备课组实行组长负责制，每周一次活动，做到"四定规范"（定时间、定地点、定内容、定中心发言人）；实行"三结合备课模式"（主备课先行、集体讨论修订、教师个人优化）；在课堂教学上，积极探索差异教学，依托中央教科所"十一五"课题《学生的不同学习需要和差异教学策略研究》子课题《高中各学科差异教学的实践研究》，既关注学生受益的全体性，又着眼于为不同层次学生创造各自适宜的发展空间。2010年，立项省级课题《普通高中主体浸润性课堂的实践研究》，从课堂教学改革入手，初步确立了"双主体浸润""三阶段""四维度"的课堂教学创新路径，着重构建生动活泼、高效优质的市中特色课堂教学模式。2010年，推行"发展性课堂教学""教学案一体化""理实一体化"，各科教师开发了一批"少而精，精而实"的自主学习学案。2004年，学校被确定为苏州市双语教学实验学校。2007年，被评为苏州市中小学艺术教育工作优秀学校。2008年，被评为苏州市体育教育工作先进学校。2009年，高三语文备课组、高二数学备课组、高三化学备课组被评为常熟市第一批先进备课组。2004年至2008年，全校有14人被评为苏州市优秀教育工作者和优秀德育工作者，1人被评为苏州市中学青年教师"双十佳"，2人被评为苏州市教坛新秀"双十佳"，1人被评为苏州市师德标兵，1人被评为苏州市教科研先进个人，1人被评为苏州市优秀班主任；有96人次被评为常熟市各类先进个人。

2004年，学生徐竞文获高考江苏省第三名、苏州市第一名的好成绩，刘云钊以2.04米的跳高成绩获江苏省中学生田径运动会跳高冠军，并达到国家一级运动员标准。2005年，任臻获全国化学奥林匹克竞赛一等奖，蔡循等6名学生获全国物理、化学竞赛一等奖，吴铭辉获江苏省青少年科技创新大赛一等奖。2010年，吕安琪、许玉茹获"苏教国际杯"江苏省第十届中学生作文竞赛一等奖。从2003年至2010年，学校本科上线率从58.9%升至72.6%,教育质量居于江苏省第一方阵前列。

四、现代化建设

提高现代化教育水平,是这一时期学校工作的重点之一。迁址初期,市中建成数字多媒体"一网通"校园网,将计算机局域网、校园双向交互式电视网和校园广播三网合一。校内主干速率逐步提升至1000Mbps,用宽带专线与互联网互联;网络终端数与学生人数比达到1:4.7。此后,网络备课与授课系统、网络试题库、多媒体教学资源制作系统、电子教育教学资源中心等逐步建立,新校区"旭轮电视台"、市中之声广播、网络中心相继开通。学校为每位一线教师配置手提电脑,各班级均配置多媒体投影设备和两套独立广播系统。2004年以后,市中把"学习型校园网的建设"作为信息技术与课程整合的突破口,相继完成了教育部重点课题子课题《学习型校园网的建设与使用研究》、苏州市"十五"立项课题《校园网环境下的建构性教学模式研究》等研究,建立了一个具有人文特色的学习型校园网,并总结出了"硬件、资源、教学模式和管理四者建设并举,以学习活动为核心、兼顾教学研究与学校管理"的学习型校园网建设路子。至2010年,基本实现了人事、财务、后勤和教务的信息化管理,教育教学应用系统、各类信息服务、信息安全管理、图书自动化服务等基本到位。2002年,学校被确定为苏州市教育信息化实验学校。2003年,被评为苏州市首批教育信息化先进学校。2004年,学校网站被评为首届苏州市十大优秀校园网站。2009年,被确定为苏州市信息化示范学校。

学校积极探索网络环境下的教学改革。《学习型校园网的建设与使用研究》是教育部"十五"重点规划课题子课题,课题组成员中有3人分获全国整合课说课评比一、二等奖,自制的网络课程资源《几何画板积件》获得全国二等奖、江苏省一等奖,《常熟市中学实验基地课题研究成果专辑》获教育部课题成果特等奖。编印了《教育信息化的创新技术与应用发展》《中学物理教材教法与实验》《高中生新课程必读》等,与软件公司联合开发的"网络环境中的探究性学教平台"在省内外推广。2003年,市中协办了"网络教育与传统教育优势互补研究年会"。2006年,协办了全球ET学术峰会——全国整合课说课比赛。至2009年,全校每学期的整合课总量与总课时之比达25%,开整合课的教师数量与全部教师数量之比超过50%,并实现了整合课在各教研组的全覆盖,数学组获苏州市网络团队竞赛一等奖,多名教师在苏州市整合课评比中获一、二等奖。《苏州日报》《教育信息技术》等报刊报道了常熟市中学在教育信息化建设中所取得的成绩。

社会化服务得到加强。2002年迁址后,按照管理方式现代化的方针,学校先后将食堂、理发室、宿舍管理、绿化、门卫保安、卫生等对外招标,聘请有资质、有能力的社会力量承包经营管理。学校建立了比较规范的招投标制度和操作方案,严格执行"三公开"要求,收到了较好效果。在条线工作中,2003年,学校图书馆被评为江苏省中学一级图书馆,生均图书达55.7册,每周在图书馆开设高一、高二阅读课,由专职教师负责管理和指导阅读;周日学生图书阅览室全面开放。同年,被评为江苏省标准化实验室,有理化生实验室14个(其中物理实验室5个,化学实验室5个,生物实验室4个),学生分组实验课设备按一人一组配备,仪器室、准备室、药品室、标本室、工作室等设施设备齐全,演示实验和分组实验开出率为100%。学校还配备有通用技术和选修科目实验室。2004年,被评为苏州市贯彻《卫生条例》工作先进单位。2005年,教育印刷厂完成改制,成为独立法人单位,市中校办企业改制工作全面完成。

2010年9月,常熟市中学有48个班,学生2373人。教职工252人,其中专任教师197人。专任教师中有特级教师3名,正教授级高级教师1名,中学高级教师76名,占38.6%；一级教师82人,占41.6%；硕士研究生8人,占4.1%。

五、教育科研

学校教育科研成绩显著。迁址以后,先后完善了《教科室主任工作职责》《教育科研课题研究、论文奖励条例》《课题研究管理、鉴定办法》等一系列规章制度,并在人员配置、经费支持上提供有力保障。2005年起,学校把省级课题《立足校本,全面推进学校现代化建设的研究》列为主课题,紧紧抓住教育思想现代化、教学体系现代化、办学条件现代化、教师队伍现代化、学校管理现代化、教育科研现代化等环节,全面加强学校自身建设。2009年,申报了国家级课题《"文化浸润课程、学生综合发展"模式的创新研究》的相关课题和中央电化教育馆"十一五"教育技术研究重点课题《信息技术环境下的课程创新》的子课题《理科教学中的互动创新课程研究》。其中国家级课题《"文化浸润课程、学生综合发展"模式的创新研究》的相关课题被列为学校主课题,从学校"诚敬"文化传统入手,集中全校力量围绕"管理课程""德育课程""学科课程""综合活动课程""健康课程""师训课程"等板块的浸润性学校文化开展研究,取得丰硕成果。2007年,市中获苏州市第五次教育科研成果评比一等奖,在苏州市"区域教育科研成果专集"中,市中有2万字的成果入选该专集。2007年至2010年,教师在省级及以上刊物发表教育教学论文203篇。

这一时期,对外交流趋于频繁。2004年以后,常熟市中学组织教师分批赴南通、淮安、南京等地取经学习,并结合自身实际进行教学模式改革,提高了教学质量。4月,美国加州中学生爵士乐团到校访问。2006年4月,美国乒乓球协会为纪念"乒乓外交"35周年,组织代表团来市中进行友谊赛。市中11位教师被分别选派到美国、英国、澳大利亚、加拿大等国进修。2005年起,先后承办了苏州市叶圣陶教育思想研讨会、沿江九校历史研讨会、苏州市高中学科新课题研讨会等大型活动。2008年10月,顾钰等8位教师赴泗洪开展教学交流活动。2009年,与山东泰西中学结为友好学校。同年,友好学校广西荔浦中学先后派遣两批骨干教师来校蹲点学习交流。2010年9月,10位教师组成多学科名师团,赴克拉玛依进行为期一周的交流讲学,学校与克拉玛依第二中学结为友好学校。韩建光、沈国明等老师多次赴新疆、贵州、河南等地讲学交流。宁夏银川一中教育考察团、山东菏泽市教育考察团、新疆克拉玛依教育局代表团等也先后到市中学习考察。

第二节　办人民满意学校的发展(2010年—2017年)

一、学校管理

2010年4月,凌解良调任教育局副局长,周永良任常熟市中学校长、党委书记。2011年3月,学校七届四次教代会通过《常熟市中学"十二五"发展规划(2011—2015年)》,提出坚持文化立校、科研兴校、质量强校的发展战略,通过科学管理和资源整合,重点抓好教师队伍建设工程、办学特色凝练工程、内部管理改革工程。把学校建设成为环境优美、设施先进、师资精良、校风良好、质量领先,既具有鲜明办学特色,又具有厚重文化底蕴的在省内外享有盛誉的"现代化、高品位、有特色"的一流名校。2016年7月,八届五次教代会通过的《常熟市中学"十三五"发展规划(2016—2020年)》,进一步明确了把市中办成人民满意学校的奋斗目标。

围绕内部管理改革,2010年开始,实行"扁平化""精细化"管理,根据教育教学实际,先后修订18条、新增99条重要规章制度,涵盖了队伍建设、德育、教学、后勤、安全、岗位职责等方面,形成了《常熟市中学管理制度续编》(2013年)。2012年,学校完成工作重心向年级部转移,年级部主任、副主任专职担任,基本上不再由处室中层干部兼任,至此确立了"三室"(校长办公室、党委办公室、教科室)、"三处"(德育处、教务处、总务处)和"年级部"并列的中层管理体制。2011年,学校制定《教职工奖励性绩效工资分配过渡方案》,修订《教师业务竞赛奖励办法》《教育科研课题研究、论文奖励暂行规定》《第二课堂成果奖励办法》《体育综合类奖励办法》等配套文件,全面实施学校内部分配制度改革,把师德、岗位、业绩等作为分配主要依据,突出师德和业绩。是年底,制定并施行《教职工奖励性绩效工资分配过渡方案》。

"诚敬"校训特色文化建设得到推进。学校深化研究,把"诚敬"与古今仁人志士立身立事准则相联系,与近百年间市中优良校风相联系,与现代文明道德规范相联系;进一步明确了"诚敬"校训教育的基本要求:诚信为人、诚恳待人、诚实做事和尊敬师友、孝敬长辈、礼敬他人。这一时期,四个相对独立的文化区渐次建设:在校园中心区域,建立了以校训石为核心的诚敬文化区,包括"诚敬奠基人生"刻石、明诚亭、笃敬轩等;在中心区两侧,建立了以旭轮广场为中心的校史文化区,包括陈旭轮塑像、知行壁、院士丰碑、校史六记、明志廊、弘毅亭等,并仿建了20世纪末期校门;在教学区主要建筑内,建立见贤文化区,以题词、警句、诗赋等布设诚敬文化环境,辅以各班黑板报、张贴玻璃板、书法条屏等个性化陈列;在生活区内,建立思齐文化区,从立诚、申敬、省身等出发,以师生、校友作品为主体,创设符合生活区域特点的校训文化氛围。2010年,举办首届"诚敬杯"论文交流会。2013年8月,以"诚敬"为重点的常熟市中学道德讲堂开讲。同年,常熟市中学被列为教育部"普通高中特色学校"专项研究第一批研究学校。

教师队伍建设持续推进。学校坚持以校本研培为主要抓手,建立由校长负责的校本培训领导小组,制定《校本培训管理制度》《校本培训规划(2013—2016年)》,并每年出台《校本培训计划》加以细化落实。开展教师讲堂、专家讲座、科研论坛、名师课堂观摩、远程非学历培训等形式促进校本研培。学校聚力"三项工程":入职三年以内青年教师的"青蓝工程"、常熟市教学能手以上骨干教师的"骨干教师工程"和"名师培养工程"。其中"教师发展学校"主体为骨干教师,成员总数占全校教师的55%,培养重点放在教师的全面发展;"名师工程"突出名师共同体建设,2012年10月在校内建立了由特级教师、正教授级高级教师领衔的地理、历史、物理3个名师工作室,由本校教师16人分别组成团队;另有14位老师成为常熟市级特级教师工作室成员,数量居于常熟市各校之首。学校制定了《名师工作室条例》《骨干教师研修班工作条例》《"青蓝工程"条例》等制度，为三项工程提供保障；教科室指导教师制订个人专业发展规划，并建立学校校本研修档案和教师个人研修档案，由专人负责记录、考核、总结等。

为了提高班主任的专业化水平，德育处积极实施"班主任多元技能培训"计划，利用校园网定期上传班主任学习材料，为每位班主任订阅德育杂志，每学期举行全校班主任工作经验交流会，形成了班主任"互助、共学、同研"的良好局面。

学校开辟了基于教育的博客社群、教育论坛社群的教学反思、教育叙事和学科专题网页；每年开展道德讲堂活动、浸润性德育培训。教科室结合实际每年推出科研培训重点：2013—2014学年侧重"读好书""教学七认真""主体浸润性课堂和文化浸润课程"，2014—2015学年侧重"教学案一体化""自主建构与跨学科交融"。学校开展"内树标兵、外聘名师、专项实训、主题实练"活动，以提高教师队伍的综合素养，先后邀请江苏省教研室副书记何锋、南师大陆玉麒和董平、华东师大段玉山和陈昌文、南通教科所冯卫东、邗江中学徐金才等多位专家，来校作管理经验、心理辅导、教育科研等专题报告。教师校外学习交流活动频繁，2014年至2016年有34人赴外校挂职锻炼，26.7%的教师具有校际任教、支教经历，20人出国进修；还先后组织了骨干教师赴武汉大学、厦门大学等高校参加集中培训；鼓励教师参加远程非学历教育、在职教育硕士培训、教育教学论坛等活动。3年中用于教师培训的专项资金合计180.94万元，占教师年工资总额的8.3%。

2010至2017年，市中骨干教师队伍进一步壮大。2012年，邵俊峰被评为江苏省特级教师。2013年，马宁、邵俊峰被确定为江苏省"333高层次人才培养工程"对象。2014年，马宁、邵俊峰被评为正高级教师，沈国明、马宁被确定为苏州市首届姑苏教育领军人才，此外还有2人被评为苏州市名教师，31人被评为常熟市学科带头人，26人被评为常熟市教学能手。2016年，全校有特级教师3人，正高级教师3人，苏州市名教师2人，苏州市学科、学术、德育带头人17人，常熟市学科、学术、德育带头人66人，常熟市教学能手60人。2012年至2016年，学校被授予"苏州市教科研优秀团队"称号，体育组被授予"苏州市优秀教师群体"称号，8个教研组被评为常熟市先进教研组，9个备课组被评为常熟市先进备课组。邵俊峰老师等获江苏省高中教学设计评比一等奖。

2010年以后，校园平安工程扎实推进。安全工作组织建设和岗位责任制得到落实，形成校级领导全面抓，处室、年级部主任重点抓，班主任、教师具体抓的管理模式；现代化技防和实用物防进一步完善，2010年，安装校园视频监控系统，包括红外线对射6对、室外视频监控15个、室内视频监控70个，重要部位加装防盗门、防盗栅等。德育处每年请法制副校长和交巡警大队警官作法制教育、交通法规讲座。2010年，市中被评为苏州市平安校园。2015年，被评为苏州市依法治校先进学校。

这一时期，学校共投入1000多万元用于更新设施设备和维护校舍。2010年，升级电脑教室1个，更新教师用笔记本电脑195台，并完成天然气接入食堂、自来水泵房系统维修等工程；2012年，更新高三年级展示台和液晶投影仪，完成56个标准化考场的建设和生活区回路电缆的改造；2013年，完成所有教室多媒体教学设备升级工程和教育装备标准化建设；2014年，对学校泵房、消防设施、污水系统进行了全面改造维修，并新建退休教工活动中心；2015年，对图书馆、宿舍楼、锅炉房等进行全面维修改造，同时改善了教师办公条件，更新了部分教室课桌椅；2016年，大修报告厅、宿舍楼，新增学生用电脑50台；2017年，完成教学楼、实验楼整体维修，改造生活区电子围栏，对食堂实行"明厨亮灶"，更新教师用笔记本电脑228台。2017年，被评为苏州市教育后勤工作先进学校。

2017年9月，常熟市中学有教职工252人，其中专任教师226人。专任教师中有特级教师3名，正高级教师3名，中学高级教师104名，高级职称教师占48.7%；一级教师79名，占35.0%；硕士研究生56名，占24.8%。全校共46个班，学生2184人。

二、德育创新

学校从"实施品牌战略，建设一流名校"出发，深化德育创新。2010年，实行德育导师制，制定了《德育导师制实施方案》，更好地发挥德育导师"思想引导、心理疏导、生活指导、学力辅导、特长诱导"作用。2011年6月，修订《关于在学科教学中渗透德育的实施意见》，在学科教学中大力加强政治思想、意志品德教育，培养学生良好的学习动机、学习态度和科学精神。是年12月，出台《诚敬教师、诚敬学生、诚敬集体评选方案》，在全校开展"弘扬校训精神，争做诚敬学生"活动，2011年后，连续举办了以"诚敬"校训为主题的校园文化艺术节，开展诚敬格言征集、诚敬演讲、诚敬小报制作等系列活动。至2013年底，共评选出诚敬教师、诚敬学生300多人次，诚敬集体14个。2012年，修订《学生综合素质评价方案》，立足导向性、发展性原则，采取"学生自评、同伴互评、教师参评、班主任主评"的四结合、多主体评价模式，将过程性评价与终结性评价相结合，并对"道德品质、公民素养、交流与合作、学习能力、运动与健康及审美与表现"等方面评价为A的学生进行公示。2014年2月,开设"市中讲堂——与名家面对面",1948届校友、清华大学博士生导师郑兆昌教授回校为学生讲学。2015年5月,举行"道德讲堂暨学生成人仪式",1995届校友、北京大学国际政治学院副院长归泳涛作专题演讲。2017年9月,举办"市中讲堂——与诺奖科学家面对面"活动,邀请1999年诺贝尔物理学奖得主、荷兰著名理论物理学家杰拉德·特·胡夫特教授演讲,并与师生交流互动,启迪学生心灵,点燃科学梦想。学校还开通"家校路路通"平台,指导学生创建班级博客、班级群等,方便了学校、家长、学生之间的沟通。

学校贯彻"以德立身、以身立教,寓德于学、寓教于乐"的德育原则,每年坚持组织主题教育、系列活动等,开展了"我心目中的党"征文、"我身边的雷锋"故事会、中华经典诵读、廉政文化进校园、环保宣传和实践、校园"十佳好人好事"评选、自制工艺品和科技小制作比赛、主题灯谜竞猜、艺术讲座等紧贴时代、富有新意的活动。2014年5月,建立"小城大爱"学生志愿者服务品牌,组织"情暖大别山"助学捐赠活动,共募得文学名著近1000本,全新文具用品1000多件,服装2000多件以及50多台电脑和配套电脑桌。2016年6月,德育处举办"非遗进校园·常熟古琴"讲座,并组织了常熟非遗项目展览。2017年,常熟市志愿者工作推进大会在市中召开,校团委的"谦诚守敬,青爱虞城"交流受到好评。2010年至2017年,学校获江苏省文明单位、江苏省依法治校示范学校、江苏省健康促进学校铜奖。青年教师吴彦彰以"流水琴川"义工团为平台,累计从事义工活动达1000小时以上,被团中央评为第八届"全国优秀青年志愿者"。

三、教学改革

21世纪初期,深化教学改革成为常熟市中学"办人民满意学校"的紧迫课题。学校制定了《教学工作二十条》《"教学七认真"工作细则》《先进备课组评比条例》等,坚持科学管理、严格管理,倡导"教学计划求严、集体备课求实、课堂教学求活、作业布置求精、学生辅导求细、作业批改求清",在课程改革、教学方法创新等方面进行探索。

围绕课程改革,学校从学生全面发展和个性发展入手,积极开发校本课程。2010年至2016年,新开发了常熟历史文化、诗词中的常熟历史、灯谜、英语书法、生活礼仪、虞山与审美、体育运动欣赏等35门选修课程。2016年,全校共有73种校本课程，开设的校本选修课程有47门。此外还成立了爱心社、花边社、文学社、英语社、书画社、合唱社等社团，以及篮球、足球、排球、冬锻、奥赛等兴趣小组。2012年，校本教材《千古文章千古情》获江苏省优秀成果二等奖，张子娴同学获首届"高考杯"（华东地区）创新读写大赛一等奖。

2014年，课程基地建设提上日程，"生态·地理综合实践课程基地"被立项为苏州市级课程基地，被评为苏州市示范课程基地，并成为江苏省普通高中课程基地。学校成立课程基地领导小组，聘请校友、中国科学院大气物理研究所首席研究员、院士吕达仁，校友、中国气象科学研究院原院长倪允琪，教授级特级教师陆静、蔡明等为指导专家，并建立了基地骨干教师中心组。2015年，课程基地中心组成员先后赴南京、上海等地考察交流，举行省、市有关专家论证会，逐步完善了基地建设方案。2016年7月，"生态·地理综合实践课程基地"场馆开工建设，该基地位于教学区北部，占地23亩。2017年，在高一年级实施课程基地校本课程教学，并举办了两次课程基地校本课程公开课活动。

在课堂教学改革上，"有效课堂""高效课堂"研究趋于深入。学校提出课堂教学"起点低一点，难度降一点，步子慢一点，滚动多一点，辅导勤一点，交流多一点"的要求，引导教师开展学生自主性、探究式学习探索，打造适应学情的各学科教学模式。2010年以后，教师申报的市级以上"高效课堂""分层教学""自主学习"方面的微型课题有近100个。2014年，《应用教学案一体化引导学生自主学习》获苏州市教育教学改革实验成果一等奖。同年，市中被确定为苏州市教育教学改革示范学校，各科自主学习研究成果在省内获得推广。

这一时期，"同课异构""跨学科交融"教学改革兴起。2014年4月上旬，与上海市普教系统中学历史名师培养基地合作，同时邀请苏州市历史学科名师共同体参加，举办了"文化浸润与跨学科交融"沪苏同课异构观摩研讨活动。2015年，先后与南师大二附中、江都中学等多所学校联合举办同课异构教学观摩活动。2016年11月，主办了"学科共力，素养共生"同课异构活动，如东高级中学和海门中学等校各派名师来校参加；2017年11月，举办"聚焦核心素养、构建跨界课堂"活动，邀请山东省齐河一中、江苏省姜堰中学5位名师与学校26位骨干教师开展同课异构观摩活动。

教师的特色教学范式研究取得进展。沈国明老师的"图导式教学法"在全国有较高的知名度，出版了地图教学法和校本教学相关图书6部；马宁老师的"概念式历史教学法"形成系统,被收入《著名特级教师教学思想录》一书,并在核心期刊及人大复印报刊资料发表相关文章近10篇;邵俊峰老师在全国最早进行地理学科"地理脑图教学"研究,其学生参与式教学及立体教学,被全国中小学继续教育教材引用,并在全国范围内得到推广。此外,汤丽萍老师的"浸润式"课堂教学范式、柳青老师的"文学课外拓展"教学、物理教研组的"建构性"课堂教学范式等各具特色、成效显著。2010年至2017年,市中高考本二上线率由72.6%升至100%,本一上线率由34.4%升至72.4%。2011年,吕安琪同学获江苏省第十一届"苏教国际杯"中学生作文大赛特等奖。2014年,陆依鸣同学获全国化学奥赛一等奖。2015年,戴佳炜同学获全国数学奥赛一等奖。2017年,孙浩辰同学获全国化学奥赛一等奖。2011年至2017年,王可柔等10名同学获江苏省中学生作文竞赛一等奖。

体育艺术工作取得新成绩。校运动队连续获常熟市学校高中组体育团体总分第一名。2010年,获苏州市"会休息、会学习、会健体"活动先进学校。2011年,被确定为苏州市体育传统项目学校(田径)。2012—2013年,获苏州市大课间活动一等奖,被评为江苏省体育工作先进集体。学生体质健康达标率分别为2011—2012学年99.01%,2012—2013学年97.9%,2013—2014学年98.9%,2014—2015学年98.1%,2015—2016学年97.8%。艺术教研组指导的曾树宏、王迪乐两名同学分别获2010年、2012年苏州市中学生独奏比赛一等奖。2016年,花边社获常熟市"明星社团"称号,并被列入常熟市非遗传承保护基地名录。

四、教育科研

2010年以后,常熟市中学教育科研呈现全员参与、课题研究立体化的局面,在省内同类学校中处于领先地位。

学校加大教科研投入和成果奖励,积极引领教师发展方向,通过主课题研究、教师培养机制、跨学科融合创新等途径,吸引了全校教师投身教育研究;校行政整体规划各职能部门、教研组、备课组的教科研活动,鼓励开展多样化、针对性的教育教学研究,动员教师发挥自身优势进行特色创新;为了加强科研队伍管理,教科室以课题为重点,对校级课题、教师合作课题、教师个人课题实行分类管理,并大力推动科研重心下移,加强教师的"一对一"具体指导。2011年至2013年,全校教师作为主持人申报的省、市课题有91个,课题研究参与者超过200人,基本达到了教师课题研究的全覆盖。2013年至2016年,全校在研国家、省、市级课题152个,其中国家级3

个,省级8个,苏州市级22个,常熟市级119个。

主课题引领,是市中教育科研发展的主要推进器。

全国教育科学规划专项课题《"文化浸润课程、学生综合发展"模式的创新研究》(2009年立项),是这一时期的学校主课题之一。它以"诚敬"校训特色文化建设为主要内容,从精神文化、物质文化、行为文化等层面进行研究和实践,取得显著成效。课题组成员在省级及以上期刊发表相关论文7篇,其中核心期刊2篇,学校初步建立了"诚敬"特色文化体系,该课题于2015年顺利结题,相关成果"普通高中文化浸润课程的校本实践"获江苏省第二届基础教育教学成果二等奖。

江苏省教育科学规划课题《普通高中主体浸润性课堂的实践研究》(2010年立项,2013年结题),是这一时期的另一个学校主课题。它从"双主体""三阶段""四维度"入手,就构建校本课堂范式进行理论研究和实践,并由此派生出教师独立承担的25个市级以上相关课题,在"浸润课堂"主题下开发了文化、管理、德育、学科、活动、师训、健康等7个板块的课程,课题组成员在省级及以上期刊发表相关论文60多篇,其中主要成果被教育部基础教育课程教材发展中心收录。2012年5月,该课题被列为江苏省精品课题培育对象。2013年6月,相关成果"普通高中主体浸润课堂的实践研究"获江苏省首届基础教育教学成果二等奖。

2013年,学校新一轮主课题研究启动,当年6月申报立项了江苏省教育科学"十二五"规划重点资助课题《跨学科视域下教师专业发展模式的创新研究》,该课题汇集了全校66位骨干教师参与,从跨学科视域下的教师发展理论、路径和师生素养提升方法等角度展开研究。2014年,该课题的一项成果获江苏省第九届"新世纪园丁杯"特等奖。2016年6月,《共生理念下高中生跨学科素养的培育》被江苏省教育厅立项为江苏省基础教育前瞻性教学改革实验项目。至2019年,课题组在省级及以上期刊发表相关论文10多篇。

与此同时,教师的教育科研取得重要进展。2010年至2016年,全校教师在省级及以上刊物发表论文636篇,其中核心期刊50篇,人大复印报刊资料全文转载10篇。出版专著3部。2015年12月,学校被评为苏州市教育科研先进集体。2016年1月,被评为苏州市教育科研优秀团队。2014年,顾建秋老师获全国优质教育科研成果展评优质课件一等奖。

校际交流窗口进一步扩大。2011年9月,与新疆克拉玛依市第九中学结为友好学校。10月,与江苏省泗洪县淮北中学结为友好学校。2012年6月,与加拿大爱思德国际学院结为友好姊妹学校。11月，与山东齐河一中结为友好学校。2017年2月，与美国圣拉斐尔中学结为友好学校。各友好学校之间互派师生，定期交流合作。2010年至2017年间，山东省昌邑市人大教育考察团、盐城市教育代表团、苏州市教育局课程基地建设专家组、苏州工业园区教育考察团、泗洪教育代表团等来校考察学习，陕西横山二中、上海中学、复旦大学二附中、贵州省铜仁市思南中学、安徽省绩溪中学、南京师范大学附属中学、苏州中学等20多所省内外名校组团来校学习交流。学校在省内外的示范作用和影响力明显增强。2014年，江苏省陶行知研究会确定常熟市中为教育改革示范学校。2016年，市中"高中学生跨学科素养培育的系统建构"经验在省内5所名校推广应用。这一时期沈国明、马宁、邵俊峰等20多名骨干教师，先后赴新疆、青海、河南、上海、浙江、安徽、贵州、宁夏、北京等地，为国家级、省级、县级教师培训，作专家讲座和教学示范60多次。友好学校广西荔浦中学、山东齐河一中、江苏省淮北中学等派团来校开展全面跟踪学习，在管理模式、教育教学和教育科研等方面借鉴常熟市中学的教改经验。

心理健康教育得到加强。学校对心理咨询室"心语屋"进行整改优化，完善了"心语信箱""心语热线"，并刊印了《心旅》小报；配备心理健康课程专职教师，建立心理健康辅导团队，开设心理咨询师辅导课程，并与常熟市第一、第二人民医院心理健康中心开展合作，实现医校对接。2010年9月至11月间，开展高一学生心理健康全面测评活动，建立了学生心理健康个人档案。根据测评情况，对可能存在心理健康问题的学生采取逐一约谈、定期回访、及时救助，加强了专业化的心理干预和转介。2013年以后，开设了心理健康辅导课程，每学期分两次上课，进行普通心理训练、自我情绪控制、简易系统脱敏训练等教学活动。2016年5月，邀请励志演讲专家韩朝彬老师来校作励志报告。2012年，被评为江苏省健康促进学校。

第三节　高品质特色高中的建设（2017年—2024年）

一、学校管理

2017年8月，马宁任常熟市中学校长、党委副书记。2020年1月，马宁兼任校党委书记，周永良任调研员。2020年12月，九届二次教代会通过《常熟市中学"十四五"发展规划（2021—2025年）》，提出通过五年努力，把市中建成"师资优良、环境优美、设施先进、特色鲜明"的高品质特色高中。2023年8月，实行校党委领导的校长负责制,马宁任校党委书记,华国平任校长。9月,修订《常熟市中学章程》,确定党委全面领导学校工作;校长为学校法定代表人,全面负责行政工作;下设党委办公室、校长办公室和德育处、教务处、教科室、总务处、装备室、年级部等机构;健全教职工代表大会制度,设立校务监督委员会等组织,以加强民主管理和监督。

这一时期,文化立校工程进一步推进。学校进一步提出了"诚敬"文化管理的思路:在办学思想上,突出"诚敬奠基人生",树立"为学生终身学习、终身发展、终身幸福奠基"观念;在管理思想上,倡导诚于情感、敬在精微,把"诚敬"文化融于学校工作之中;在管理方式上,以"诚敬"校训为指针,实现由目标管理向过程管理、由行政管理向规范管理、由宏观管理向细化管理的转变;在管理策略上,用"诚敬"理念统领全局,实施"贯彻科学管理、深化整体德育、打造精品课堂、引领校园活动、拓展教育科研"高品质发展五大战略,以提高学校核心竞争力。

在干部队伍建设上,校党委提出了"岗位靠竞争、发展靠团队、激励靠制度"的原则。2017年9月,制定《三重一大事项集体决策制度》,修订《校务党务公开制度》。2019年6月,修订《中层干部竞聘实施办法》。2020年9月,制定《学校内控手册》。2023年11月,根据学校管理体制的变化,重修《三重一大事项集体决策制度》,还进一步健全了党政联席会议、校长办公会议、行政会议、教职工代表大会等管理机制。

学校党组织坚持以党建引领师德建设。2017年9月,修订《教师师德考核标准》。2018年起,推动党委"海棠花红"阵地建设,加强党员形象示范宣传。2019年,启动"品质工程先锋行"书记项目,建立了"助力前瞻项目"行动支部,举办了"诚敬立人,修身养德"道德讲堂。2020年2月,成立"疫线冲锋"行动支部。12月,制订"四有好教师"(有理想信念、有道德情操、有扎实学识、有仁爱之心)评价方案。2021年,建立"小城大爱,创美先锋"行动支部,举办沉浸式主题党日活动。2022年,成立"护航高考,管理先锋"行动支部,开展园丁先锋行动。2022年,录制《旭轮光灿 华彩日新》微党课宣传片,突出党史党风教育。2017年至2023年,党委以"两学一做"等主题教育为抓手,先后组织了"品读经典提觉悟,锤炼党性践初心"等50多个主题党日活动,并通过党员示范岗、党员护学岗、党员志愿队、党员公开课、讲述"我的初心故事"等形式,加强了师德师风建设。2018年,校党委被评为常熟市教育系统优秀基层党组织,教科室被评为常熟市首批党员示范岗。2020年4月,学校被授予苏州市五一劳动奖状。2020年12月,常熟市中学教师团队入选江苏省重点培育"四有"好教师团队。2021年6月,《学党史 明初心 担使命》专题报告在《江苏教育报》刊发。同年,被评为苏州市中小学创建"一校一品"党建文化品牌特色学校。2020年至2022年,教师中有92人次获校级以上师德表彰。2023年,学校获苏州首届"圣陶杯"园丁奖(团队)。

二、德育创新

德育创新呈现新局面。首创于2014年的"小城大爱"志愿服务进一步发展,师生积极参加文明城市创建、造血干细胞捐献宣传、医院导医服务、花边义卖、公交车站执勤、校园绿色环卫工作等校内外公益服务。2017年,被评为江苏省中学中职学校"三下乡"社会实践活动典型案例、江苏省大中专学生志愿者活动优秀团队和苏州市十大品牌。2019年12月,"小城大爱:'志愿者+'浸润式品格提升行动"入选江苏省中小学生品格提升工程项目。2020年,市中"小城大爱"志愿者服务提档升级,从理念、课程、阵地等方面加强建设:在志愿服务中融合道德认知、道德实践、道德情操教育;形成了健康、环保、非遗、帮扶、科普、文宣、文明创建、舆情疏导8个活动模块;成立了爱心手语社、心理剧社、线上防诈骗、在线心理辅导等10多个志愿团队。2021年10月,建成"常熟市中学志愿者中心",编写《志愿者服务指导手册》,实行师生全员网上注册。

学校积极探索"五育融合",从构建管理、制度、文化、资源等方面的综合育人机制入手,培养教师"五育融合"的育人思维,开发德育主干课程(国家课程)、张扬个性的特色课程(校本课程)、以人为本的体验课程(活动课程)。2021年,常熟市中学《"五育融合"视域下普通高中综合育人模式的创新研究》立项为全国教育科学"十四五"规划重点课题。是年1月,新建学生发展指导中心,编写了《学生发展指导中心工作方案》,组成由68位优秀教师参与的指导团队,在学生学习、生活、心理、发展方向上加强指导,还在校本课程中开设了发展指导课,并建立学生发展评价档案。9月,德育处修订《德育导师制实施方案》,突出了德育导师的"贴身顾问"作用。

"诚敬"文化浸润下的校园活动更加丰富。2020年12月,德育处修订《诚敬集体、诚敬学生评选办法》,在社团活动、劳动实践、项目化学习等主题活动中融入校训精神,加强校训文化引领。2017年至2023年,德育处、团委等先后组织了"节能降耗,保卫蓝天"创意创作比赛、道德讲堂公益讲座、市中爱心书市、手绘环保袋、运动会会标设计、世界环境日"校园环保,我是行动者"和"美丽中国,我是行动者"、党史进课堂、"初心底色绘党史"手绘比赛、"诚敬学生"和"最美板报"评比等创新活动。2024年5月,重建"常熟县中学"老校门(1933—1983年校门),"旭轮书院"建成启用。

开展线上德育活动,是这一时期的特点和亮点。疫情期间,各年级运用网络手段,一方面通过线上心理学课、调查问卷、心理解压视频、家长课堂等形式,对学生和家长进行网上指导;另一方面组织开展了云上班会课、云祭扫烈士墓、线上升旗仪式、"4·15"国家安全网上宣传、"4·23"世界读书日云上阅读分享会、"致敬劳动者"视频展示等活动。2022年春,学校组建德育融创小组,带领学生探索融媒体制作,以传统节日为主题,制作节日特色视频,既弘扬了中华优秀传统文化,同时也培养了学生的综合实践能力。

三、教学改革

2017年以后,常熟市中学以"跨学科融合"为主线的教学改革成效突出。学校依托5大省级内涵建设项目,聚焦综合育人。5大省级内涵项目是:2014年立项的江苏省普通高中课程基地"生态·地理综合实践课程基地";2016年立项的江苏省基础教育前瞻性教学改革实验项目《共生理念下高中生跨学科素养的培育》(2019年12月结题);2019年12月立项的江苏省中小学生品格提升工程《小城大爱:"志愿者+"浸润式品格提升行动》;2020年立项的江苏省首批"四有"好教师重点建设团队"跨学科(CS)研教团队";2023年立项的江苏省普通高中课程基地"高中物理融创实验课程基地"。

2018年6月,常熟市中学"生态·地理综合实践课程基地"建设工程竣工,占地23亩,建筑面积2368平方米,投资1890万元。其主要建筑为生态·地理馆,包括生态·地理科技厅、模拟气候大会、地质灾害体验室、化生数字化体验室、物理数字化体验室、教学资源创作室、多功能数字化地理探究室、生物地质标本影像室等8个功能区;室外建有生态农业实践区、气象环境变化观测区、植物群落对比探究区,2019年春,生态农业实践区辟为"东篱生态农场",与常熟农科所、虞山林场、田娘农场签约,设立"生态·地理综合课程"三个校外学生实践基地。2021年4月,学校与南京大学地理与海洋科学学院签订共建"江苏省生态·地理综合实践课程基地"协议,至此形成"一馆、三区、四基地"格局。"生态·地理综合实践课程基地"教学团队主要由本校地理、生物、化学、物理等学科教师组成,另聘北京大学李喜青教授、南京大学张捷教授、常熟农科所端木银熙研究员等任课；教学团队开设生态地理实验、生态农业实践、地球科学、校园水环境监测、气象与气候变化、校园土壤的调查研究等10多门拓展类、实践类校本课程；编写了《立体农业实践》《植物群落与环境》《校园草木》《生态科技及应用》《能源与能量问题》《显微镜的构造原理和应用》等8本相关校本教材；成立了生态农业社、生物discovery团、气象气候观研社、理科模型创作社、地理摄影社、生态监测团等6个社团，吸引了全校学生踊跃参与。2017年，该基地"学生野外综合实践考察团队"被列为江苏省社会实践活动重点团队。2021年，曹陆铖等3名学生入围地球科学竞赛全国总决赛。

"跨界融合"是这一时期与"五育融合"相呼应的另一教改主题。其前期以江苏省基础教育前瞻性教学改革实验项目《共生理念下高中生跨学科素养的培育》（2019年结题）为依托，指向学生综合素养培育的"跨界课堂"，包括合融课堂、主题课堂、项目课堂和学生讲堂四种教学范式。2021年7月，学校主课题《"五育融合"视域下普通高中综合育人模式的创新研究》立项为全国教育科学"十四五"规划教育部重点课题，"跨界融合"教改实践进入新阶段。2017年以后，马宁、邵俊峰、肖敏、蒋少卿、汤丽萍、张玉荣、陆文博、朱愜等老师对"跨学科融合"进行了较为深入的研究，在省级及以上报刊发表论文20余篇。课题组结合校本实践，从跨学科素质培养、跨界课堂与分级评价等方面作了探讨，提出了跨学科主题学习、项目化学习、树形推进式教学法等思路，先后开发了基于跨学科素养培育的16种校本课程，编印了《跨学科素养理论学习资料》《跨学科项目主题研讨与反思》《前瞻性项目校本课程授课案例及反思》等合辑，共120多万字。2019年9月至2022年4月，全校共举行22期（合计418节课）"跨界融合"校本课程公开课活动。2017年和2018年，《人民教育》《中国教育报》《德育报》等主流报刊相继来校进行了"跨界课堂""五育融合"专题采访报道。2020年12月，《普通高中跨界课堂的校本实践》获苏州市人民政府颁发的教育教学成果特等奖。2021年11月，《指向跨学科素养培育的跨界课堂》获江苏省教育研究成果二等奖。2022年1月，《跨界课堂：普通高中跨学科素养培育的十年探索》获江苏省基础教育成果一等奖。2017年至2020年，市中学生高考本一上线率分别为72.4%、80.3%、79.5%、85.7%。2021年，市中学生高考特控线以上超过80%。2018年，姚礼力同学获全国化学奥赛一等奖。2018年至2022年，市中学生获数、理、化、生奥赛江苏省一等奖65人次，获江苏省作文大赛一等奖18人次。

"五育融合""跨界融合"教学改革有力促进了校本课程创新。2018年9月,学校提出"国家课程校本化、校本课程主体化"的发展战略,制定了《校本课程开发指南》《校本课程评价方案》《校本课程管理办法》等文件,基本建立了校本课程的管理规范;2018年秋,学校在部分班级试行"班级小图书馆",由各教研组根据本组校本课程开列推荐阅读书目,图书馆以集体借阅的方式将书存放于班级阅读角专用书柜,每个班级均有各类图书近百种,为校本课程的实施提供了便利;校课程改革领导小组汇聚课程基地、跨学科教研基地、"四有好教师"团队等方面力量,集中开发国家课程校本化、跨学科素养、劳动教育、研究性学习、社会实践等方面的校本课程。至2022年,初步形成德育类、人文类、科技类、个性发展类等四大校本课程体系。2019年至2021年,每年在各年级动态化开设58门校本课程,其中趣探数学史、化学数字实验、国际多元文化、走近文艺复兴、科学史、国际理解、"你好!马克·吐温"、罗马万神庙、地理眼看世界等,内容新颖、视野开阔,深受学生喜爱;学校为兄弟学校作校本课程示范教学数十次;出版校本教材两种。

校本课程的实施,推动了学生社团活动的发展。学校提出"全员参与、全心活动、全面展示、全面发展"的活动要求,把社团活动与校本课程实施紧密结合起来。2021年底,共有6个大类98个学生社团。其6大类型及主要社团为:

社团类型	社团名称
社会理解类	常熟花边社、常熟文化社、新闻采访社、爱心手语社、影视评论社、演讲朗诵社、水环境监测社、古风社、灯谜社、常熟方言传承社、园艺社、国际理解社
自我认知类	心理服务社、辩论社、融媒体表达社、心理剧社、创造性思维社、学习模型制作社、智慧劳动社
生涯规划类	青春向党社、生涯规划社、志愿服务社、领导力社
学业指导类	趣味编程社、英语社、化学创新实验社、物理创新实验社、地球科学社、历史研究社、物理探源社、化学传奇社、生物科学史社、学科竞赛社
健康生活类	田径社、羽毛球社、冬锻社、足球社、古琴社、篮球社、艺苑雅集社、素描社、器乐社、编织社、篆刻社、应急救护社、彩笔画社、书法社、审美社等
课程基地类	生态农业社、生物discovery团、气象气候观研社、理科模型创作社、地理摄影社、生态监测团、农耕社

成立于2011年的常熟花边社团坚持活动十余年,2017年至2018年间,三次举办常熟花边爱心义卖,所得善款捐助常熟市贫困学生。2019年4月,该社团参加了第八届中国苏州文创博览会;10月,本校教师的"常熟花边传承人谢燕月一针一线传承非遗文化"介绍被学习强国平台选用。2021年4月,学生社团作品"户外茶具配套用品

系列"参加中国和科威特非遗数字展。2021年,市中在图书馆四楼建立了常熟花边社团活动室暨作品展览室,进一步推动了品牌社团的发展。

成立于2016年的水环境监测社团,以学校里的景观池水、河水、雨水、自来水等水体为研究对象,结合地理、化学、生物、物理等学科的知识和研究方法,开展项目化的学习活动,得到常熟市环保局的大力支持。2018年10月,江苏电视台教育频道对该社团进行了报道。2022年3月,水环境监测社团基地被确定为常熟市级课程基地。

为进一步推进校本课程和学生社团建设,常熟市中学积极挖掘校外课程资源,建立了校外兼职教师育人机制。2017年9月,制定《利用校外教育基地推进校本课程实施方案》《校外专家聘用实施方案》《校外专家课程评价方案》等文件。2020年至2022年,先后聘请教授、研究员、特级教师、非遗传承人等校外专家46人,来校开设32门特色课程。在此期间,学校进一步扩充劳动教育、社会实践、研究性学习3类校外教育基地。劳动教育类有常熟田娘农场、常熟虞山林场、虞山敬老院、常熟青木园艺等,社会实践类有常熟职教中心、常熟市烈士陵园、武警某部队汽车营、常熟市博物馆、琴川街道社区等,研究性学习类有常熟市环保局、沙家浜风景区、宝岩生态园等。学校高度重视国防教育,依托国防教育综合实践基地,融国防教育于校本课程,不断提高学生国防素养,2018年1月,被教育部确定为"国防教育特色学校"。

四、教育现代化

教育现代化工程持续推进。数年中,校园网的各类信息化管理应用平台相继建立,为师生提供信息发布、电子邮件、文件传输、软件下载、资源管理、日常校务办理、教工信息管理、固定资产管理等服务,并极大地丰富了校本化数字资源。2019年,学校通过江苏省中小学智慧校园评估验收。2021年以后,教室教学系统全部升级为交互式电子白板。2022年引进"升学e网通",推进生涯规划教育。2023年,投资116万元完成网络升级工程,为"智慧校园"提供了保障。2022年和2023年,校园实现了高清摄像头、Wi-Fi全覆盖。是时,学校拥有覆盖各学科的子教案、课件与基于教育博客社群、教育论坛社群的教学反思和教育叙事,有各教研组自建学科专题网页、学生研究性学习专题主页。2024年初,学校各部门信息化管理应用系统、平台、板块列表于下:

部门	系统、平台或板块	功能
党委办公室	苏州市智慧党建平台	党员思想政治学习和党务综合管理
	学习强国、江苏先锋、苏州先锋等	
	微信公众号	
校长办公室	江苏教师教育管理系统	教师基本信息管理
	江苏教师网	教师继续教育和自主研修管理
	江苏省中小学教师（校长）培训管理系统	
	常熟市机关事业单位工资管理系统	教职工工资管理
	常熟市企业服务平台、江苏省人社网办大厅	办理教职工社保
	常熟市教育办公系统、常熟市档案管理系统	文件、档案管理
德育处	全国学生资助管理系统	学生资助管理
	江苏省学生资助管理信息系统	
	心理健康云平台学校端	学生心理健康普查
	江苏省普通高中学生综合素质评价平台	学生评价
	社团抢课小程序（自主开发）	校本课程选课
教务处	江苏省基础教育信息管理系统	学生学籍和档案管理
	江苏省普通高校招生体检系统	高考体检管理
	江苏省高考综合业务信息管理系统	进行高考报名和填报志愿
	选课、排课系统	学生选课、排班管理
	课后网、江苏省名师空中课堂、课程基地学习资源库	学生远程学习及自主选课
	智学网"大数据学情分析系统"	教育质量管理
	学科教学资源库	教师网上备课、质量测评
	"希沃白板"StarC云端一体化教学平台	课堂教学
	钉钉智能办公平台	线上教学
总务处	"苏州市政府采购网上商城"采购平台	学校财、物、安全管理等
	"常熟市教育局自动化办公系统"项目审批平台	
	"苏州市公共资源交易平台"（招标平台）	
	"常熟市中介超市"审计简历平台	
	"常熟市资产管理平台"固定资产管理平台	
	江苏省中小学阳光食堂信息化监管服务平台	
会计室	江苏省预算管理一体化系统	预决算、收支等办公、管理工作
	常熟市智慧财政信息平台	
	常熟市财政非税一体化系统	
图书馆	图书管理系统	图书录入、借阅等电子化管理
	电子图书的借阅板块	

2023年末,常熟市中学占地总面积173094平方米,生均占地面积74.45平方米;建筑总面积84226.63平方米,其中教学用房44773.63平方米,生均19.26平方米;生活用房39453平方米,寄宿生生均宿舍面积43.26平方米;活动场地23182平方米,体育馆3779平方米,生均11.6平方米。各类运动器材、设施均达到江苏省中小学体育器材设施基本标准。音乐、美术、舞蹈教室均按省一类标准配置。建有实验室25个,其中江苏省标准化理化生实验室17个,创新实验室、探究实验室和学科探究室8个(2018年新建)。图书馆为省一级图书馆,至2021年6月,学校有古籍1175册,均为明清刻本,其中有4种64卷共10册被收入《中国古籍善本书目》。

五、队伍建设

为了争创高品质特色高中,常熟市中学致力于培养一支学习、教书、育人、科研、管理"五位一体"的教师队伍。校本培训领导小组制定了《2019—2021年校本培训三年规划》《校本培训制度及管理》等,紧密结合"五育融合""跨学科融合",通过"一校一室一基地",即教师发展学校、跨学科研教基地、名师工作室,全力推进青年教师、骨干教师、名特教师队伍建设,构建了比较完备的"新秀、能手、带头人、名师"四级专业发展梯队。

这一时期的教师发展学校,主要聚力于"青蓝工程"。一方面继续开展"青蓝结对",定期举办"师徒同课异构"等活动;另一方面制定《入职未满三年的青年教师培养方案》,对新入职教师提出三年"站稳讲台、脱颖而出"的奋斗目标,加强培养的过程性管理。2019年9月,举办第一期青年教师教学研讨班,主题为"如何规划我这三年"。2020年6月,举行首届"四有青春杯"新入职教师课堂教学大赛。2021年起,每学期举办"四有青春杯"青年教师专题论文大赛。是年还先后举办了"新课程背景下的好课标准""新入职、新课堂、新感悟""追求理解的师生关系""把握专业成长关键期"等专题培训活动。

2013年成立的"教师CS(跨学科)研教基地"在这一时期发展较快。它以项目为依托,与跨界课程开发工程相结合,搭建了课程基地、科研团队、教育教学沙龙等多个教师发展平台;学校制定了《教师专业发展规划》,重点放在为每个骨干教师量身定制支持计划;采取走出去、请进来的方式,有计划地加强骨干教师培养,突出教师品格、学科素养、新课程实施、信息技术、指导学生发展等方面的培训。从2017年开始,学校组织"四有"好教师团队、"前瞻性项目"研究团队等骨干教师团队先后赴武汉大学、厦门大学、江西师范大学进行专业素养培训,并聘请了江苏省教科院、教研室、教育学会和南师大等高校科研院所的20多位专家来校作管理经验、心理辅导、教育科研等专题讲座。2020年12月,学校被江苏省教育厅确定为第三批省级教师发展示范基地校,"CS(跨学科)研教团队"被确定为江苏省首批重点培育的"四有"好教师团队。2017年,陆文博老师获江苏省地理青年教师教学基本功大赛一等奖。2019年,顾吟圆老师获中华经典诵写讲大赛全国二等奖、江苏省一等奖。2021年,顾秋芳老师获全国首届高中信息技术创新教学微课比赛一等奖。从2018年至2022年,市中有49位骨干教师获省级及以上教学奖励,16人获苏州市一等奖,30人获常熟市一等奖。5年中,有4人被评为姑苏教育拔尖人才,10人被评为苏州市学科带头人,28人被评为常熟市学科带头人,30人被评为常熟市教学能手。2022年,全校市级以上骨干教师164人,占专任教师总数的63.8%。

名特教师队伍建设取得新突破。2018年以后,由苏州市名教师以上教师领衔,在校内新建了3个名师工作室,邵俊峰等老师还在江苏省梁丰高级中学、江苏省沙溪高级中学、常熟市梅李高级中学建立了3个校外名师工作室。连同原有的3个,市中教师领衔的名师工作室达到9个。学校采取主题研讨、观摩示范、课题协作等方式加强名师培养,成效显著。2018年1月,常熟市中学被确定为苏州市教师发展学院首批培训实践基地,马宁被聘为导师。2021年10月,承办江苏省"苏教名家培养工程"中学文科组培训,举行跨学科听评课、专家引领等活动;11月,又承办了江苏省普通高中地理骨干教师培训,内容丰富精彩,受到了培训班学员的高度评价。

2019年至2023年,汤丽萍、肖敏、陆文博、蒋少卿被评为江苏省中小学正高级教师,马宁、肖敏被评为姑苏教育领军人才。2020年12月,邵俊峰被确定为江苏省"苏教名家"培养对象。2022年9月,马宁被确定为江苏省"苏教名家"培养对象。2022年11月,肖敏被评为江苏省教学名师。2023年10月,邵俊峰被评为中共中央组织部国家教学名师。2024年5月,肖敏被确定为江苏省"苏教名家"培养对象。

校际交流成为锤炼教师队伍的重要手段。学校形成了教学交流、学术交流、专业培训、特色项目辐射等四大交流方式,建立了省内名校联盟、省外友好学校、校外名师工作室、项目共同体、对外开放日等多种交流机制,促进了与兄弟学校的合作。2017年11月,人民教育出版社高中地理新教材试教及研讨会议在市中举行。2018年6月,与北京师范大学甘肃庆阳附属学校结为友好合作学校。9月,贵州思南县高中骨干教师、广西壮族自治区"国培计划"教研员能力提升班师生、南京市江宁区教研室全体教研员相继到校考察学习。2017年以后，教师团队先后赴山东菏泽、贵州思南、甘肃庆阳等地支教，并接待了省内外10多个来校驻点"取经"团队。至2022年，全校47.3%的教师具有校际交流任教、支教经历。

教科研工作坚持"突出校本、问题导向"的发展策略，校行政提出"把论文写在学生课堂里，把科研亮在中国大地上"的口号，紧抓重点建设"四有"好教师团队和江苏省普通高中课程基地、基础教育前瞻性教学改革实验、中小学生品格提升工程、教师发展示范基地校等五大省级项目，引领学校内涵建设、教学改革和教师发展，形成了体系完整、特色明显、成果丰硕的教育科研新局面。2017年至2021年，全校在研和结题课题121项，其中全国规划课题2项，教育部重点课题1项，省规划办重点资助课题4项，重点自筹课题7项，苏州规划办课题22项，常熟市规划课题89项。全校所有教研组均有独立承担的市级及以上课题。5年中，有355篇论文在省级及以上刊物发表或获奖，上述论文作者人数占专任教师数的52.5%。2018年，肖敏老师被评为江苏省教科研先进个人。2021年1月，学校被评为江苏省教科研先进集体。

2023—2024学年初，全校有48个班级，学生2325人。在职教职工276人，其中中共党员119人，民主党派人士31人；专任教师263名，有79名为教育硕士或研究生学历，占30.03%；中、高级职称206名，占专任教师的78.32%。有江苏省特级教师3名，教授级中学高级教师（中小学正高级教师）6名，国家教学名师1名，江苏省"苏教名家"培养对象2名，江苏省"333工程"培养对象2名，姑苏教育人才7名，苏州市学科带头人27名。

第二篇　分　述

第四章 党建工作

第一节 党的建设

一、组织建设

1954年8月,学校建立了第一个党支部,王克芳任中共常熟市中学党支部书记。"文化大革命"前期,党组织陷于瘫痪。1972年1月,重建中共县中党支部。1987年2月,中共常熟市委组织部同意建立中共常熟市中学总支部委员会。3月,召开全体党员大会,选举成立了总支部委员会,李勤晓当选为书记。下设文科、理科、行政、退教4个支部委员会,各支部书记分别为陆如年、顾宏义、陶汉森、赵静华。4月,把全校党员划分为8个党小组。1991年6月,建立市中校办厂党支部。1999年9月,建立常熟市中学分校党支部,任宇劲任书记。同年,校办厂党支部并入行政支部。2002年学校迁入新址后,总支贯彻"把支部建在年级上"的思路,将原有支部调整为行政、高一年级、高二年级、高三年级和退教共5个支部,每个支部下设两个党小组。2008年7月,中共常熟市委员会同意建立中共常熟市中学委员会。11月,举行校党委选举大会,凌解良同志当选为校党委书记。2022年12月,退教支部改设为退教第一、第二两个支部。

中共市中支部建立后,积极在优秀教师中发展党员。1956年,吸收3名中年教师入党。1960年1月,确定周瑞英、吴宗瑾等5人为发展对象。由于受到"左"的思想影响,党建工作进展缓慢。十一届三中全会以后,校党支部反复学习党的路线、方针、政策,弄清了学校的主要依靠力量是广大教师,并统一了正确看待知识分子的认识,并有计划地积极发展优秀教师入党。在具体标准上,主要看三条:政治品德好、积极工作、本人背景清楚。对本人情况,着重看政治表现和工作态度。如有位老教师要求入党多年,虽然各方面表现都很突出,但因为出身和社会关系等问题,一直未能通过。1981年,党组织对照政策,吸收他入党,此事在全校教师中反响热烈,促使更多的知识分子向党组织靠拢。从1979年到1983年，共发展党员9名。1981年4月，全校有党员20人，占教职工总数的17.8%。1986年9月，全校有党员38名，占全校教职工的24.05%。1984年，校党支部被评为中共常熟市文卫委员会先进党支部。新党员邵宪鸿1983年被评为全国优秀班主任，并当选为苏州市第六届党代会代表。

1987年，市中党总支成立后，把组织发展工作重心放在吸收骨干教师上，并提出了"把党小组建在教研组上"的组织建设目标。党总支狠抓党内"三联系"制度（每个党总支委员联系一个支部、每个支部委员联系一个党小组、每个党员至少联系一名党外群众），积极推进组织建设。1987年至1989年，共有21名同志向党组织递交了入党申请书。各支部每次确定发展对象时，都先由党员在小组内提名，支部集中多数党员意见后，研究确定重点培养对象，并落实联系人定期进行考察，按季度填写考察意见；支部准备发展时，进行逐个评议，并征求党外群众意见，报党总支审议把关，经党总支批准后召开支部大会表决。从1986年12月至1991年5月，全校共发展党员23名，其中21名是在职骨干教师。1987年上半年，学校教研组长中只有4名是党员；至1991年上半年，10名教研组正组长全部成为党员，其中7名是新近发展的，"党小组、教研组、工会小组三位一体"的组织建设目标得到实现。1990年12月，全校共有中共党员65名，占教职工总数的37.4%。是年，语文、物理、外语、数学4个教研组被评为常熟市文明教研组。1989年起，开始评选先进党小组，并开展群众评议党员工作。

20世纪90年代起，学校党建工作重点逐步转向青年教师和高中优秀学生。学校党政工团多次联合召开35周岁以下青年教师大型座谈会，密切党组织与青年教师的联系。党组织坚持积极慎重的方针，确保新党员的质量。主要做到五点：一是发展工作有计划；二是对发展对象有较长时间的考察；三是坚持入党条件，重视发展对象的政治素质，从德、才两方面衡量，成熟一个发展一个；四是注意控制发展速度；五是加强对预备党员的考察、教育和培养。1991年至1993年，发展中共党员7名，其中青年教师4名，学生党员3名。至1999年8月，全校已有30名青年教师党员，另有20多人递交了入党申请书，党员队伍中青年党员占了三分之一，有11人分别担任教研组长及中层领导。1994年和1998年，校党总支被评为常熟市教育系统先进党组织。2001年，被评为苏州市先进基层组织。是年11月，市中在职教职工224人，其中党员占33%。

迁入现址以后，学校党组织继续加强在青年骨干教师和高中优秀学生中的党建工作，全面实施发展党员公示制、票决制、预先审核制、责任追究制，严格按照组织发展要求，积极把拥护党的纲领和章程、自觉为党的路线和纲领而奋斗、经过长期考验、符合党员条件的先进分子吸收到党的队伍中。2003年至2013年，共有14名青年骨干教师入党。2013年以后，组织发展工作进一步规范，校党委严格把关，坚持按照"控制总量、优化结构、提高质量、发挥作用"的总要求，把师德好、业务强的骨干教师吸收到党组织中。自2014年至2023年，共有9名青年骨干教师入党。2024年1月，全校共有在职党员117名，占教职工总数的42.4%。

20世纪80年代后期，学校党组织认为，高中阶段是学生世界观、人生观形成的关键期，进行党的教育很有必要。1987年春，党总支和团委组织了高中学生党章学习小组，有50多名骨干团员全程参加，其间，党总支3名委员分别与他们进行了座谈交流，取得了较好的效果。在此基础上，1988年，市中建立了常熟市第一所中学生业余党校。由总支书记兼任校长，并建立由总支副书记、宣传委员、组织委员和团委书记等组成的校务委员会，由团委具体负责业余党校日常事务。3月31日，举行开学典礼，离休老干部朱英作了题为"树立远大理想，为党的事业奋斗"的讲座。1989年3月，业余党校第一期37名学员结业，其中6名向党组织递交了入党申请书。1990年6月，第二期学员许唯伟、钱焱光荣加入中国共产党。1991年，党总支在业余党校中试行团委"推优"工作。一是建立了"三定"制度：定组织，将发展对象的考察培养任务，分别落实到一个基层党支部，与校团委一起负责考察培养；定人员，有关党支部和团委确定专人对发展对象进行培养考察；定制度，每个季度负责培养考察的同志认真填写发展对象培养考察情况登记表，每半年由发展对象向党团组织递交一份思想情况汇报，每年度党总支会同有关支部和团委对发展对象进行一次全面分析研究。二是采取"四看"（看政治立场、看思想作风、看道德品质、看一贯表现）"四听"（听党团组织意见、听任课教师评价、听各类学生看法、听社会群众反映）的办法，严格把好入口关，保证学生党员的质量。从1989年至1995年，业余党校连续办学7期，培训学员381人，递交入党申请书的有78人，其中6人入党。

1995年前后，业余党校教育趋于规范：以《中国共产党章程》和党的基础知识读本为基本教材，以党的路线方针政策和时事政治为选学教材；建立了"三簿一册"（点名簿、活动记载簿、先进事例记载簿和学生名册）、学员档案（学员姓名、年龄、班级、入学时间、学习情况、考核结论、党校意见等）；实行结业证制度和优秀学员评选表彰制度，还组织多名学生入党积极分子参加教委党委培训班学习。从1996年至1999年，共培训学员325名，递交入党申请书的有174人，其中13人入党。

世纪之交，市中一方面积极拓展业余党校教育，以业余党校学员为骨干，成立各班"学马列、学党章"小组,向每一位要求上进的同学敞开学习的大门;另一方面更多地采取"开门办学"形式,通过与老干部座谈、周六奉献活动、参观考察、社会调查等,拓宽教育渠道。1999年和2000年暑假,组织第11、12期业余党校学员进行社区服务和社会调查,结集调查报告两册。

迁入新址以后,业余党校继续发展,在校学员数每期均在90人以上。党组织在青年学生中大力开展政治教育、党的基本知识教育和世界观、人生观、价值观教育,重视有计划地发展学生党员,坚持教育为主、质量第一的原则,规范执行团委推优、全员调查、全面考察的要求,严格标准、慎重发展。从2003年至2014年,共发展学生党员78名。2015年以后,按照新形势、新要求,学校党组织未再发展学生党员,但中学生业余党校仍继续开展各种形式的教育活动。

二、思想建设

1954年党支部建立以来,校党组织始终把思想建设放在首位。1976年后,党支部带领全体党员坚持正确的政治方向,认真学习党的路线、方针、政策,深入领会社会主义初级阶段理论,积极学教育理论、搞教改实践,有力推动了学校各项事业的发展。1985年,市中被列为常熟市学习党代会文件试点单位,从10月下旬起围绕形势和改革、"七五"规划和教育改革、精神文明三个专题,进行了为期两个月的学习。1986年4月至7月,按照常熟市教育党委的部署,分学习、对照检查、登记三个阶段,开展了整党工作。1987年党总支建立后,深入开展党的基本路线教育、法制教育、师德教育。首次职称改革中,党总支首先向党内提出了要求,强调了组织纪律,各支部积极做好思想工作,保证了职改工作的顺利进行。1991年上半年,在党员中深入进行了"三基本"(党的基本理论、党的基本路线、党的基本知识)教育和社会主义纲要的学习,并开辟了"党的生活"学习园地。

学校被再次确认为江苏省重点中学以后,党总支把党员学习教育与师德师风建设、学校改革发展紧密结合起来。1993年春,组织了"教书育人、为人师表"教育和"师陶"活动,举办了"师德报告会"和"学生在我心中"大讨论。1994年,在学习《邓小平文选》第三卷和《中国教育改革与发展纲要》基础上,完善了党员责任区的各项职责;在民主评议党员工作中,坚持政治上思想上的严要求,加强了党性修养和思想作风方面的考核。1996年,党总支组织党员学习十四届五中、六中全会精神,开展"远学孔繁森、近学常德盛"的宣传教育,通过典型引领,带动党员和教师的思想作风建设。是年五四青年节时，学校党政工团联合召开35周岁以下青年教工座谈会，围绕"发扬市中光荣传统，争为教育建功立业"的主题，老中青三代从不同角度畅谈，取得较好效果。2001年，党总支提出"展师德风采、创优秀群体、树教育新风"号召，把党的思想建设工作推向了新的境界。

成为国家级示范性普通高中以后，学校党员的政治思想学习一方面与主题教育相结合，另一方面通过开设党课、树立标杆、岗位练兵、参观考察、重温誓词、民主生活会等多种形式，开展富有成效的思想建设。2003年，组织"两个务必"主题教育，从"认真学习、明辨是非，对照检查、树立典型，民主生活、自警自励，总结成果、落实制度"四个方面开展了教育活动。2004年以后，先后组织了保持共产党员先进性教育、社会主义荣辱观、建设社会主义和谐社会、学习实践科学发展观等主题教育；在学习贯彻新党章活动中，把学习党章、遵守党章、维护党章作为加强思想建设的重点，并用党纪国法规范党员言行。2005年，开展学习型支部创建工作。2008年，校党委开辟"党建工作"网页，设立理论学习、形象写照、党建课题等板块，通过新载体、新阵地加强学习教育。同年，在选树全国模范教师沈国明等先进典型的基础上，又选树了"德育工作佼佼者"蒋玉莲、"学科教改探索者"邵俊峰、"教育科研领路者"韩建光等优秀共产党员典型。2009年，完善了党委中心组学习制度，把学习重点放在贯彻落实党的路线方针政策、实现科学发展上，突出理论联系实际，重视学习的针对性、实效性。2011年，党委组织了以"诚敬育人展风采、创先争优促发展"为主题的创先争优活动，开展"我身边的优秀共产党员"推荐活动，据此选树了马宁、范祖国等一批优秀共产党员典型。2013年9月，学校被命名为常熟市学习型党组织建设工作示范点。2016年，开展"两学一做"和党员冬训教育活动，组织专题讲座，开展"走基层，看变化"活动，并选树了华国平、朱梅、蔡祖才等8位先进典型。2017年，举办"精致城市，书记讲堂"活动。2018年，先后组织了"凝心聚力，不忘初心"（2月）、"悟初心，守初心，践初心"（4月）、"牢记嘱托育新人，解放思想再出发"（9月）、"品读经典提觉悟，锻炼党性践初心"（10月）、"寻红色足迹，守不变初心"（11月）等主题党日活动，并确定范艳君、刘德军为优秀共产党员培育对象。2021年，拍摄了以史育人微党课《旭轮光灿 华彩日新》。2014年，校党委被评为苏州市先进基层党组织。2017年，被评为常熟市党建工作先进集体。2021年被评为常熟市教育系统"小城大爱，创美先锋"十佳行动支部。2022年，被评为常熟市教育系统优秀基层党组织。2023年，被评为"江南福地 四敢先锋"先进基层党组织。

三、作风建设

学校党组织建立以来，一贯重视党的作风建设。1970年2月，建立整党领导小组，进行整党工作。十一届三中全会后，校党支部逐步加强党风廉政工作。1981年，在党支部统一领导下，开展了以"五讲四美"为主要内容的全校思想政治教育活动。1987年秋，建立普法工作领导小组，在党员教师中开展"四法一例"学习。1989年底，制定《关于保持领导班子廉洁的若干规定》《先进党小组评选条件》《党员在责任区内的六项职责》等条例，年底评选出首批先进党小组。1994年，制定《评选先进教育工作者的意见》。1995年6月，制定了《干部廉洁自律的八项规定》，并提出党员教师带头做到"四不"（不参与"六害"，不搞有偿家教，不以职谋利，不体罚学生）要求；制定《党总支议事规则》，对议事的范围、会议的召开、议题的表决和执行等都作了明确、细致的规定，使党组织的监督保证作用得到落实。党总支大力发扬民主，坚持与三个民主党派组织的双月座谈会制度，学校的重大决策及时听取工会和教职工意见，增强了教职工的主人翁意识。1997年4月以后，党总支常年坚持打造"党员形象工程"，开展"学理论、扶贫帮困、专题党日、建优秀群体"4个子项目活动；确定每位党员帮教一名后进学生，每年7月1日为党员奉献日，并建立了"党员帮困金"。2001年，首次进行中层干部公开竞聘。2000年，制定《党风校风监察员制度》，并组建了党风校风监察员队伍；同年，制定《关于推行校务公开的实施方案》，设立了校务公开栏。2002年6月，学校被评为江苏省中小学党建工作先进集体。2001年6月，被评为苏州市先进基层党组织。

学校成为普通高中以后，党组织充分发扬廉洁自律、艰苦奋斗、民主办学的优良作风。2003年，重新聘请党风校务监督员，设立了校长信箱。2004年，修订了《中层干部竞聘实施办法》，进一步规范干部任用机制。2007年5月和2011年6月，两次修订《党务校务公开实施方案》。2009年12月，修订《教师师德考核办法》《教师师德考核细则》《关于治理教师有偿家教的若干规定》，重点加强对有偿家教、收受礼金礼品、体罚学生等的处罚力度，并开展了有针对性的党员谈心谈话活动。同年，开展中层干部管理制度改革，出台了《全面实施中层干部竞聘上岗制办法》《中层干部试用期考核制实施办法》《中层干部任期届满考核制实施办法》《中层干部任期年限制实施办法》等4个改革文件，并据此开展了中层干部教代会述职、测评、重新聘任工作。2010年，试行中层干部副职轮岗制。2014年，开展群众路线教育实践活动，在教师党员中进行"塑师德、铸师魂、扬师风"教育，并以领导班子和校级领导为重点，召开学习专题会、专题民主生活会,对照检查,开展批评与自我批评活动;在此基础上修订了《党委议事规则》《干部廉洁自律八项规定》《党务校务公开实施方案》《物品采购环节流程》等文件进行细化落实。2021年,开展党史学习教育,组织了"重温百年历程,打造最美窗口""廉洁从教树先进,深学党史强自信"等主题党日活动。2009年2月,被评为苏州市校务公开先进学校。2011年,被评为常熟市教育系统领导班子建设先进单位。2013年,被评为苏州市行风建设群众满意度示范学校。2016年,马宁被评为江苏省优秀党员。2020年12月,常熟市中学教师团队被确定为苏州市"四有"好教师市级重点培育团队。

四、精神文明建设

20世纪80年代以后,常熟市中学积极加强精神文明建设。1981年,在党支部统一领导下,建立思想政治工作领导小组,组织了学雷锋、学张海迪的活动,开展了以"五讲四美""创三好"为中心的"文明班级""文明小组""文明宿舍"评比,其经验被县文教局推广。1981年、1983年、1989年,学校三次被评为苏州市文明单位。1984年,全校有71个小组被评为文明小组,学校被评为苏州市文明学校。1987年,建立由党总支、教导处、总务处、团委、校办厂、人事、舍务等7个部门人员组成的综合治理小组,党总支副书记任组长;是年,成立以党总支、工会、人事干部为主的调解小组,总支委员任组长。学校利用广播、漫画、图片展览、法律知识竞赛、观看案例录像等多种形式,在师生中坚持开展普法教育。学校先后被评为常熟市社会治安综合治理先进集体、爱国卫生先进单位、卫生保健工作先进集体。

20世纪90年代初,学校以"党小组、教研组、工会小组"三结合为抓手,争创优良教师集体,继续开展教职工文明组室、文明寝室、文明院户评比活动;并在学生中加强五方面的教育,即以"三热爱"为主的四项基本原则教育,以科学人生观为主的理想前途教育,以《宪法》《中学生守则》《中学生日常行为规范》为主的法纪教育,以艰苦奋斗、自力更生为主的革命传统教育,以扫黄为主的反腐蚀教育。1991年8月,学校被评为苏州市文明单位。

20世纪90年代中期,党总支坚持"三位一体"传统,落实党员联系群众;坚持德育为首,落实思想教育目标;坚持教学为中心,提升教育质量;坚持党的领导,落实党的统战政策;坚持精神文明建设,落实各项指标。1995年,全校有1万多人次参加了常熟市创建全国卫生城市活动,涌现了10个创建工作先进集体和10个创建工作先进个人。1993年8月,学校被评为苏州市精神文明建设"五五工程"先进单位。1994年5月,被评为苏州市创三好先进集体。1995年2月,被评为苏州市爱国卫生先进集体。

世纪之交,党总支制定了《爱国主义教育三年规划》《创建文明单位三年规划(2000—2002年)》《关于贯彻学校"十五"规划,全面推进教师职业道德建设的规划(2001—2005年)》等;在学生中积极开展"五爱教育"(爱祖国、爱人民、爱劳动、爱科学、爱社会主义)、"五心教育"(忠心献给祖国、爱心献给社会、关心献给他人、孝心献给父母、信心留给自己);制定了《常熟市中学礼仪常规》和《常熟市中学"七不"规范》。1997年12月,学校被评为苏州市爱国卫生先进集体。2000年5月和2002年5月,两次被评为苏州市文明单位。

迁入新址以后,党总支从"自律、教育、管理"三个方面入手加强领导班子建设,紧扣热点,加强管理。制定《贯彻〈中共中央 国务院关于进一步加强和改进未成年人思想道德建设的若干意见〉工作要点》《德育导师制实施方案》等,突出爱国主义、社会主义、集体主义、公民道德品质教育;以"维权、崇德"为主线,构建法制教育与权益保障体系;加强党风廉政建设、民主管理、综合治理等工作。2007年12月,被评为江苏省文明学校。2011年2月,被评为江苏省教育系统法制宣传教育先进单位。2013年,被评为江苏省文明单位、江苏省平安校园。2014年和2015年,党委结合群众路线教育,进一步完善了学校原有规章制度,组织党、团员积极参与"文明交通志愿服务周周行""公共文明引导志愿服务先锋行动"等常熟文明城市创建活动。2015年10月,被评为苏州市依法治校先进学校。此后,校党委先后组织了党员先锋行动、党员示范岗、党员护学岗等活动。2021年,建立"小城大爱,创美先锋"行动支部,积极参与"两在两同"建新功活动,党员教师走进社区,主动认领小区园丁、学雷锋指导员、公益宣传员等岗位,密切联系小区群众,为小区管理建言献策,被评为苏州市"一校一品"党建文化品牌特色学校。2022年,成立"护航高考,管理先锋"行动支部,打造创新创优"园丁先锋"队伍,服务疫情防控、社区治理和常规管理。市中党组织和党员形象赢得社会各界的赞誉。

第二节 群团组织、民主党派

一、工会

1951年4月,县中工会成立,吴昌汉为首任工会主席。其后任工会主席的有钟承德、瞿祖华、徐蕙芬、邵宪洵、戴政良、金元庆、吴宗瑾、邓一先、张琦祯、严军、程亚群,现任主席顾钰。"文化大革命"期间,工会组织被破坏。1980年10月,常熟县总工会同意县中恢复工会组织。1984年12月,召开首届教职工代表大会,选举产生了新一届工会委员会,制定《常熟市中学教职工代表大会条例》(1992年1月,1999年12月和2001年1月修订)。是后,工会委员会与教职工代表大会同步换届;工会下设经费审查委员会、女教职工委员会(1989年10月成立)等组织;作为教代会工作机构,教代会闭会期间,由工会代行教代会职责。学校工会恢复以后,认真履行"维护、建设、参与、教育"四项职能,组织教工到宜兴、北京、桂林、三峡、福建等地旅游,组织教工会员开展自行车环山行、教工象棋比赛、乒乓球比赛、羽毛球比赛、拔河比赛、文艺茶话会等活动。1993年,开展创建群众信赖的职工之家活动。1994年,制定《常熟市中学教职工评优评先进实施办法》。1996年2月,试行《常熟市中学工会章程》(2001年1月修订)。2002年,制定了市中年级组管理条例、教师校内津贴工资发放办法,参与食堂招标等工作。2003年,工会会同教科室、教务处实施"青蓝工程",组织教师结对、参与青年教师考核和校级教学能手评比,并会同民主党派组织进行校级领导民主测评。2016年起,每年组织环尚湖徒步行等活动。

1991年,获苏州市"先进职工之家"称号。1994年,被评为常熟市教育工会"先进职工之家"和常熟市教育局"安全生产劳动保护先进集体"。1997年,被表彰为常熟市教育工会"先进基层工会"。1998年,被评为常熟市教育工会"工会工作先进集体",1999年,被评为苏州市"先进基层工会"。

二、共青团

1950年,县中成立中国新民主主义青年团支部,团员有吕英、瞿祖华、何君瑞等。1952年秋,成立中国新民主主义青年团团总支,倪允明任教工支部书记。其后历任校团组织书记的有瞿祖华、赵静华、吴宗瑾、吕荣兴、殷炳华、高振莲、吴惠钧、顾正平、任宇劲、周国忠、尤建中、倪文君、袁学文、朱梅、范艳君,现任团委书记瞿栗。1958年6月,校团总支改设为团委。1966年以后,共青团组织陷于瘫痪。1970年,建立校团总支。1981年12月,建立县中团委。1992年9月,在各年级成立团总支。团委两到三年举行一次团代会,审议工作报告,选举新一届团委,表彰优秀团干部和优秀团员等。

市中团组织成立以后,在党的领导下,围绕学校精神文明建设,在德育工作和团工作中不断创新发展,取得丰硕成绩,前述已备。1981年,校团总支被评为常熟县

"学雷锋、树新风"建设社会主义精神文明先进集体。1983年,团委被授予苏州市为民服务先进集体称号。1986年至1997年,连续被评为常熟市"红旗团委"。1989年,被评为苏州市优秀团组织。1996年,被江苏省团委表彰为省先进集体。1999年,被评为苏州市先进团组织。2001年,被评为苏州市五四红旗团委。2002年,被授予苏州市优秀青少年维权岗。2006年,校团委被表彰为苏州市青年文明号。2010年,获江苏省五四红旗团委创建单位表彰。2010年,重新被认定为苏州市优秀青少年维权岗。部分团工作补述如下:

1. 少年团校:1988年,正式建立少年团校(20世纪90年代改称中学生团校),校长由团委书记担任,校务委员会由团委委员、教工团支部代表、学生会团干部代表组成。团校分设3个班级,甲班为团干部培训班,参加者为各班支部委员,主要进行中学团支部工作任务和方法、团章理论等教育;乙班主要吸收未入团的优秀少先队员和高中要求入团的学生,由本人要求,校务委员会批准,主要进行团的基本知识教育;丙班由已入团的普通团员组成,主要进行团的理论教育,组织学党章等活动。中学生团校每年举办两期,以《中国共产主义青年团章程》、中学生团校教材为基本教材,学制半年,学习总时数为10课时。学习期满,进行书面考核和行为考核,合格者发给结业证书,考核90分以上者为优秀学员。1994年,获常熟市"最佳团校"表彰。

2. 组织发展:团委每年分两批在初三以上年级进行组织发展工作,按个人申请、团校学习、支部考察培养、征求师生意见、支部大会通过、团委批准等步骤进行。初三年级的团员发展,由团委指定高中年级团支部具体负责。1989年,共发展团员119名。1996年,发展团员260名。

3. 宣传阵地:1987年创办了"市中之声"广播站。1991年,各班团支部出刊《七色帆》手抄报。10月,出刊《团队通讯》(1992年7月,改为《市中团讯》)。1992年3月,出刊《基石》团刊。1997年4月,"旭轮电视台"开播。

三、民主党派

常熟市中学现有民主党派组织3个,分别为中国农工民主党市中支部、中国民主同盟市中支部、中国民主促进会市中支部。

农工党市中支部成立于1956年11月。1982年12月,农工民主党常熟委员会直属县中小组恢复组织活动。支部成立以后,负责人先后有钟承德、季良生、金元庆、蒋秀英、管兴华、查正开、王建英,现任支部主委何琴。1956年,支部党员有钟承德、季良生、张宗炎等12人。1984年11月，农工党党员有金元庆、杨延洪、郭栶恩等7人。2024年1月，农工党市中支部有党员23名，其中退休9人，在职14人。

民盟市中支部成立于1990年2月。负责人先后有孟新民、钱律新、谢燕月，现任主委平卫星。盟员钱律新被评为江苏省优秀盟员，吴彦彰被评为全国优秀青年志愿者，谢燕月获"全国学习之星"称号。2024年1月，民盟市中支部有盟员18人，其中退休4人，在职14人。

民进市中支部成立于1994年1月。负责人先后有黄可、朱卫国、唐俊荣，现任主委戴国新。会员蒋少卿任苏州市人大代表，被评为中小学正高级教师。2024年1月，民进市中支部有会员18人，其中退休7人，在职11人。

各民主党派组织在中国共产党领导下，加强自身建设，围绕中心工作积极参政议政，密切配合学校推进各项改革、加强民主管理、提高教育质量，为地方建设、办好市中作出了重要贡献。

四、退教协会

1985年，成立市中退协组。1989年，成立市中离退休教工协会。1992年3月，制定《常熟市中学退离休教职工管理委员会工作条例》。1994年，建立退教之家。退教协会一般通过推举产生，由5到9名理事组成，设名誉理事长、理事长、副理事长；其下设经审委员会、关心下一代工作委员会等组织；离退休教职工按居住地分区设立活动小组，另有关工、歌咏、摄影、旅游等兴趣小组。2024年1月，共有退休教职工161名，设活动中心于寺后街常熟市教育系统离退休活动中心内。协会主要工作有8项：1.政治学习，每周三上午举行时政交流活动，配合党支部开展党员学习教育；2.一日游活动，每年春秋分别组织一次市内外参观游览活动；3.文体活动，1996年举办首届老园丁秋季运动会，之后每年举办一次，还组织合唱队、舞蹈队、拳操队等团队活动；4.小组活动，每年举办片区小组和各兴趣小组活动；5.关工活动，每年组织老同志开展爱心助学活动，参与学生"星级小书屋"评比，每年与西泾岸社区联合举办暑期"老少同乐"、退休教师报告会等；6.慰问活动，每年举行一次春节慰问，平时走访慰问患病和孤寡老人；7.团拜活动，每两年举办一次祝寿活动，每年举行春节、妇女节、教师节等主题集会；8.体检活动，每年组织一次退休教职工体检。1992年和1997年，校退管会被评为常熟市离退休干部管理工作先进集体。1997年和2001年，退协获江苏省关心下一代工作先进集体表彰。

第五章　德育工作

第一节　德育管理

县中建立之初，学校设训育处，负责学生品行教育。1927年以后，各班设级任导师（相当于后来的班主任），与学生共同饮食起居、劳作休息，其职责主要有：1.考查学生之操行、思想、学业，每周举行一次班级谈话会；2.批阅学生生活周记、字课作业等；3.掌管学生之纪律、服务、卫生整洁及缺席考查等；4.编制学生学行报告、评定操行等第；5.主持学生宿舍、自修教室、早操及纪念周点名事项等。1929年之后，实施厅定《江苏省县中等学校教训合一试行办法》，并教务处和训育处为教导处，设教导处总办公室，由教导处各职员轮流驻室办公。另有教导会议、级任导师会议等，教导会议以教导主任为主席，校长、教导副主任、级任导师、"党义"教师、童子军教练员、事务主任、校医等参加，每月开会一次，讨论教导计划、教训联络，决定操行等重要事宜；级任导师会议以教导主任为主席，由教导副主任、级任导师参加，每两周开会一次，讨论中心工作实施之步骤，处理各级间相互关系等问题。1937年，县中教导处由教导主任、女生生活指导员、级任导师组成，另有书记一人襄办内务。

1927年秋，县中奉令试行童子军训练，1930年12月全校开始施行童子军管理，每周上课2小时，课外训练1小时。由校长任童子军团长，教导主任、童子军教练任副团长，团部干事有传令、文书、事务、会计、保管等员，由各班指派；级任导师任本班（中队）教练员，各教师分别担任专科教练员，并指派干练之学生担任中、小队长。1933年，童子军训练主要内容有：1.演习，平时按班级教练，每星期全体总集合一次，各队会同演习；2.露营，每学期由团长确定若干中队，分别举行露营，以之为野外生活之训练，及炊事、服务、追踪、偷营等实习；3.检阅：各种教课及演习至一相当段落时，即定期举行检阅（一般每学期或每学年举行一次），以觇各生平日训练之成绩。

1937年，县中男、女两团共有11中队33小队，每小队由7人或8人组成。团部有平房8间，分别为团长办公室、队长办公室、教练寝室、干事寝室、储藏室、成绩室、会客室、会议室。鉴于日本大举侵华，国难日深，学校自创多个童子军训练项目以加强应对，主要有国防常识、童军比赛、小队储蓄、小队兴趣活动、小队工作报告、小队刊物等，其中国防常识还特设救护、工程、卫生、通讯等训练队，并参加防空演习，随时举行紧急集合等，尤切于抗战需要。

1927年至1937年的县中童子军训练，对唤起学生爱国热情、反抗日本等帝国主义的外来侵略，起到了一定作用。沦陷时期，童军训练被取消。抗战胜利以后，学校复设训育处。1946年9月，恢复童子军训练。

1949年5月，常熟县军管会通令废除反动训育制度和"党义"、童子军等课程，学校设教导处兼掌德育、教学事务。9月，成立校务委员会，下设生活辅导委员会等。1950年初，教导处与生活指导委员会合并，成立教导委员会，下设教导处，具体负责学生思想教育工作。1958年，撤销教导处，成立党支部领导下的校务委员会，旋又恢复教导处。

从常熟解放至1956年，学校摒弃旧中国的反动教育，积极贯彻全面发展教育思想，加强对班主任工作的领导，实施新民主主义教育、爱国主义教育和形势教育。1956年以后，共产主义教育、爱国主义教育和集体主义教育成为主旋律。在勤工俭学活动中，学生通过劳动生产来解决自己的读书费用，从要求享受国家助学金，到依靠劳动而自力更生，涌现了1958届初三（2）班等模范班级，于瑞英、高全兴、张菊英等标兵。1962年，针对"大跃进"以后出现的学生纪律松弛、学习马虎的现象，校行政着重加强学生的政治思想工作，突出"尊师守纪"教育，解决了学习纪律问题，全校学习风气为之一新。

"文化大革命"期间，教革组取代教导处，由工宣队员任组长。1972年以后，县中积极开展学雷锋活动，成效显著。1978年，撤销教革组，建立政教处。1981年2月，开展以"五讲四美""三好"为中心的"文明班级""文明小组""文明宿舍"的评比活动，要求明确、内容具体。在党支部统一领导下，成立评比领导小组，由学校领导、各年级教师代表及舍务教师参加。每月检查一次，期末以年级为单位，分别召开班主任、课任教师、舍务教师及学生代表座谈会，推选符合条件的文明班级、文明小组和文明宿舍，并予以表彰和奖励。其评比条件为：

文明班级、文明小组评选条件：

(1)尊师守纪（2）团结友爱（3）爱护公物（4）清洁卫生

(5)文明礼貌（6）勤奋学习（7）锻炼身体（8）穿着朴素

文明宿舍评比条件：

(1)尊师守纪（2）团结友爱（3）爱护公物（4）清洁卫生

(5)文明礼貌（6）穿着朴素（7）遵守制度（8）杜绝浪费

20世纪80年代初，学校建立思想政治工作领导小组。1981年3月，开展"五讲四美三热爱"活动。1982年暑期，组织团队干部到碧溪公社进行农村社会调查。

1986年10月，撤销政教处，建立教导处。是年，创建优秀班集体活动被列为学校工作重点，形成了"值日班长制、班干部轮换制、岗位责任制、民主生活制、三优代表大会制"等5项制度；主题班会成为创建优秀班集体的必备内容，学校从"目的明确性、计划周密性、形式多样性、广泛群众性"等4个方面组织检查验收，全年共举行105次主题班会。1987年4月，设立了"卫生评比""二操评比"等布告栏，每周公布一次检查成绩。在常规管理中，德育处着重抓计划制订，搞好目标管理；抓组织实施，搞好队伍管理；抓遵章守纪，搞好制度管理；抓督促检查，搞好质量管理；抓工作总结，搞好成果管理，收到明显成效。1988年秋以后，德育处开展学习贯彻《中学生日常行为规范》工作，评出贯彻《规范》"勤奋学习标兵"高三(5)班范虹、"礼貌待人标兵"高三(6)班赵挥红、"遵纪守法标兵"高二(3)班汪利平同学、"孝敬父母标兵"初二(4)班杜晓蓉等234名标兵。

20世纪90年代以后，学校制定了关于贯彻《中学德育大纲》的实施意见，具体规定了初、高中阶段德育目标，明确了思想政治、道德行为、个性心理、创新意识与实践能力等方面的德育基本要求，确定了各年级的教育重点、教育内容及教育活动，规定了实施《大纲》的途径、领导和管理。这个文件之后成为市中德育工作的指导性文件。1991年，学校在抓好四项基本原则教育、法纪教育、革命传统教育、前途理想教育、反腐蚀教育的同时，加强"两史一情教育"，各年级均开设了国情教育课。1992年，开展了"爱我市中，多作贡献"系列活动，提出"一保、二争、三创、四达标"（即保持市"校园管理先进学校"，争取市"德育和教育管理先进学校"，创建苏州市"文明单位"，达到省重点中学检查验收合格标准）的工作目标。1993年，提出以"文明礼貌、热爱劳动、勤俭节约、艰苦奋斗"为德育训练重点，具体要求是：文明礼貌从孝敬父母、尊敬老师、团结同学开始；热爱劳动从认真做好值日生开始；勤俭节约从珍惜粮食、不剩菜剩饭开始；艰苦奋斗从不乱花零用钱开始。20世纪90年代中期，主题系列教育活动逐步发展，1994年的"祖国在我心中"主题系列活动，1995年的"迎国庆"主题团（队）日活动，1996年的"纪念红军长征胜利60周年"专题教育活动，1997年的"迎香港回归，颂伟大祖国"系列活动等，均具形式多样、参与广泛之特点。1997年2月，撤销教导处，恢复政教处。1998年后，政教处与校关工委、团委联合在初一年级学生中开展"星级小书屋"创建活动，采取制定标准、自愿申报、逐户验收的办法，评出五星级5户、四星级8户、三星级11户，并进行了表彰奖励和授牌。

进入新世纪以后，市中认真探索德育管理新路，在常熟市率先试行高一年级学生素质发展情况评估"绿卡"制。"绿卡"评估考核内容包括马克思列宁主义、毛泽东思想、邓小平理论等学习情况，参加爱国主义教育、班团活动情况，关心时事政治情况，遵章守纪、文明礼貌情况，助人为乐、学雷锋做好事、参加青年志愿者活动情况，创造性学习、研究性学习、心理健康、劳动技能实践等方面情况。2003年，加强了年级组的德育功能，设立年级德育组长并建年级团总支。同年，加强了学校教育环境的综合治理，在上级有关部门支持下，对校园周边书店、商铺进行了连续检查，收缴了一批危害学生健康成长的书籍、光碟等。2006年，制定《德育工作制度》，从新时期德育目标、重点与方法、管理网络等方面作了新的规定，并据此修订了《学生常规管理奖惩细则》《受处分学生后续教育管理的有关规定》等10多项规章制度。

2010年，实行德育导师制，提出德育导师十大工作职责：1.了解学生、关心学生；2.教育学生遵纪守法；3.帮助学生树立正确的世界观、人生观和价值观；4.指导学生自主学习、自我管理；5.指导学生制订、实施成长规划；6.做好学生成长档案建设；7.指导学生课外阅读、交友；8.密切保持与学生家长联系；9.与任课教师加强交流，解决学生学业困难；10.加强心理学学习教育，提高导师素养与工作效能。2013年以后，学校德育活动优化整合为重点栏目和固定栏目，其中重点栏目主要是当年纪念及节日活动、学校德育重点活动、各年级特色活动等；德育固定栏目主要是：

3月文明礼貌月主题活动

5月"成人仪式"和"五四"系列活动与表彰

7月综合实践活动和学生夏令营

8月高一新生军训和国防教育

10月秋季田径运动会和文明班级、文明观众评比

12月校园文化艺术节

第二节　德育特色项目

一、"学雷锋"活动

1963年，学校开展"学雷锋"活动，通过讲故事、谈日记，开展"为什么要学习雷锋，能不能学雷锋，怎么学雷锋"大讨论，特别要求以雷锋在学习上的"钉子"精神为榜样，搞好学习。1972年起，学校在常熟县率先恢复了因"文化大革命"而中断的全校性"学雷锋"活动。在党支部领导下，团总支组织学生利用节假日到车站、码头等处为旅客热心服务，有的还同清洁工人一起，扫街清粪，受到广泛赞誉。此后，师生坚持每年开展"学雷锋、做好事"活动。1983年4月，团委被授予苏州市"为民服务"先进集体。1984年5月，初三(1)班"学雷锋"小组被省教育厅、团省委表彰为江苏省"学雷锋、创三好"先进集体。1986年，全校各团支部组织了"学雷锋小组""为民服务队"，开展"好人好事一百例"活动。1990年起，学校把"学雷锋"活动与学生社会实践结合起来，做到"3月掀高潮，全年长行动"；全校建立了80多个长期"学雷锋"小组、"红领巾服务队"，教工团员开展了"立足本职学雷锋，为人师表作贡献"活动。1月18日至30日，近千名学生分别到工厂、码头、车站、里弄，参加为民服务。校团委被评为常熟市"学雷锋"活动先进单位。1992年，"双学"（学雷锋、学赖宁）活动纳入学校德育常规，共建立了72个"学雷锋"基地。是年评选出以高一(6)班陈说悦为代表的"学雷锋"小组等16个先进小组、陆建锋等15位"学雷锋"标兵。1993年，团委提出"学雷锋"的五个相结合：与开展共青团"立志、勤学、实践、成才"主题系列活动相结合，与创建先进团组织等争先创优活动相结合，与贯彻落实《中学生日常行为规范》相结合，与学生参与学校管理相结合，与社会实践活动相结合。4月，组织学生到街头进行护林宣传。5月，组织初二、高一两个年级100多名学生上街作交通法规宣传，维护城区交通秩序。下半年为配合常熟市创建国家卫生城市，组织了高一、高二共6个班级的学生走上街头义务劳动，学校被评为常熟市"学雷锋"先进集体、创建卫生城市先进单位。

二、青年志愿者服务

1994年，市中的"学雷锋"活动，发展为青年志愿者服务。是年初，校团委成立市中青年志愿者服务总队，并在高一年级建立青年志愿者服务突击队，其他年级以班级为单位建立青年志愿服务队。至3月底，全校30个班中有21个班级落实了活动基地并定期开展活动,其中高一(2)、(3)班服务队在岗亭进行交通值勤,高一(6)班服务队在车站为旅客量身高、称体重,高一(1)班服务队在车站为旅客搬运行李,高二(1)、(2)班服务队分别到常熟印社、自来水厂开展"学雷锋"活动,受到各方欢迎和好评。1995年,召开第一届青年志愿者代表大会,成立了市中青年志愿者协会,制定了《常熟市中学青年志愿者协会章程》。是年各班志愿服务队1万多人次投入常熟市创建全国卫生城市活动,涌现了10个创建工作先进集体和10个创建工作先进个人。1997年,召开第二届青年志愿者代表大会,通过了协会新的章程。是年与城西街道办事处签约揭牌,建立了常熟市教育系统第一个志愿服务共建基地。1998年,全校38支青少年志愿者队伍参加了护绿保洁、虞山森林防火、义务交通值勤、福利院服务等志愿活动。1999年,团委发动15个班级,与城西街道办事处下属15个居委会结对,开展大型社区服务,实行长期结对、定期活动、接力服务,校关工委负责协调和督导工作。1998年和1999年,两次获虞山镇青年志愿者特别贡献奖。2001年11月,与城西街道8个居委会结对签约,学校定期派出志愿者队伍做好护绿保洁、助残帮困、宣传发动等工作。迁入新址以后,校团委每年举行青年志愿者活动,其项目主要有护林宣传、检查不规范用字情况、社会大型活动志愿服务、义务献血、爱心捐助、慰问孤老和残疾儿童等,并逐步把青年志愿服务与义工活动相结合。

2014年,市中"学雷锋"青年志愿者服务进一步发展,建立了以"小城大爱"为标志的活动品牌。团队逐步形成了"健康、环保、非遗、帮扶、科普、文宣、文明创建、舆情疏导"等8个活动模块,并在常熟市第二人民医院、常熟市税务局办税厅、常熟市税务普法基地、颜北社区日间照料中心、方塔东街造血干细胞劝捐点等处,设立了常熟市中学"小城大爱"志愿服务实践点。学校建立了志愿服务"储蓄"制度,纳入高中生综合素质评价体系,制定了《常熟市中学"志愿者+"品格提升行动评价量表》和《常熟市中学志愿服务记录卡》,规范进行每位志愿者的身份认证,服务时长、服务经历、服务项目记载,并盖章确认。团委聘请流水琴川义工协会创始人之一吴彦彰和市红十字会志愿服务负责人丁益民两位本校教师为指导老师,并联合市二院团委、市税务局、市红十字会、市蓝天救援队等专业机构对项目团队进行培训,使本校志愿服务走上了专业化道路。学校把志愿服务与社会主义核心价值观、核心素养培育、劳动教育、新时代文明实践结合起来,通过大爱讲堂、校园网站、融媒体等形式进行宣传,组织开展了2018届校友秦何"志愿故事在线分享会"、2019届校友奚千涵"北京冬奥志愿故事在线分享会"等活动。2021年10月,建立"常熟市中学志愿服务中心",并开展"志愿者之星"星级评定,其中李佳宇、钱凯翊等同学获优秀志愿者特别贡献奖。

2017年,市中"小城大爱"志愿者服务被评为江苏省大中专学生志愿者暑期三下乡社会实践优秀项目、苏州市第11届"快乐成长节"项目展评十大品牌活动。2018年,"小城大爱:高中生品格浸润式提升工程"项目被列为常熟市首批中小学品格提升工程项目。2021年,"小城大爱"暑期志愿者项目获江苏省中学生社会实践优秀项目二等奖、"菁菁杯"江苏省中学生社会实践活动优秀案例。《小城大爱:"志愿者+"浸润式品格提升行动的实践探索》发表于《江苏教育研究》2022年第9期。2023年,"小城大爱"暑期志愿服务系列活动张紫阳团队、郁昕轲团队分获"菁菁杯"江苏省中学生社会实践活动优秀项目一等奖,并被评为江苏省大中专学生志愿者暑期文化科技卫生"三下乡"社会实践活动优秀团队。

三、"三优"代表大会

1986年4月,为总结经验,表彰先进,加强社会主义精神文明建设,召开第一次"三优"代表大会,"三优"指优秀活动、优秀集体、优秀个人,之后每年春季召开一次。与此同时,另行召开年级表彰大会,表彰各年级三好学生和优秀学生干部。1991年3月,召开第六届"三优"代表大会暨"双学双有"活动积极分子表彰大会,"三优"重新定义为优秀学生、优秀学生干部、优秀班集体,年级表彰大会不再举行。

"三优"代表大会代表人选的产生,由代表所在集体的学生民主推荐,班主任和团队负责人审核,报政教处批准。优秀集体的评选,根据有关评选办法产生。凡参加"三优"代表大会的学生个人,均需填写优秀事迹表;凡优秀活动、优秀集体之参会者,应准备一份书面交流材料;凡报送省、市级先进个人或集体,原则上在参加"三优"代表大会的同类代表中遴选。市中"三优"代表大会至今已连续举行38届。

四、校园文化艺术节

1989年12月9日至16日,举办首届校园文化艺术节,以"爱国、勤学、奋进"为主题,主要项目有展览评比:书法美术摄影联展,班级自办小报联展,书评书展,小星火活动;体育比赛:拔河比赛、广播操比赛;文艺会演:初中、高中各一场,内容为歌、舞、说、唱等;演讲比赛和电影。其后自1991年(第二届)起每年秋学期举行一届(疫情期间停办或以线上形式进行)。部分校园文化艺术节概况列表于下:

时间	主题	活动概况
1991年12月	"爱国、勤学、奋进"	文艺会演、演讲比赛、观看电影、书评书展、集邮、火花、剪纸、小盆景联展等，共评出13个一等奖、61个二等奖、55个三等奖。
1999年11月至12月	纪念"一二·九"运动	市中书市、手抄报比赛、书画展评、主题团日、科技小制作、演讲比赛、征文比赛、网页设计比赛、灯谜竞猜、大合唱比赛等。
2003年11月至12月	扬青春风采 展校园文化	书画摄影、劳技制作、演讲辩论、歌曲联唱、灯谜、网页制作等10多项活动，历时一个多月。
2008年11月至12月	改革开放 铸就辉煌	爱心书市、主题灯谜竞猜、阳光体育跑操比赛、改革开放30年小报联展、书画比赛、校园十佳歌手比赛、才艺大赛、军歌大合唱比赛、爱国主义电影专场。爱心书市筹款2069.5元，纳入爱心基金。
2014年10月至12月底	扬青春风采 庆九十华诞	爱国主义影展、我身边的"美丽"校友征文暨演讲比赛、我的美丽校园摄影比赛暨图片展、市中爱心书市——捐书义卖、大合唱比赛、校园十佳歌手大赛、"我与流水琴川的故事"讲座、才艺大赛、常熟手工花边作品展览、香港校友朱文兴艺术讲座、老校友书画展、文艺会演。
2016年11月至12月	谦诚守敬 不忘初心	"经典分享"读书月、"高三励志冲刺语录集"展示、"市中爱心书市——捐书义卖"、大合唱比赛、校园十佳歌手大赛、主持人风采大赛、校园达人秀、舞蹈大赛等4大类12项活动，表彰第三届"常熟市中学诚敬学生"。
2019年9月至12月	以梦为马 共庆华诞	影展、仪仗队招募、"以梦为马 共庆华诞"百米绘长卷、"我和国旗合个影"主题摄影展、市中爱心书市——捐书义卖、运动会会徽会标征集、"祖国梦想"手绘T恤比赛、大合唱比赛、校园十佳歌手大赛、主持人风采大赛、达人秀大赛、舞蹈大赛、文艺会演。
2023年9月至12月底	百年传薪火 育人铸未来	爱国影展、国旗班招募、"艺启梦想 绽放精彩"学生绘画才艺展、运动会会徽会标征集、"爱心书市 以书寄梦"、"音为有你 满新欢喜"草坪音乐节、校园手绘地图征集、百年校庆会徽吉祥物征集、百年校庆文创产品设计征集、"主我风采 持骋舞台"主持人比赛、"唱响青春 扬帆起航"校歌大合唱比赛、"音"你而来 青春当"燃"——校园十佳歌手大赛、"青春不可负 秀出我才华"达人秀大赛、"律动青春 蹁跹惊鸿"舞蹈大赛、文艺会演。

五、"三结合"教育

1. **校外教育基地**

1990年5月，三届五次教代会通过的《常熟市中学1990—1992年发展规划》提出：形成学校、家庭、社会教育合力，建立"三结合"委员会，并建立3—5个社会德育基地,保证每学期有一周时间安排学生参加社会实践活动。1990年12月,市中与常熟有关企业联合举办了学生、职工书法美工摄影作品联展活动。1991年,成立"三结合"委员会。1991年秋,设立了驻军营地、老干部活动中心、法制教育中心、西泾岸居委会4个校外德育基地。

1992年5月,学校制定了《关于加强校内外德育基地建设和开展社会实践活动的意见》,从"三个具备"(具备相对稳定的教育内容,具备相对稳定的教育人员,具备能够接待师生的稳定场所)出发,与有关单位签约,设立了13个校外德育基地,包括常熟市预备役军官学校、常熟市老干部活动中心、常熟市烈士陵园、常熟市市区社会治安综合治理领导小组、常熟市虞山镇城西街道办事处西泾岸居委会、常熟市琴南乡元和村、常熟市城郊乡小湖甸村、常熟市国营棉纺厂、常熟市制冷设备总厂、常熟市花边经理部、常熟市千斤顶厂等。1992年秋学期,政教处组织高中各年级学生分别到军营、小湖甸村、元和村、花边厂、国棉厂、制冷设备厂、千斤顶厂等德育基地,开展了为期一周的社会实践;此外还组织初一年级学生参观了军营,初二年级学生听取了老干部活动中心讲师王瑞龙的革命传统教育报告。1993年春学期,各年段12个班级分别到各基地进行了学农、学工实践活动。

1995年上半年,新增琴湖村、李桥村和冰柜厂3个校外德育基地,全校德育基地发展到16个。1996年1月,重新签约的德育基地为:国营常熟棉纺厂、常熟市老干部活动中心、常熟市图书馆、常熟市花边厂、常熟市丙纶厂、常熟市畜禽良种场、常熟市烈士陵园、常熟市塑料厂、常熟市城西派出所、常熟市千斤顶厂、常熟市招商城、常熟市西泾岸居委、常熟市虞山林场、常熟市李桥村、常熟市冰箱厂、东方机电集团、常熟市琴湖村等。1999年秋学期,学校组织高一、高二年级学生前往通润集团、东方机电集团、畜禽良种场、琴湖集团等基地参加学工、学农社会实践。2001年秋,学校进一步规范学生社会实践活动,形成"四校三基地"(校内四校:业余党校、中学生团校、暑期军校、家长学校;校外三基地:爱国主义教育基地、社会实践基地、社区服务基地)格局,促进了"三结合"教育工作的发展。

2007年,为了切实开展学生社会实践活动,市中在全市范围内率先与市职业中心校实行普职合作,利用职教中心的教育资源,组织高一年级学生前往职教中心进行技能培训。2009年,与常熟市地税局签约,建立青少年税收教育基地。至2016年,常熟市中学校外教育基地有:江苏省常熟职业教育中心校、武警某部队汽车营、常熟市治安大队、常熟市烈士陵园、常熟市博物馆、通润机电有限公司、宝岩生态园、沙家浜风景区、翁同龢纪念馆、常熟市110指挥中心、常熟市消防大队、常熟市地税局、常熟市城区交警中队、常熟市人民检察院等14个。2019年，与田娘农场、虞山林场、常熟农科所等3家单位签约，建立校外"生态·地理课程基地"。借助这些校外教育基地，每年定期开展的社会实践活动为：高一军训，高二学工，高三学农和师生一年两次社区服务。

2023年底，校外教育基地及活动情况列表于下：

校外教育基地	基地负责人	近3年活动次数及参加活动对象
江苏省常熟职业教育中心校	顾 俊	每年3天（高一、高二年级全体学生）
常熟农科所	端木银熙	每年1次（部分学生）
常熟田娘农场	王 强	每年2次（部分学生）
常熟理工学院图书馆	张幼良	每年1次（部分学生）
虞山林场	沈 诚	每年2次（部分学生）
常熟青木园艺	徐志华	每年1次（部分学生）
琴川街道社区	邵秋萍	每年1次（部分学生）
武警某部队汽车营	朱教导	每年1次5天（高一学生）
常熟市烈士陵园	季卫东	每年1次（部分学生）
宝岩生态园	李智江	每年1次（部分学生）
沙家浜风景区	沈 琴	每年1次（部分学生）
常熟市110指挥中心	顾晓春	每年1次（部分学生）
常熟市消防大队	王永亮	每年1次（部分学生）
常熟市人民检察院	邢桂霞	每年1次（部分学生）
常熟市环保局	张 韬	每年3次
常熟市博物馆	周公泰	每年1次

2. 家长学校

学校1987—1989年的发展规划提出，进一步密切学校与家长的联系，在各年级建立家长委员会，各班级设家庭教育指导小组，不断总结学校教育、社会教育和家庭教育密切结合的经验。

为了提高学生家长的思想修养和教育能力，交流正确科学的教育方法，形成家校教育合力，1986年秋，市中在常熟市率先建立家长学校，成立校务委员会，制订家长学校章程和教学计划。其主要教学内容有8个方面：新时期家庭教育的意义和作用；青少年心理生理特点；初中学生的学习特点及家庭指导；家庭教育中的表扬与批评；家庭教育中的德育工作；家庭教育中学生能力与习惯的养成；家庭教育经验交流;家庭教育案例分析。家长学校被列为校内教育基地之一,每年举办一期实践活动。1990年,学校家长委员会、家庭教育指导小组相继建立,之后每学年调整一次。1993年,被评为常熟市先进家长学校。1994年被常熟市妇联、教育局命名为"示范家长学校"。1995年,学校开办1995级家长学校,举行了"家庭教育的地位与作用""初中学生的学习方法"等专题讲座。1999年6月,被评为江苏省优秀家长学校。迁入新址以后,在校德育领导小组的统一部署下,家长学校分年级举办,由德育处和年级部具体负责,每学期举办一到两次实践活动。2007年12月,修订了《家长委员会简章》。

六、爱心助学

1. 学校助学

1949年前,学校主要以学费收入为经费。1949年以后,按照国家助学金制度,减免贫困学生学费。1996年初,市中制定《向贫困学生发放助学金暂行办法》,对革命烈士子女、孤儿、低保家庭学生、下岗职工子女等发放助学金,按甲、乙、丙三个等级,分别给予减免学费之全部、四分之三、二分之一,其他有特殊生活困难者可另行提出补助申请。2月,20多名学生领到了助学金和补助费,共计5150元。之后学校每学期依此开展助学工作,并给予贫困、特困家庭学生减免杂费、免收服装费、补助代办费等经济支持;对遇突发性困难的学生则多渠道筹措经费进行资助。1997年,学校共计发放各类助学金25000余元。同年,建立"一把手访贫"制度,校党政工负责同志走访慰问6户贫困学生家庭,并发放助学慰问金。迁入新址以后,学校把国家助学、社会结对助学、爱心基金整合起来,切实解决了学生的就学困难。2001—2023的学年中,学校共发放政府助学金1706012元。

2. 社会助学

建校以来,学校不断得到各方关心支持,尤以爱心助学一端,当志之毋忘。

1929年9月,本城吕叔宾妻吕曾氏(吕曾叔和)以100亩土地捐入县中,该田产每年可得租息600元左右,专供该校为特别事业之用。此项租息,由县教育局收租处代收,每年酌贴辛力费数十元。1930年冬开始,学校将其田租收入用作家庭经济困难学生的助学金。

1936年,本城周顾丽兰的后裔向学校捐赠1000银圆,作为学校对每学年成绩优良学生的奖学金。学校设立了"周顾丽兰奖学金",成立校长、教导主任、地方人士、周氏家属参加的奖学金委员会，并制定了相应规程。1937年8月起，以该款银行息金，颁发给学年内品学优良而家计清寒无力求学者，作为应缴学费之补助。

1985年，本校教师金元庆出资800元，为学校建设植物园（习称"小花园"）一个。1986年5月，本校退休教师孙鸣玉向学校捐款1500元，建立市中物理奖学金。1987年9月，举行该年度"孙鸣玉奖学金"授奖大会。1989年，1964届校友联谊会捐赠"育才基金"2285元，常熟市教育印刷厂以此款入股作生产资金，每年以20%股息比例提取给常熟市中学。从1989年起用于奖励高中各年级每学期学习成绩第一名（含文、理科）的同学。

20世纪90年代起，社会爱心人士和单位不断通过助学捐款的形式，帮助市中贫困学生。学校将所得之爱心助学款连同政府助学金，全部如期发放给了相关受助学生。2001年秋学期至2023年春学期，学校爱心助学、政府助学金所得及受助学生数，列明细表于下：

时间	校外捐助金额（元）	助学单位（家/次）	捐赠人次	政府助学金（元）	受助学生数（人次）	合计发放数（元）
2001—2002学年度第一学期	17290.00	15家	32	26462.50	35	43752.50
2001—2002学年度第二学期	11090.00	15家	31	32597.50	46	43687.50
2002—2003学年度第一学期	18650.00	14家	29	36150.00	41	54800.00
2002—2003学年度第二学期	13650.00	13家	29	35120.00	44	48770.00
2003—2004学年度第一学期	24350.00	19家	40	40582.00	43	64932.00
2003—2004学年度第二学期	28250.00	23家	45	39880.00	43	68130.00
2004—2005学年度第一学期	35440.00	19家	46	38692.00	45	74132.00
2004—2005学年度第二学期	23420.00	15家	35	37600.00	45	61020.00
2005—2006学年度第一学期	30100.00	18家	46	32520.00	40	62620.00
2005—2006学年度第二学期	11000.00	18家	46	32520.00	40	43520.00
2006—2007学年度第一学期	45168.00	22家	76	34680.00	42	79848.00
2006—2007学年度第二学期	33120.00	22家	81	48388.00	43	81508.00
2007—2008学年度第一学期	27800.00	22家	64	24730.00	27	52530.00
2007—2008学年度第二学期	49000.00	22家	54	32010.00	28	81010.00
2008—2009学年度第一学期	34200.00	15家	39	27550.00	29	61750.00
2008—2009学年度第二学期	32000.00	18家	49	28600.00	30	60600.00
2009—2010学年度第一学期	67800.00	16家	56	27990.00	29	95790.00
2009—2010学年度第二学期	46000.00	18家	56	29650.00	31	75650.00

续表

时间	校外捐助金额（元）	助学单位（家/次）	捐赠人次	政府助学金（元）	受助学生数（人次）	合计发放数（元）
2010—2011学年度第一学期	56965.00	16家	54	24430.00	26	81395.00
2010—2011学年度第二学期	59046.00	16家	60	26530.00	28	85576.00
2011—2012学年度第一学期	76946.00	22家	77	43220.00	30	120166.00
2011—2012学年度第二学期	25955.00	22家	77	43220.00	30	69175.00
2012—2013学年度第一学期	61355.00	21家	106	55500.00	74	116855.00
2012—2013学年度第二学期	62000.00	22家	107	55500.00	74	117500.00
2013—2014学年度第一学期	40830.00	20家	101	45750.00	61	86580.00
2013—2014学年度第二学期	89000.00	21家	104	45750.00	61	134750.00
2014—2015学年度	59435.00	10家	21	62950.00	40	122385.00
2015—2016学年度	162135.00	10家	17	160400.00	48	322535.00
2016—2017学年度	144865.00	8家	18	132300.00	49	277165.00
2017—2018学年度	95800.00	9家	17	98400.00	59	194200.00
2018—2019学年度	88870.00	20家	10	74900.00	34	163770.00
2019—2020学年度	38245.00	10家	4	19800.00	34	58045.00
2020—2021学年度	87500.00	11家	10	85800.00	35	173300.00
2021—2022学年度	84350.00	9家	26	67440.00	29	151790.00
2022—2023学年度	103250.00	9家	20	58400.00	26	161650.00
合计	1884875.00	580	1683	1706012.00	1419	3590887.00

3. 爱心基金

1995年3月，常熟市中学师生"爱心"基金会成立，制定了《师生"爱心"基金会章程》，并由团委、学生会、少先队大队部和青年志愿者协会代表组成基金管理委员会，校党总支、工会、关工委等负责指导和监督。"爱心"基金来源为师生自愿捐献和社会捐款，每年3月举行一次集中捐款活动，同时不定期接受教职工和社会各界捐款，主要用于救助遇突发疾病、家庭变故等情况的学生，同时也对外开展捐助活动。是年共收到全校师生员工爱心捐款8050.22元，嗣后向特殊困难学生发放500元，向聋哑学校学生捐助800元。同年还开展"捐助响水少儿、建立希望书库"活动，全校学生共捐书1350册。1996年3月，募集爱心基金13465.58元，经基金会讨论，此款全部发放给高二（2）班身患重病的梁晓蓉同学。1997年3月，募集8214.83元，爱心基金共有资金15035.05元。是年向西藏、横山等地学校捐款3000余元。2007年,"爱心"基金会发动师生为学校爱心基金捐款14697元,同时又为2006届校友镇江医学院花倩、高三(2)班孙彩萍两位白血病患者募集救助款52300元。2008年汶川地震,全校师生向灾区捐款178113元,退休教师徐鳌个人另通过红十字会捐款3000元。2010年青海玉树地震,全校向灾区捐款29818元。至2021年10月,学校爱心基金余额为104265元。

第六章 教学与科研

第一节 教学管理

建校之初,沈佩畦校长重视教学,对各科教学作出明确要求:

1. 各科教员开始教学时,注意三事:调查学生原有水平,指导本科学习方法,检查学生学习用品是否齐全;

2. 各科教员实施教学时,注意四事:引导学生自学,注意学生平时练习情况,随时与定期考查或批阅学生学习结果,为后进学生谋划补救办法;

3. 学生学习各科时,注意三事:受课前后注意预习、复习,学习时注意彻底明了、反复练习、实际应用,每日自习3小时;

4. 各科教学成绩,月终小计,学期终总计,分别发表,以促学生奋勉。

1933年,为提升教学效果,县中设立了国文、英文、自然科学、社会科学、艺术体育五科研究会,研究关于教材、教程、教法等问题,每学期推定召集人召集开会,共同研究。在教学进度上,除订有各科教学计划外,期初请各教师填写教学进程预定表,期终复请各教师填报教学进程调查表,以对照计划进度实施之情况。成绩考查方面,订有《学业成绩考查规程》19条,并组织监试委员会,协助任课教师严格监试,平时每月举行月考一次,月考时规定不预先通知考试时间,以期达成随时注意学业之习惯。

1936年,学校修订《学业成绩考查规程》,规定学生学业成绩分3项:平时成绩、临时考试成绩、学期考试成绩,图画、劳作、国文作法、自然科学实习课程不列入临时和学期考试成绩。平时成绩根据课堂问答与练习、课外练习、学习笔记、个人创作4个方面而定;每学期的临时考试次数,依各科周课时多少而定,大体上1个周课时临时考试一次;学期考试采取测验、命题、图表、制作等多种方式进行。考查成绩以100分为满分,共分4等,80分以上为甲等,70分以上为乙等,60分以上为丙等,不满60分者为丁等（不及格）。学年成绩之计算，取两个学期之平均值；学年成绩两门主课或四门副课不及格，或学年成绩总平均分不满60分者，留级一次；再次不及格，发给修业证书令其退学。毕业成绩之计算，取三学年之平均值，占毕业成绩的五分之三；另组织毕业考试，占毕业成绩的五分之二；毕业成绩不及格者，其处置办法同学年成绩不及格。抗战胜利以后，学校教学管理依循抗战前而略有调整。1947年7月，经县府批准，从初二秋季班5个班级中分设1个春季班，以充留级生班。

常熟解放后，建立各科教研会，成立以教师为主体的教导委员会和学习委员会，学习苏联先进教育经验和凯洛夫、普希金等的教育思想，校长和教导主任分管语文、数学教研会活动，全校逐步推开观摩课、研讨课、公开课，形成了新中国成立初期教改高潮，初步扭转了过去教学上各行其道、内容上率性随意、方法上一讲到底的局面。1953年，市中校务会议专题研究"怎样上好一堂课"，并在期中考试以后，先进行教师个人小结，再通过各科教研会进行总结，最后校行政在全体教师会上汇总反馈。1954年，学校突出备课环节，要求教师在备课中重视教材内在的政治性、思想性和科学性，要求备课"自备、超前、统一、有效"；并在观摩教学的基础上举行教学座谈会，听取了4位同志的经验交流。校长和教导主任还注意不定期抽查教师备课笔记、学生笔记和作业，及时与教师交流研讨。1956年，针对教师课堂教学中补充教材多、教学重点不突出、忽视课堂知识的巩固等问题，学校从切实减轻学生过重课业负担出发采取了一系列措施，并在教师中开展了全面发展和因材施教的讨论。

20世纪50年代中期以后，县中教学管理进一步严谨。1959年，学校制定教学"四认真"的规定，对备课、上课、批改、辅导等方面都提出了明确要求，并且把"四认真"的督促检查从制度上固定下来。语文教研组采用了"指导—讨论—总结"的课堂教学模式，对旧教育方法进行改革。1962年，校行政从加强"两基"、提高质量入手采取了多种措施：组织主要学科教师学习教学大纲；让新教师先听课后上课，提倡教师多听不同年级、学科的教师的课；教学上强调讲清重点，不忽略一般；配合课堂教学，大抓课外学习及课外辅导；深入开展教学检查；举办优秀作业展览等。1963年，教导处精心安排针对性课堂听课活动，有时为了认定一个教师的教学质量，就会同有经验的组长和教师，连续去听某一教师的几节课；有时为了检查同阶段同科目的教学情况，则同时听取各有关教师的课；有时为了研究学生的学习情况，就同一天内听同一班级的各科教学。1964年，学校把"少而精、启发式、学以致用"作为教研活动的中心议题。学校采取的一系列措施，为提高县中教学质量打下了坚实基础。

"文化大革命"结束后,县中致力于拨乱反正,教学秩序重回正轨。1978年10月,学校制定《关于教学工作的八项要求》。1981年,提出改进教学方法,提高课堂教学效率,要求教师在"启发学生思考""指导学生自学""精讲多练""重视实验""提高学生能力"等方面有所突破。1982年,从理论学习和教法研究入手,提出在"改进教法,合理负担,加强基础,培养能力"上下功夫的要求,开展教师"五认真"和教育质量检查,并制定了《关于控制学生考试次数和作业量的规定》等教学管理文件。1984年,提出坚持教学管理三个原则,即按照教学计划、教学大纲和教科书要求来管理教学,按照教学过程的特点来管理教学,按照教学原则的要求来管理教学。1986年10月,全校9个教研组均根据本组教学实际,制定了《教师"五认真"实施细则》。1987年,制定《学生"五认真"基本要求》。1990年,教导处抓住教学计划的制订、实施、检查、总结四个环节,充分发挥教研组的政治、学术、管理三大职能,搞好学习、教研、科研、集体备课、教师培养、课外活动、资料建设七项工作;教学上更加注重打好基础、提高能力,加强目的性教育,重视学习方法指导;坚持"教改实践课"、青年教师会讲课和互相听课制度,规定了教师每学期的听课节数。

市中被确认为合格的江苏省重点中学以后,教学管理朝着规范化方向继续迈进。1994年,各年级各主要学科设立了备课组,将每周一次的集体备课列入了课表,实行教学要求、进度、命题、作业量"四统一";老年教师公开课、中年教师会讲课、青年教师实践课和普通话教学等形成制度;毕业班课堂教学注重"巩固、熟练、速度、提高",提倡分层次教学,开展提优补差,加强心理素质教育。1997年,在校行政带领下,教务处、政教处、教科室积极配合,会同各教研组长、资深教师组成庞大的青年教师实践课评课队伍,评委们认真负责,肯定成绩,重在鼓励,青年教师受益明显。1998年,教务处提出各年级段教学重点:初一抓中小学衔接,初二抓提优补差,初三抓后进生转化,高一抓三年教学规划,高二文理分班后抓综合平衡,高三侧重提高学生整体水平;在教学设计上强调新授课、复习课、练习课比例适当,特别要设计好平时测验,注重学生能力的培养。1999年,学校提出教师备课要从素质教育和培养创新精神的大目标出发,结合学生实际,体现层次性,充分调动学生的自主意识、参与意识和创新意识,着重培养学生的学习能力和分析问题、解决问题的能力。

进入新世纪以后,学校侧重于加强高中各年级教学管理。2001年,教务处重视在高一年级加强学习方法指导,在高二年级加强学生学习积极性和主动性调动;在高三年级设立了"文综""理综"办公室,加强新高考条件下的复习教学改革。2002年迁入新址后,学校迅速调整教学管理模式,将教研组管理为主转变为年级组(2005年改称年级部)管理为主。学校明确了新模式下年级组工作职责和教研组工作职责,年级组以管理为主,教研组以业务为主,互相配合,协调工作。2004年,校行政进一步完善了教学质量奖励机制,紧抓教研组、年级组和备课组建设主线,落实教研活动制度、备课组主备课制度、开课听课制度、学生评课制度、教学资料建设制度等。2006年,学校提出促进各年级均衡发展策略,在教学管理中注重及时了解学情、教情,突出"临界生""后进生"转化,把质量分析到人、措施落实到人,取得明显成效。2007年,针对新课程和新高考,教务处、年级部、教研组形成合力,及时组织全体教师认真学习领会政策;各备课组深入研究,仔细领会命题指导思想、考试内容及要求、考试形式、试卷结构等,并据此调整教学策略;学校组织有关同志到苏北、苏中、苏南重点名校学习交流,了解他们的应对策略、主要做法和动向,作为本校实施新课程的参考依据;教务部门多次对各年级进行专题调研,从课堂教学情况、学生作业情况、习题精选情况等方面与备课组进行面对面协商研讨。2008年,实行"推门课"制度,规定校级领导每学期平均听课30节以上,中层干部每学期平均听课20节以上;实行每学期两次教学"六认真"和"四有四必"检查,推行青年教师夜办公制度,并为每位教师建立了业务考绩档案;教务部门大力推行教学案一体化、双休学案,并实行参考辅导资料统一征订制,严肃制止违规订购行为。2009年,编印《备课组工作手册》。2011年,学校从高效课堂出发,重视备、讲、改、辅、考各个环节的落实,进一步规范作业要求。2013—2014年,提出"教学七认真"要求,分管领导深入到各备课组指导,年级部从提高备课质量和课堂教学实效入手,集中组织开展了"推门课"、"集中观课"、骨干教师示范课、新教师展示课活动。2014年,重点加强了备课组的教学管理,提出备课组活动要实现制度化、经常化、本土化、个性化、形式多样化,做到"三定四备五统一",即定时间、定内容、定中心发言人;备教材、备考试说明、备教法、备学法;统一进度、统一要求、统一资料、统一练习、统一测试。2016年,校行政提出"整体优化、面向全体、因材施教",突出强势学科,加强了尖子生、特长生培养;在教学环节上,对教师教风、教案和听课笔记、作业布置、批改和讲评,评教评学、考试情况和监考情况等方面加大了检查力度。2021年,建立学生发展指导中心,开展学生自我认知、社会理解、学业发展、健康生活、生涯规划等方面的指导，并建立了学生发展评价档案。疫情期间，学校明确备课组在线上教学工作中的主力作用，引导备课组教师群策群力，共同对线上教学展开研究，联合开展备课、线上讲座、线上联播等活动；校园封闭管理期间，校行政和高三年级部带领全体高三教师坚守岗位，师生朝夕相处，教学管理有条不紊，积累了宝贵经验。

第二节　科研管理

20世纪80年代以前，学校教科研活动以教师个体自发式研究为主。1957年7月，傅朝阳老师《方言词例释》一书由通俗出版社出版。其后，杨延洪、周华生等老师在省级刊物发表多篇论文，其他老师也先后撰写论文并参加了市级以上交流活动。

从20世纪80年代到90年代中期，学校教育科研进入有组织、有计划发展时期。1984年，市中教科研论文刊物《教苑》第一期出刊。1986年春，市中教育科研小组建立，并提出了教科研的指导思想和具体任务。1987年，在初一（2）班进行了江苏省"综合整体教改"实验，在初一（1）班进行了数学教材试点改革。1991年4月，成立教育科学研究组，由一位副校长分管，负责规划、组织全校教科研活动。6月，举行了全校教师德育论文交流会，并出刊《教苑》（德育专刊）。9月，在教导处内设立教科室。10月，《市中教改》第一期出版。是年，《关于开设中学选修课和课外活动课的研究》被列为苏州市教育科研项目。1992年完成了第二轮"中学数学实验教材"教改课题的总结、鉴定工作。1993年，周永良老师的《启导猜想、讲练结合——优化数学课堂教学法的研究》被确定为苏州市级教科研课题。1994年12月，全校共有9个常熟市级及以上立项课题。1995年，市中被确定为苏州市教育科研窗口学校。

20世纪末至21世纪初，市中教科研工作进入规范化发展阶段。1997年3月起，教科室管理人员取消兼职，正式任命1名正职主任和2名副主任；还特邀各教研组骨干共11人组成兼职教科员队伍，初步建立了全校性教科研网络；1997年6月，出版《市中简报》第一期，制定了《教科室工作条例（草案）》《兼职教科员工作条例》《教育教学论文、实验课题成果奖励暂行规定》，开始实施教科研成果奖励。1999年上半年，出版《市中简报·教科园地信息版》。为了推动全校性教育科研，校行政有针对性地制订了多个主课题研究方案，并吸引全校精干力量共同攻关。1996年，学校第一个主课题《培养跨世纪青年骨干教师队伍的研究》立项为省级课题，研究成员达50多人。1997年，省级电教课题《运用电教媒体，培养学生观察事物、分析事物和解决问题的能力研究》成为全校另一个攻关项目,各学科共有22位老师参与,并由此派生出11个常熟市级立项课题。1999年10月,学校推出主课题升级版——国家级课题《现代化教师队伍建设的研究》,课题成员多达70多人。是年,学校共有立项课题20个,形成了国家、省、市级课题研究并进的新格局。《运用信息技术建立以学生为主体的研究性学习模式》被评为苏州市优秀电教科研成果。沈素英老师获江苏省"五四"杯青年教师论文竞赛一等奖。1998年和2001年,学校两次被评为苏州市教育科研先进单位。

迁入新址以后,市中教科研呈现百花齐放局面。2002年,编印《常熟教育科学研究·常熟市中学"九五"课题研究成果专辑》《耕耘录·常熟市中学教育科学研究论文集》《研究与探索·周华生老师论文集》。2003年,成功协办教育部重点课题《网络教育与传统教育的优势互补研究》年会,市中《学习型校园网的建设与使用研究》课题成果获全国特等奖,学校被确定为教育部"十五"规划重点课题的实验基地、江苏省历史学科教育科研基地。2004年,编辑出版《教苑·青年教师专刊》。2005年,开始实施主课题《立足校本,全面推进学校现代化建设的研究》省级课题方案。2006年,制定《课题研究管理、鉴定办法》,修订《教育科研课题研究、论文奖励条例》,加大了教科研成果奖励力度;编印了《教育信息化的创新技术与应用发展》《高中生新课程必读》《中学物理教材教法与实验》等教育著作。是年,还成功协办了"全球ET学术峰会"。2007年,《校园网环境下的建构性教学模式研究》获苏州市第五次教育科学研究优秀成果一等奖。2009年,先后完成学校省级主课题和6个常熟市级课题的结题验收,并申报立项了1个国家级重点课题、1个省级规划课题和4个苏州市级立项课题、2个苏州市级微型课题、10个常熟市级课题,初步形成了以学校主课题为龙头、以教研组立项课题为主体的课题研究新局面。

2010年以后,市中建立起比较完备的"学校—教科室—课题组—教师"四级科研体系,群众性的教科研活动迅猛发展。学校一方面继续通过主课题引领全局,另一方面广泛发动教研组和教师积极申报各级立项课题。至2013年,全校在研各级课题113个,其中国家级课题3个、省级课题3个、苏州市级课题19个。从2014年至2016年,全校共申报立项了10项省教育科学规划课题、23项苏州市教育科学规划课题。2019年7月,地理组全体成员合著《从三维目标到核心素养——给地理教师的101条新建议》由南京师范大学出版社出版。

2020年至今,学校教科研向着集约化共研方向迈进,其主要特点是学校总项目下的教师省级、苏州大市级和常熟市级三级课题联动模式。近年来,学校先后申报了江苏省普通高中课程基地"生态·地理综合实践课程基地"(2014年立项)、江苏省立项课题《指向跨学科素养:普通高中跨界课堂的校本实践》(2020年立项)、"跨学科(CS)研教团队"江苏省首批"四有好教师"重点培育团队(2020年入选)、江苏省中小学生品格提升工程《小城大爱:"志愿者+"浸润式品格提升行动》(2019年立项)、教育部重点课题《"五育融合"视域下普通高中综合育人模式的创新研究》(2021年立项)等多个研究项目,吸引全校教师进行关联性课题研究。至2023年底,与上述学校研究项目相关联的部分立项课题或项目见下表:

学科	课题(项目)名称	立项部门	主持人	立项时间
语文	高中语文"四四"模式审美读书课体系的构建与实施	江苏省教育科学规划办	柳 青 张幼良	2011年
物理	多维发散型高中物理课堂的创新研究	江苏省教育科学规划办	肖 敏	2013年
语文	高中语文品质阅读课的实践与思考	江苏省教育科学规划办（重点自筹课题）	汤丽萍	2014年
历史	重构启迪智慧的"问题解决"教学实践研究	江苏省教育科学规划办（重点自筹课题）	沈素英	2015年
地理	基于地理实践力培养的高中开放性课堂研究	江苏省教育科学规划办	蒋少卿	2018年
物理	基于多维融合的高中物理"树式课堂"的实践研究	江苏省教育科学规划办	肖 敏	2018年
数学	"教为不教"理念下高中数学文化体验课程的开发与实践	江苏省教育科学规划办	姚惠芳	2019年
物理	大概念视域下基于学习进阶理论的初高中物理衔接教学策略研究	江苏省教育科学规划办	陆 球	2021年
地理	指向"五育融合"的高中地理项目化学习实践研究	江苏省教育科学规划办	邵俊峰	2021年
历史	"历史关联性"视域下高中历史"大时空观"培养研究	江苏省教育科学规划办	韩金华	2022年
地理	"五育融合"视域下高中地理跨界课堂模式的构建与实践	江苏省教育科学规划办	陆文博	2023年
物理	高中物理"融创"课程基地	江苏省教育厅	马 宁 华国平	2023年
语文	高中语文选修课"高格境界"课堂的建设研究	苏州市教育科学规划办	刘文竹	2013年
政治	高中思想政治生态课堂的实践与研究	苏州市教育科学规划办	朱 梅 陆素萍	2013年
语文	基于多元解读的高中语文生成式阅读教学研究	苏州市教育科学规划办	李 亚 范艳君	2015年

续表

学科	课题(项目)名称	立项部门	主持人	立项时间
化学	基于高中生发展核心素养的化学实验探究教学实践研究	苏州市教育科学规划办	徐明亚	2015年
地理	共生理念下高中生跨学科素养培育的系统建构	苏州市教育科学规划办重点课题	邵俊峰	2016年
化学	信息化条件下高中化学自主学习课堂模式——"慕课"的探索实践研究	苏州市教育科学规划办	张一览	2016年
语文	基于语文学科的跨学科融合课程设计与实践	苏州市教育学会重点课题	王贝贝	2021年
语文	"五育融合"视域下高中语文质性阅读教学的实践研究	苏州市教育科学规划办	顾吟圆	2021年
物理	立德树人视域下高中物理进阶式"育人课堂"的创新研究	苏州市教育科学规划办重点课题	肖 敏	2021年
历史	指向跨界学习力培育的历史教学模式建构与实践	苏州市教育科学规划办	冯李军	2022年

为了推动青年教师积极投身科研，2021年2月举办首届"四有青春杯"青年教师论文大赛，共收到论文97篇，经评委认真评选，共评出特等奖17篇，一等奖21篇，二等奖22篇。此后，每年都举办此项活动，学校还组织专家对青年教师进行论文写作系列培训。2021年，学校被评为江苏省教科研工作先进集体。

第三节　招生、课程

一、招生工作

自建校至1949年，县中面向全县单独进行招生，一般先通过本地报纸等途径发布招生通告，明确考试日期、地点、招生资格要求、报名手续、考试内容等。考试形式多采取笔试、口试，有时也进行体格检查。1924年8月，通过考生填写履历、呈验毕业证书、口试的方式，招收第一届新生39名。约从20世纪20年代末期起，每学期根据学额情况，酌招插班生，插班生需提供转学证书及分数单，并参加编级考试。1933年7月，应届生考试内容为国文、算术、常识（"党义"及社会自然），插班生加试代数、英语。1936年，建立招生委员会，由校长、教导主任、各科首席教师等组成，负责编订招生简章、拟订招生广告及招生工作文件、办理投考学生之一切手续、审查投考生之资格及成绩、拟定录取新生标准等。学校制定了新生入学规程，规定应届生考试科目为国文、算术、常识（公民、历史、地理、社会、卫生、自然），并进行口试和体格检查。是年,开始招收自费生1个班50人。抗战胜利以后,学校招生赓续抗战前模式。1946年1月,开始招收春季班。1949年2月,招收1个初中先修班(小学毕业程度)共48人。是年,计划招收自费生1个班50人,因江苏省教育厅未予批准而不果。

新中国成立初期,学校在招生中重视"向工农开门",采取设预备班考前辅导、招生政策倾斜、师生下乡进厂动员的办法,逐步扩大了新生中的工农子弟比例。1952年7月,首次招收高中学生2个班,实行省中、市中高中联合招考。1954年,实行省中、市中、沙洲中学三校高中联合招考,初中全市统一招生。

1968年以后,实行小学毕业生直升初中,城区划片招生。1977年以后,高中招生面向全县,按一定比例,对城市、乡镇户口考生分别划线录取。20世纪90年代,实行城乡统一划线招生。1994年,开始招收美术特色班。2002年起,实行市场化招生,不再预设录取分数线,根据学生意愿按分数高低录取,额满为止。是年,开始招收国际班。

1999年1月,为贯彻因材施教原则,市中开始招收高中预备班学生,共1个班54人,招收对象为本市籍应届初三学生,考试科目为语文、数学,每科考90分钟,各120分;外语考60分钟,80分;物理、化学合考90分钟,共120分(其中物理80分,化学40分),各科总分为440分。预备班学制半年,学习结束后可直升本校高中部。至2003年,预备班招收2个班,共108人。2010年以后停招预备班。2017年起,招收研学班学生,每年2个班共100人,其招录对象和方式与原预备班相仿。2020年,更名为强基班,招生规模不变。2021年,更名为英才班,扩招至3个班,共150人。

二、课程建设

建校初期,学校开设的课程主要有公民、国语、算学、英语、自然、技术、体育、书法等课程。公民课结合教本和补充材料,讲解时事形势、古代英雄人物、立身处世之道,并指导学生写周记,内容有言行反省、服务、自修、运动、通信、星期日生活、校事和时事纪要等;学期结束前,布置"学期回顾录"作业,内容有个人反省(分言行、学业、身体三项)、同学切磋(分学业最勤勉者、操行最优良者、服务最勤勉者、运动最擅长者四项)等;假期每生发"记事表",内容有卫生、服务、交友、阅读、作业、复习、习字、通信、假期乐事、时事纪要等,学生按规定完成相关任务并记载,开学时交公民课老师批阅。国语课教材由教师编写,以古代散文为主,兼选乡土教材,三年级选读《论语》,作为试读整部古籍的练习;课外阅读有报纸、杂志和学生会图书,基本上形成课内读写古文、课外读写白话文的格局。算学课主要以出版教材为本，兼取各种研究录为补充教材。英语课亦以出版教材为主，以《格列佛游记》《英语周刊》等为补充教材，三年级选授英文地理。自然课主要教授物理、化学、生物、生理卫生等内容，课余注意应用，分组仿制雪花膏、各色墨水、青色照相、采集标本等。

1927年，增设童子军课程，每周两课时，课外训练1小时。1933年，学校开设课程有国文、数学、英语、物理、化学、生物、生理卫生、"党义"、童军、历史、地理、体育、音乐、图画、会计、国术，女子部另有手工等课程。三年级增设国文常识、实用英文、商业知识、商业簿记、珠算、家政等职业训练课程。1937年，全面抗战前夕，开设国文、数学、英语、物理、生物、卫生、"党义"、童军、历史、地理、体育等课程。抗战胜利以后，课程设置大体与抗战前相仿。1947年下半年起，教学辅导用书采用"国立"编译馆编辑的各种教科书之辅导书，计有初中国文、公民、地理、历史四种。

1951年，开设政治常识课程，包括中国革命常识、社会科学基本知识、共同纲领等内容，县中、苏南熟中分别拟订政治课教学提纲，供各校参考。其后，学校根据国家有关精神，对学校课程设置作了相应调整。1956年，理化、生物等科增加了有关生产科学原理的内容，分别组织学科课外活动兴趣小组，初一、初二年级每班都有种植园地和栽培小组，种植小麦、棉花、蔬菜之类；生物课外小组通过压制、浸制、剥制、模型四种方式制作了各种动物标本；高中理化学科小组在教师指导下，试制了电动机、磁针、温度计、弹簧秤等。1958年，开设农业实习课。1963年，在劳动教育课程中增加了农村应用文、珠算、农业知识的传授。

"文化大革命"期间，课程多变。至1975年下半年，主要课程为：

初一：政治、语文、数学、农基、英语、地理、体育、唱歌、图画

初二：政治、语文、数学、英语、物理、化学、体育、唱歌、图画

高一：政治、语文、数学、农基、英语、物理（农机）、化学、体育

高二：政治、语文、数学、英语、物理（农机）、化学、体育

改革开放以后，学校严格执行部颁课程计划。1981年起，先后在初、高中六个年级开设了劳动技术教育课，课程有珠算、英文打字、缝纫裁剪、微电脑、六管半导体收音机安装、装订簿册入门等，并举办了两次第二课堂成果展览。1982年下半年，建立劳技教研组，在高一开设机械制图、高二开设家用电器（男生）和裁剪缝纫（女生）、初中开设实用美术、园艺等劳技课程。

学校积极开展"第二课堂"探索。1983年，建立了摄影、航模、唐诗欣赏、哲学

等16个课外兴趣小组。1984年3月,劳动技术教研组举办缝纫成品展销会,有学生制作的鞋垫、童帽、枕套、坐垫、电视机套、缝纫机套等,深受师生喜爱。1985年,开设微机选修课。1986年,微机课被正式纳入课程,正常开展教学。20世纪80年代末,学校课程结构形成了必修课、选修课、劳技课三者有机结合的新格局,第二课堂演变为学科兴趣小组、竞赛梯队、课外科技文体活动等板块。市中被评为苏州市青少年科技活动先进集体、常熟市第二课堂活动先进集体。1991年,编写了文学、美术、音乐等选修课教材,青少年科技、制图、电工等专用教室也投入建设。是年秋,高一新生除28节必修课、2节劳技课外,增设了5节必修选修课(物理实验、化学实验、人口教育、中外名曲欣赏、古今名画欣赏),1节自选选修课(数学解题思路、文学名著欣赏、英语口语、乡土历史、摄影艺术,学生自选其一)。1992年3月,制定《学生劳动技术课成绩考核评定办法》,并在期末劳技考核中实施。学校还新编摄影、物理实验、英语口语等选修课教材。是年开设农作物栽培、农副产品加工、家电维修、无线电、缝纫、制图等10门劳技课程。1994年,全校开设五类活动课程,其中有拓宽知识类(文学作品欣赏、文学史选讲、英语听说、新闻写作、天文、动物、植物等)、学科深化类(数理化竞赛)、体育艺术类(田径训练、舞蹈、合唱、美术等)、科技制作类(科技制作小发明)、应用技术类(微机、电工等)。学校还制定《辅导老师课外活动成果奖》制度,鼓励教师自编了10多万字的活动课程教材。1996年春学期,在初二年级开设人防课程。1997年秋,健康教育列入课程表,做到了师资、教材、计划、课时、考核五落实,期末组织健教知识考查,合格率为96%,优秀率62%。1999年春学期,初一、初二增设写字课程。

迁入新址以后,学校立足校本实际,开设国家、地方、校本三类课程,重视选修课程、研究性课程以及各类活动课程相结合的校本课程的开发。2005年,制定《常熟市中学新课程实施方案》,在开齐、开足了所有必修课程以及选修课程、研究性学习课程、社会实践活动课程的过程中,开发了宋词鉴赏、英美概况、中学生市场经济意识、环境问题专题分析、当前流行病与抗生素等46种校本课程,满足了学生对选修Ⅱ课程的需求。2007年,实行普职联动,组织学生前往常熟市职教中心校参加钳工、电子、烹饪、营销技能、网页制作、CS2图形处理、服装技能、财务技能、插花礼仪等课程的学习培训。2014年,立项建立"生态·地理综合实践课程基地"。2017至2018年,制定了《校本课程规划》和《校本课程评价方案》。2018年6月,常熟市中学"生态·地理综合课程中心"建设工程竣工。该基地开设生态地理实验、生态农业实践、地球科学、校园水环境监测、气象与气候变化、校园土壤的调查研究等10多门拓展类、实践类校本课程,编写了8本相关校本教材。至2022年底,全校共有58门校本课程。

第四节 教研组

县中建立后,在部分学科中建立教学研究会,由各学科全体教员参加。20世纪50年代初,建立各科教研会,学习苏联先进教学经验,研究教学计划,组织教学观摩活动,改进教学方法。1955年,有各科教研小组,组织同级同教材教师在集体备课的基础上,积极开展各科教学活动,相互交流经验。1959年后,县中充分发挥教研组作用,对提高教学质量起了一定作用。"文化大革命"时期,教师分年级组集中办公,又分文科、理科、外语、体艺等4个组开展教研活动,但教研组仅具形式,作用甚微。1980年9月,恢复了语文、数学等8个教研组,定期开展教研活动。至2000年,学校有语文、数学、英语、政治、历史、地理、物理、化学、生物、艺术、信息技术、体育等12个学科教研组。各组基本情况概述如下:

语文教研组

建校初期,设国文课程,作文课成绩在各学科中最为突出,国文老师钱景高、邹朗怀、王吉民,都是当年常熟素有盛名的宿儒。学校编辑出刊《学生周刊》(1924年)、《春风周刊》(1930年)等,内容有散文、诗歌、小说、谜语、校闻等。抗战胜利后,钱悌生、郑士杓、曹仲道等一批学识渊博、语文教学经验丰富的教师一直在学校任教,语文课成为最受学生欢迎的课程之一。"文化大革命"期间,语文教学秩序被打乱,教学上主要以马列著作、毛泽东著作和应用文为主。恢复高考后,语文教学渐趋正轨。1980年,重建语文教研组,组长为顾佑民,历任教研组长有纪俊泽、何敏、汤永昌、赵志良,现任组长朱雪芳老师。全组教师积极投入教改实践,提高课堂教学效益,成立"海虞文学社"(1990年)、"西窗文学社"(2001年)等学生文学社团,编写诗词欣赏、作文四要、散文欣赏等选修课教材,有力地促进了学生文学素养的提高。1990年,语文组被评为常熟市首批先进教研组,2003和2006年,语文组又两次被评为常熟市先进教研组。近年来,语文组重视常态化的教研活动,教科研氛围浓厚。2019年,汤丽萍老师被评为江苏省中小学正高级教师,顾吟圆老师获中华经典诵写讲大赛全国二等奖。目前有教师37人,其中硕士研究生学历10人,中小学高级教师22人，一级教师9人；苏州市学科带头人5人，常熟市学科（学术）带头人10人，常熟市学科教学能手11人。

数学教研组

1924年建校后，设有算学课程，著名的老师有郑宗鲁、顾树棠、钱孟豪等。20世纪50年代初，建立数学教研小组，组长为司马淳老师，数学分为算术、代数、几何等课程，由教师分科教授，其中司马淳老师的代数、张宗炎老师的几何，负有盛名。"文化大革命"期间，打破数学分科教学，合并为数学，不同板块的数学内容，由浅入深按年级组合，教师按所在年级的学习内容组织教学，此后一直延续至今。1980年9月，重建数学教研组，殷炳华老师任组长，其后沈建民、罗仁祥、黄启钟、查正开相继任组长，现任组长为沈宏老师。1986年，数学教研组指导钱向阳同学获全国数学奥赛一等奖。20世纪80年代起，数学组兴文明组风，创一流教学，邵宪鸿老师获全国优秀班主任称号，周永良、邓一先老师先后被评为全国优秀教师。1994年，数学组被评为常熟市先进教研组，1995年被评为常熟市总工会新风班组，1997年被评为常熟市首批示范教研组，2000年获"江苏省优秀教师集体"称号。近年来，数学组团队积极向上、锐意进取，共有教师40人，其中硕士研究生10人，高级教师27人，一级教师12人；苏州市级学术带头人2人，苏州市学科带头人4人，苏州市教坛新秀2人，常熟市学科（学术）带头人15人，常熟市教学能手9人。

英语教研组

建校初期，即设英文课程，时有王矩庭、宋梅春、高钧轩等学有专长的老师任教。沦陷时期，在日伪操纵下，以日语取代英语，由日本人任教，遭到学生抵制。抗战胜利后，英语课程得以恢复，陈校长聘任陶蠡风、马钟瑞、季良生等老师执教。20世纪50年代，成立英语教研组，历任组长有季良生、陶蠡风、陆如年、陈解民、顾钰、苗卫星，现任组长王薇薇老师。"文化大革命"期间，英语教研组虽然得以保留，但学生受"左"倾错误思想毒害，英语教学举步维艰，教研活动形同虚设。20世纪80年代起，英语教学受到重视，英语教师队伍得到迅速充实，教育质量显著提高，在本市范围内处于领先地位。20世纪80年代后期起，英语组开展"课文整体教改"实践，其特点是听说领先、读写跟上，收到了较好的课堂教学效果。1990年，英语组被评为常熟市首批先进教研组。2000年再次被评为常熟市先进教研组。陆如年老师被评为全国优秀教师，邹丽芳老师获江苏省优秀教育工作者称号，钱律新老师被评为江苏省中小学德育先进工作者。近年来，英语组积极探索适合校情学情的教学模式，取得明显进展。组内现有39名教师，其中高级教师17人，苏州市学科带头人4人，常熟市学科（学术）带头人14人。

物理教研组

抗战以前，设有物理课程，与化学、生物科合为自然科学研究会。抗战胜利以后，学校聘请孙鸣玉、沈复等任教，并建理化实验室。新中国成立初期，建立理化教研小组，由蔡树藩、孙鸣玉老师先后任组长。物理组持续开展自制教具活动，制作了流动液体降压器、柏利氏现象示明器、磁针、弹簧秤等20多种教具。"文化大革命"期间，取消理化教研组，代之以理科教研组，教学内容以工业、农业知识为主。1980年，建立物理教研组，夏铁城任组长，其后李椿、顾宏义、刘东坡、韩建光、张龙相继任组长，现任组长徐军老师。1983年至2003年，物理教研组四次被评为常熟市先进教研组。2011年，被评为江苏省教育学会先进集体。韩建光老师被评为江苏省特级教师、中小学正高级教师，肖敏被评为江苏省中小学正高级教师、江苏省教学名师。近年来，该组围绕提高教学质量、促进教师发展，扎实开展教研组建设。现有教师28人，其中硕士研究生6人，正高级教师1人，中小学高级教师11人，中级教师10人；江苏省教学名师、姑苏教育领军人才1人，苏州市学科带头人2人，常熟市学科（学术）带头人9人，常熟市教学能手4人。

化学教研组

建校初期，设有化学课程。抗战胜利以后，聘请郑宗鲁等任教。20世纪50年代，与物理合为理化教研小组。1980年，建立生化教研组，由金元庆任组长。1986年，建立化学教研组，由沈文荣、孟新民、张忠达先后任组长，现任组长殷志明老师。2005年，张忠达老师指导任臻同学获全国化学奥赛一等奖。虞琦老师为苏州市名教师、江苏省中小学教师培训协会高中化学学科专家组成员，张玉荣老师获江苏省STEM优秀教学案例一等奖，葛岩老师被评为姑苏教育青年拔尖人才。现有教师26人，其中硕士研究生8人，中小学高级教师12人，一级教师6人；苏州市名教师1人，姑苏教育青年拔尖人才1人，苏州市学科带头人2人，常熟市学科（学术）带头人7人，常熟市学科教学能手3人。

生物教研组

民国时期，学校开设生物、生理卫生课程。新中国成立初期，生物学科实行分科教学，分为植物、动物、人体解剖生理学和达尔文主义基础等。1957年以后，合并为生物课程。1959年，生物科教师建立生物化肥厂，试制赤霉素成功，县中被确定为苏州市"空中取氮肥"项目试验学校。1980年，与化学科合为生化教研组。1984年，金元庆老师指导学生夺得江苏省农业科学小论文竞赛一等奖。1986年，成立生物教研组，金元庆任组长。其后金瑞娟、王成琦继任，现任组长顾建军老师。1956年，季良生老师被评为江苏省优秀教师。1997年，王成琦老师被评为江苏省中学优秀班主任。2015年，被评为常熟市先进教研组。2021年，获常熟市高中教师学科素养竞赛团体一等奖。该组现有教师15名，其中硕士研究生7名，中学高级教师5人，一级教师6人；常熟市学科（学术）带头人4名，常熟市教学能手4名。

政治教研组

常熟解放以前，学校开设公民、"党义"等课程。新中国成立后，取缔反动课程，改授新民主主义论、青年修养等。20世纪50年代，设政治教研小组，倪允明任组长，教师有何君瑞、陈国栋、王克芳等。1951年，改授《政治常识读本》，常熟县教育科推定常熟县中拟订政治课教学提纲，供各校参考。1951年，政治课开设中国革命常识、社会科学基本知识、共同纲领等课程。1955年，政治课改为政治常识、社会科学常识、《中华人民共和国宪法》。1958年后，政史地合为一个教研组，施一鸣老师任组长。"文化大革命"时期，政治课内容多以学习毛主席语录、著作或报纸代之。1980年，设立政治教研组，吴经荣（吴泽）老师任组长，其后李建铭、朱云奎继任，现任组长曹建新老师。1997年，被评为常熟市先进教研组。朱梅老师被评为苏州市教坛新秀"双十佳"。该组现有教师11人，其中硕士研究生7人，中小学高级教师8人，一级教师2人；苏州市学科带头人1人，常熟市学科带头人5人。

历史教研组

民国时期，学校开设历史课程。20世纪50年代，设史地教研小组，万载芳老师任组长，初中主要讲授古代史，高中为近代史。1958年后，政史地合为一个教研组，施一鸣任组长。1980年，建立史地教研组，施一鸣任组长，其后沈国明、董建石继任。1997年和1999年，史地组被评为常熟市先进教研组。2002年，历史教研组成立，金丽刚老师任组长至今。2003年，历史组成为江苏省历史教育科研基地。张琦祯老师被评为江苏省优秀教育工作者，董建石老师被评为苏州市名教师；马宁老师被评为江苏省特级教师、中小学正高级教师、江苏省"苏教名家"、江苏省中小学优秀共产党员，并当选为江苏省人大代表。2023年，被评为常熟市先进教研组。该组现有教师14人，其中硕士研究生5人，特级教师、正高级教师1人，中小学高级教师6人；苏州市学科带头人2人，常熟市学科带头人6人。

地理教研组

民国时期,学校开设地理课程。20世纪50年代,设史地教研小组,地理课分为初中自然地理、中国地理、外国地理,高中开设中国经济地理、外国经济地理等课程。1958年,与政史合为一组。1980年,设立史地教研组。1998年,沈国明老师被评为全国教育系统劳动模范、全国模范教师,并获江苏省首届青年教师优秀地理教育(教学)一等奖。2002年,地理组成立,邵俊峰老师任组长,现任组长陈静华老师。2006年,地理组获苏州市优秀教师群体称号,2009年被中国地理学会授予"全国地理教学先进集体"称号。沈国明、邵俊峰老师被评为江苏省特级教师、正教授级高级教师。邵俊峰被评为国家教学名师、江苏省"苏教名家",并任教育部"国培计划"专家组成员、江苏省教育学会地理专业委员会副理事长。2017年,陆文博老师获江苏省地理青年教师教学基本功大赛一等奖。2023年,陆文博、蒋少卿被评为江苏省中小学正高级教师。地理组成为省内一流教研组。组内现有教师19人,其中江苏省特级教师2人,江苏省中小学正高级教师4人(其中正高三级2人),高级教师5人,一级教师和二级教师各5人;有全国模范教师1人,国家教学名师1人,江苏省教学名师1人,姑苏教育名家、苏州市教育领军及青年拔尖人才4人,另有多人被评为苏州市、常熟市学科(学术)带头人。

体育教研组

建校以后,体育课与童子军训练交互进行,体育活动、比赛频繁。著名的体育教师有徐蕙芬、高鼎等。1929年,举办首届学校运动会。中华人民共和国成立后,学校贯彻党的全面发展教育方针,重视体育教学,并建立了体育教研小组,组长有徐蕙芬老师等。1980年,与艺术科合为体艺教研组,汪虎才老师任组长。1983年被江苏省体委、江苏省教育厅授予体育传统项目学校先进集体。1986年,成立体育组,胡兴荣、万鹤飞老师相继任组长,现任组长戴国新老师。1996年被苏州市人事局、苏州市体委评为体育工作先进集体,2007年获评苏州市青少年业余训练先进集体。1982年至2023年,共培养二级运动员39人,高水平运动员15人,向体育院校输送人才80多人。2012年,体育组被评为苏州市优秀教师群体。现有专职体育教师10人,硕士研究生2人,中学高级教师6人;常熟市学科(学术)带头人4名。

艺术教研组

民国时期,县中艺术教育有书法、图画、唱歌课程,著名教师有王拜狱、萧理等。建校初期,培养了温肇桐、严寄洲、蒋云仙、吕恩等一批享誉海内的艺术大家。

抗战胜利后,孙平、吉连康、陆铿等艺术教师在校任教,向学生传播进步思想,教唱进步歌曲。1949年5月以后,学校坚持全面发展教育方针,积极开展艺术教育活动。1978年起,开始探索培养艺术特长生的新路子,从举办美术兴趣小组逐步发展到开设美术特色班,先后向高校输送了上百名优秀艺术人才。艺术组坚持每年组织全校性的丰富多彩的文化艺术活动,获得多项荣誉。1996年,建立艺术教研组,赵宗勋、姚妙琴、谢燕月相继任组长,现任组长谈梓涛老师。近年来,艺术组开展"常熟花边"品牌社团活动,被列入常熟市非遗传承保护基地名录,成为市中艺术教育的新亮点。组内现有教师5人,其中硕士研究生1人,苏州市学科带头人1人,常熟市学科(学术)带头人1人。

信息技术教研组

1978年,常熟县中学被列为江苏省电化教育重点学校。1985年3月,在高中开设电子计算机课程,由数学、物理教师兼课。1986年9月以后,配置专职教师任教。1995年成立电教领导小组,制订电教工作发展规划,建立了电教工作网络。1997年,成立微机教研组,组长为殷伟华老师。迁入新址后,改设信息技术教研组,现任组长胡晓东老师。多年来,该组教师为学校现代化建设、信息技术教育和教学管理工作作出了重要贡献。该组现有教师5人,其中硕士研究生1人,中学高级教师2人,一级教师3人。

第五节 体育、美育

一、体育教育

学校设于新城隍庙后宫期间,场地局促,只有一片篮球场,且体育设备少,但各项体育运动活跃,除每天早操以及体育课外,还在公共体育场和其他学校操场进行各种球类、田径练习,其中篮球队最活跃,在与兄弟学校的比赛中多次获胜;足球队在王矩庭老师指导下也颇有成绩;乒乓球运动最普遍,参加者多,比赛气氛热烈。迁入西仓前校舍后,建有230米跑道运动场1片,雨操场1个。男子部体育课和体育活动逐步规范;女子部仍设游文书院内,体育课借石梅小学操场进行,难免互相影响。是时对外比赛一般均在本校举行。1928年12月,江阴县立中学篮球队来校比赛,结果县中以18:8取胜。1930年5月,县中学生队参加全县第二届男子篮球、第一届女子篮球锦标比赛,取得佳绩。12月,足球队参加"琴报杯"足球比赛,与大义队战平。1933年，学校开设体育、国术课程，另有早操、课外运动等，课外运动有足球、篮球、排球、国术、田赛、径赛、救护等。1933年，县中足球队获"琴报杯"决赛第4名。1936年，设男、女体育主任各1名，专领全校体育事宜，并建立体育委员会，负责制订计划、供给体育用品，学校有体育器械37种；每班每周安排2节体育课，授课内容为体育常识、德式操、丹麦操、器械操、垫上运动、国术、田径、球类等；下午3时至5时为课外运动时间，实行点名制度，学生一律穿着运动衣履，课外运动项目为田径、球类、爬山、游泳、自由车练习、露营、器械、垫上运动、国术、舞蹈等。是时各种运动及格标准列表于下：

项目	甲组		乙组		丙组		丁组	
	男	女	男	女	男	女	男	女
立定跳高	1.05米	0.90米	1.0米	0.85米	0.95米	0.80米	0.90米	0.75米
立定跳远	2.1米	1.80米	2.0米	1.70米	1.90米	1.60米	1.80米	1.50米
跑跳高	1.22米	1.05米	1.20米	1.0米	1.18米	0.95米	1.16米	0.90米
跑跳远	3.90米	2.80米	3.80米	2.70米	3.70米	2.60米	3.60米	2.50米
引体向上	5次	2次	4次	2次	3次	1次	2次	1次
垒球比准	24分	20分	22分	18分	20分	16分	18分	14分
垒球掷远	40米	30米	38米	29米	36米	28米	34米	27米
掷铅球	12（磅）6米	（8磅）5米	（8磅）8米	（8磅）4.30米	（8磅）7米	（6磅）5米	（6磅）6米	（6磅）4.30米
百米跑	15秒	17.6秒	15.2秒	17.8秒	15.4秒	18.0秒	15.6秒	18.2秒
50米跑	8.1秒	9.2秒	8.2秒	9.4秒	8.3秒	9.6秒	8.4秒	9.8秒
备注	十项运动如连续五项不能达到标准者，均不得参与大考。							

1937年10月，日机轰炸虞城，三弹落于县中操场，破坏严重。常熟沦陷后，日伪绥靖队强占西仓前校舍，学校被迫暂厝于书院弄，是时操场占地不足1亩，勉强设篮球、排球、棒球、双杠及跳高架等，体育活动难以施展。抗战胜利后，体育依照抗战前规定，县内体育比赛多借县中操场举行。1948年5月，"县长杯""大同杯"等足球赛先后在县中举行，县中学生陈允生、陈泳德等15人组队参赛。至1949年5月，学校共有体育器械30余种。

中华人民共和国成立后，学校体育工作在全面发展方针指引下获得发展。1952年，成立体育委员会，成员有校长1人、教导处2人、总务处1人、体育教师2人、青年团1人、学生会2人、校医室1人、工会1人，共11人组成，下设秘书处、组织股、技能股、宣传股4个部门。其时学校体育设备情况列表如下：

品名	数量	备注	品名	数量	备注
230米圆形跑道	1圈	没有煤屑且有草和砖子	铁饼	2只	
篮球架	4副	两副柱脚坏了	跳高架	2副	
排球架和网	2副		跳箱	1具	
足球架	1副		垫子	2块	
沙坑	3个		皮尺	2支	太旧了看不清楚
联合运动架	1座	设爬竹	马表	1只	
双杠	5副	内含活动小双杠一副	跳绳	5根	
巨人步	1座		障碍设备	1座	
肋木架	1座		平梯	1座	
单杠	1副		平桥	1座	
拔河绳	3根		发令枪	1支	
木柄手榴弹	9支				
铅球	4只				

1983年，学校被评为江苏省体育传统项目学校先进集体。1988年以后，学校制定了《贯彻〈中学生体育合格标准〉实施细则》，多层次、全方位宣传发动落实，经过省、市多次检查验收，均获较高评价。1990年，领导班子带头学习学校体育、卫生工作的条例，成立了体卫工作领导小组，由一名副校长任组长，一名副教导和体育教研组长任副组长，总务、团委、校医、学生会等成员参加，把抓好体育工作作为推进素质教育的突破口，将贯彻《条例》工作列为班级管理目标和评选优秀班集体条件之一。1991年，体卫领导小组重新制定了早锻炼、体育课、广播操和课外体育活动4项常规管理要求。1992年，增订体育安全制度。1993年，召开冬季运动会，即中长跑、跳绳、踢毽3项比赛。1996年，初一(4)班潘磊同学代表常熟市参加了苏州市少年儿童武术比赛，包揽了男子乙组规定拳、自选拳、刀术、棍术和全能五项冠军；初二(3)班王琳同学参加江苏省青少年象棋比赛，获女子乙组冠军。1997年，新建两层体育馆1座，内设雨操场、羽毛球场、篮球场等。从1982年至1999年，校田径队在常熟市中学生田径运动会上获初中组团体总分冠军12次、亚军2次，获高中组团体总分冠军8次，亚军5次。培养二级运动员18人，高水平运动员6人，向体育院校输送人才40余人。1987年、1989年，均获苏州市体育传统项目学校先进集体称号。

迁入新址后，校园体育设施齐全，室外有400米塑胶跑道标准化运动场1片，篮球场6块，单双杠运动区1片；有体育馆1座，建筑面积3779平方米，内设乒乓球场、篮球场、羽毛球场、练功房等；校内室外运动场地总面积23182平方米，生均9.8平方米（按2022年底学生数统计），各类体育用具充足。学校重组体育卫生工作领导小组，由副校长任组长，先后修订了《体育教学基本要求》《课间操、课外活动常规要求》《优秀运动员评选条例》《体育场馆使用保养制度》《体育综合类奖励办法》等规章制度。自2003年至2014年，学校连续11年获常熟市学校体育团体总分第一名。2003年，学生苏懿萍获亚洲田径锦标赛女子100米栏冠军。2004年，张益获江苏省太极拳、太极剑比赛女子组冠军，刘云钊以2.04米获江苏省中小学运动会男子跳高冠军。2011年，被命名为苏州市体育传统项目学校（田径）。2012—2013年，学校被评为江苏省体育工作先进集体，获"苏州市大课间活动"一等奖，体育组被评为苏州市优秀教师群体。2014年，校冬锻队获常熟市中小学生跳绳、踢毽决赛高中组第一名。2022年，获常熟市中小学生羽毛球比赛高中组男子单打第一名、冬锻三项比赛团体总分第一名、跑操比赛高中组一等奖。

二、艺术教育

建校之初，沈校长重视美育。1925年，设篆刻部。1925年初，开设艺术陈列室。4月，举办图画展览会，全校艺术气氛为之一振。1926年秋，一、二年级分别成立书画研究会、篆刻研究会，书法作品有"篆隶正草、颜柳欧苏"各体，图画作品国画、水彩、铅笔齐全，篆刻分阴文、阳文，温肇桐、黄同禾、季国屏等学生表现突出。戏剧方面以话剧为主，聘请庞守白老师指导，1926年元旦演出了《棠棣之花》《终身大事》《新闻记者》。1927年元旦，演出《楚垒》《死后之胜利》等话剧。5月，为欢迎北伐军，校话剧队在逍遥游（址在今老城区西隅、虞山东南麓）演出话剧《虫之乐队》《孔雀东南飞》，颇受观众欢迎。首届学生毕业前，学校还邀请苏州美专校长颜文樑为学生讲图画引论、第一师范音乐教员张耀卿讲音乐引论。1929年10月4日，举行立校五周年纪念活动，学生表演游艺节目16个。1933年，学校开设音乐、图画课程，教师中建立艺术研究会，每学期举行一次学生书法比赛。1934年9月，举行建校十周年庆祝大会，学生表演文艺节目十多个。1939年12月，举行成绩展览会，学生书法、图画作品受到社会各界好评。1947年12月，为筹募冬令救济贫民经费，县中学生自治会举办义演游艺会，邀请社会人士到校观看并义捐。

新中国成立以后，学校开设音乐、图画等课程，并贯彻"与工农群众相结合"指导思想，经常组织歌咏队、秧歌队等到工厂、农村和街头表演文艺节目。1978年起，赵宗勋老师等组织美术兴趣小组，指导学生练习绘画基本功，以做好本班和学校黑板报的美术设计工作,并挑选优秀作品向全校师生展出。十年间,这个小组为高校输送了一批美术人才,学生何澄、言文胜、周昉等的美术作品被选送日本展出。1982年,初中开设了实用美术、园艺等兴趣课程。1988年,校舞蹈队的舞蹈《我的祖国》获常熟市中学生文艺会演一等奖。1989年12月,举办首届校园文化艺术节。1989年至1996年,共为高校输送美术人才38名。1992年,编订了美术、音乐、摄影等选修课的大纲和教材,合唱队、舞蹈队、摄影小组等成绩突出。1993年11月,江苏省中小学美术书法优秀课、观摩课活动在市中举行。是年,初二年级何瑛获全国中学生人口教育宣传画二等奖。

20世纪90年代中期以后,艺术教育成为学校的办学特色之一。1994年至1998年,学校每年招收一个高中美术特色班。1996年,建立艺术教研组。1997年,首届美术特色班在高考中取得优异成绩,本科录取率73.8%,学生全部考入高校。1998年,为庆祝改革开放20周年,以学生合唱团舞蹈队为主体,在市文化广场举办"1998金秋广场文艺演出"。是年,学生熊舒恬获第二届全国"青春杯"书画大赛一等奖,并被授予书法六段和"当代百佳青少年书画明星"称号。1999年12月,在石梅广场举办"走进新时代"文艺会演和千人大合唱。2000年5月,在市博物馆举办"常熟市中学学生美术书法作品展"。

迁入新址以后,美术特色班移至常熟市中学分校举办,总部以兴趣小组的形式继续开展美术特色教学,并开辟了学生美术作品展览室。2005年,美术兴趣小组13位考生全部考取本科院校。是年,市中获常熟市中学生文艺会演一等奖,合唱队获常熟市校歌比赛一等奖。2010年和2012年,艺术教研组指导的曾树宏、王迪乐同学分获苏州市中学生独奏比赛一等奖。2011年,学生花边社团成立。2014年,市中学生获苏州市高中生独唱、独奏、独舞比赛一等奖。2016年,谢燕月等老师指导的花边社团被评为苏州市明星社团,并被列入常熟市非遗传承保护基地名录。2017年至2018年间,花边社团三次举办常熟花边爱心义卖,善款捐助给常熟市贫困学生。2019年4月,参加第八届中国苏州文创博览会。10月,"常熟花边传承人谢燕月一针一线传承非遗文化"登上学习强国平台。2021年4月,学生社团作品"户外茶具配套用品系列"参加中国和科威特非遗数字展。是年,学校在图书馆四楼建立常熟花边社团活动室暨作品展览室,进一步推动了品牌社团的发展。

第七章　校产、后勤

第一节　校舍校产

一、校舍

1924年至1927年8月,县中校舍暂设在城邑大步道巷新城隍庙(昭邑庙)后宫,有破旧简陋、大小不一的8间房屋和后宫东侧荒地一片。校舍接收之后,沈校长等修葺房屋、平整场地,并与南面之新城隍庙大殿隔断,在大步道巷开辟了校门,学校在此办学三年。

1924年初,县教育局决定在西仓前建设县立初中校舍。春,成立以屈荆才局长为首的县中校舍建筑委员会,负责有关建筑事务。委员会派庞守白等人前往苏州、无锡、太仓各中学参观校舍,再根据县中地形进行布局和设计。秋,教育局以县公署的名义,号召全县土木工头公开投标,参加投标的有10余人,开标时黄森大(水作)、龚四弟与吴根宝(木作)3人合作,以最低标价25000银圆(包括课桌椅等设备费)得标。由屈荆才代表县公署与投标人签订了合同,择日动工,限期完成。10月,县教育局完成建筑中学校舍公债募集工作。1927年4月,西仓前校舍建成,有大小房屋72间。9月,县中从大步道巷迁入新址。是时,原私立女中并入县中为女子部,女子部有教室4个,学生宿舍3间,教员宿舍4间,以及膳房、盥洗室、图书室等,共计27间。

1929年8月,增建西廊12间,用作教室、宿舍。1930年11月,对操场进行整修,建成230米煤屑跑道运动场1片。1933年,在校舍的东北角修建了新校门。校门朝北面河,设有两道门,第一道是两扇大铁门(已在20世纪50年代期间拆掉),内为小院;第二道门有一扇可以拉叠的铁门,门房顶部是钟楼,门房之东有一间房屋,为工友寝室。1933年,把校园西北之"上海观音堂"后部园地划入校内,扩大了操场面积。是时,学校男子部校园占地24.5亩,女子部校园占地7.8亩。1936年,女子部迁入校本部,西楼上下改为女生教室,叔和斋全部改建为女生宿舍;另筑女生饭堂、浴室、盥洗室三间，并将雨操场改建为礼堂，以资开会应用。

1937年八一三事变后，常熟屡遭日机轰炸，学校迁到王庄镇（迁处今属无锡市港下镇），借陆姓茧行为临时教室上课，又借须姓义庄及附近民房作男女生宿舍与膳堂，所有教师都借宿附近民宅。

常熟沦陷以后，西仓前校舍被日伪绥靖队强占。1939年县中复校，暂设在书院弄，校舍难敷使用。1942年9月迁回西仓前原址。

1948年7月，县中因学生拥挤，呈县府请求兴建校舍三项：一为添建平屋5间，作厨房、浴室、储藏室；二为对现有之厨房平屋4间加以拓宽，改建为教室2间；三为建走廊一条，以资联络。县府据呈后，准拨助积谷200担，先由学校筹垫，候库裕后拨还。7月底，学校举行招投标，由协兴建筑公司以33.852亿元（法币）得标兴建。旋因原计划厨房改建教室不妥，经陈校长决定另建新课室，乃与得标商谈妥，增加6亿元（法币），在维修厨房之外，多建新教室2间。是年夏，该工程完竣。8月，县府决定本县理化实验所由县立初级中学兼办，并从黄花鱼捐中拨出粳稻490石价为基金。9月，在县中开标，沈如记以最低标价金圆1345.17元得标。10月，理化实验室建成。

1952年，建造大礼堂一座。由于学生激增，1954年6月，常熟市中学分别向常熟市人民政府文教科呈递报告两份，一份为请求市府征用部队驻地或干校宿舍拨给市中使用；一份为将原借用之校西北民地11亩余，以及租用之吴姓房屋和吴姓尼庵（梵音庵）全部房屋基地划给学校。1954年8月，市中复向常熟市人民政府文教科呈递《校舍情况调查表》，略谓：

1. 目前校舍有25个教室，其中3个教室面积较小不合应用；其他校舍包括办公室、教研室、阅览室、实验室、宿舍、膳堂、浴室、厕所等不够应用；实验室无实验专用台设备；礼堂无座位设备，除集会外兼作饭厅，天雨时又作为雨操场，殊多不便。

2. 1927年所建南楼、北楼之所有屋架大料和走廊部分支柱，久经风雨虫蚀，已发生腐朽，危险性殊大；西楼上下现为教室，因建造时用料较小，欠安全，难长久使用，亦需改建。

3. 校园南部及西部，均无围墙。西部以城墙为界，仅有乱石土堆，又不时有农民因筑圩岸搬取砖石泥土，缺口甚多，校防难以巩固，请建筑围墙以策安全。

4. 学校本部基地限于四周市河，发展困难。只有北向校外设法扩充，校园北面对河有地主房屋三大宅，估计约占地十亩，但现为驻军干校应用，拟请政府洽商拨给市中使用。

1955年,在操场之北、南楼之南建成新教室16个。1956年,经常熟市人民委员会批准,在校外城河北之吴姓尼庵修建了宿舍、厕所、浴室。1959年7月,常熟县中学《基建初步意见汇报》称:现有房屋面积9300平方米(其中教工宿舍及生活用房等2940平方米,教学用房6360平方米),生均用房不到6平方米。教室除新中国成立后新建的16个教室及原有的8个合适可用外,其余教学用房均不能容纳30个班级的应用。

20世纪80年代以后,校舍建设进入快速发展阶段。1980年,县教育局同意县中新建学生宿舍楼一幢,资金由省、县主管部门拨款解决,由建行监督使用;所需地方建材,县里安排水泥60吨、八五砖20万块、石灰20吨,列入第二年计划分配,其余自筹解决。其后陆续兴建女生宿舍楼、实验楼、学生食堂、新校门等一批新校舍(具体见后列表)。至1984年,校舍面积首次超过1万平方米(10164平方米)。从1980年至1999年,共兴建校舍14758.89平方米,总投资8609192.14元。

1999年,常熟市人民政府常务会议多次研究,决定按照城市总体规划方案,扩展市中校园。扩展区域北至西门大街、东至白虎弄、西至西门湾、南至西仓前河;计划投入3000万元,拆除旧房15214.8平方米,动迁工厂1家、部队用房2处、居民近80户。是年11月,市中校舍扩建工程全面启动,工程由市建筑设计研究院设计、市教育建筑安装公司承建。2001年底,主体工程竣工。该工程拓展校园面积14775平方米,新建校舍(实验楼、教学楼、办公楼各一幢)10912平方米。南、北校园以乐山桥、乐水桥相连。学校在体育馆和学生宿舍楼间新建了西翠苑,其间有水池、曲桥、凉亭、花廊;在校园中心区域,思进园、思源堂、陈旭轮塑像等景观相继建成。市中校园呈现古朴典雅特色,引人入胜。

2001年,常熟市委、市政府决定常熟市中学实行初、高中分设。高中部为常熟市中学,整体搬迁至新世纪大道东侧。市中新校舍建设被列为当年常熟市"为民办实事十大工程"之一,由同济大学设计,市教育建筑安装公司承建。2002年夏,新校舍落成,占地173094平方米(约合260亩),建筑总面积78215平方米。校舍分东、西两区,东为生活区,西为教学区。是年8月,市中迁入新址。

2003年,在运动场西侧建造看台一座,在生活区添建学生宿舍楼2幢共7528平方米。2012年,在教学区北仿建20世纪80年代校门一座。2014年,新建旭轮广场和明志廊、弘毅亭、"学海无涯"广场。2016年7月,市政府投入1800多万元,在教学区北部开工建设"生态·地理综合实践课程基地"场馆。2018年6月,工程竣工。"生态·地理综合实践课程基地"占地23亩，建筑面积2368平方米，其主要建筑为"生态·地理"馆，室外建有生态农业实践区、气象环境变化观测区、植物群落对比探究区等。

二、校产

1927年，县中迁入西仓前校舍。该校舍占地24亩5分，造价25000银圆（包括课桌椅）；同时并入女子部，占地7亩8分。1932年时，校产估值约123000银圆。在历届同人的努力下，1936年底学校有理化仪器495件，生物标本和仪器250件，图书10780余册，艺术用品30件，劳作用品12种，体育器械37种。1937年日本全面侵华，学校图书、各类仪器全遭毁损，加之校园遭日机轰炸，校产损失严重。其后历经十年置办，至1949年，图书、仪器等勉强恢复到抗战前水平。

中华人民共和国成立后，在党和政府支持和几代人的努力下，校舍和设施设备得到扩充。校产情况列表于下：

表一　1993年4月校产情况

总资产（元）	4577878.30		
固定资产（元）	4212586.85	流动资产（元）	365291.45
固定资产项目分类	核实金额（元）	固定资产项目分类	核实金额（元）
房屋建筑类	3574656.21	电子产品及通信设备类	110520.96
通用机械设备类	28726.27	仪器仪表及量具衡器类	154449.00
专用机械设备类	50270.27	文化体育设备类	44108.11
交通运输设备类	654.55	图书、文物类	89972.96
电器设备类	23367.50	家具用具及其他	165788.86
应收款（元）	185753.25		

表二　2001年12月校产情况

总资产（元）	14724596.05		
固定资产（元）	12718936.70	流动资产（元）	2005659.35
固定资产项目分类	核实金额（元）	固定资产项目分类	核实金额（元）
房屋建筑类	6325616.33	一般设备	1079443.13
专用机械设备类	4722509.01	图书、文物类	591368.22
应收款（元）	776096.56		

表三　2012年12月校产情况

总资产（元）	189653635.72		
固定资产（元）	180002099.07	流动资产（元）	9651536.65
固定资产项目分类	核实金额（元）	固定资产项目分类	核实金额（元）
房屋建筑类	160097487.09	专用设备类	171274.40
通用设备类	13570685.08	家具用具及其他	6162652.50
应收款（元）	587839.24		

表四　2022年12月校产情况

总资产（元）	207837212.46		
固定资产（元）	204534458.53	流动资产（元）	3302753.93
固定资产项目分类	核实金额（元）	固定资产项目分类	核实金额（元）
房屋建筑类	174271501.10	专用设备类	2116748.54
通用设备类	1074246.56	图书、档案	1784745.28
文物	1090078.92	家具用具及其他	9077302.94

第二节　后勤管理

建校之初，县中设事务处管理后勤。1933年，事务处掌理全校预算决算款项、校舍之支配整理、校具购买事宜。1936年，事务处归校长直接领导，由事务员、会计员、校医、图书仪器管理员等组成；定立《事务处办事细则》以规定各员岗位职责；设事务会议，以校长为主席，教导主任、女生生活指导员以及事务处各员参加，讨论一切事务工作；设经费稽核委员会，由校务会议推选5名委员组成（执掌经济者不得拥有选举权及被选举权），负责稽核每月收支账目，并每年向教师公布经济决算书。1949年9月，成立校务委员会，下设生活辅导、减免费评议、经济稽核等委员会。1950年初，事务处改为总务处，管理学校后勤事务。1958年，撤销总务处，成立党支部领导下的校务委员会，下设校务办公室负责全校日常事务，旋又恢复总务处。1969年，总务处改为后勤组，由工宣队员担任组长。1978年，恢复总务处。

1985年，学校重订各项后勤管理制度，主要有：安全工作制度如《门卫、节日保卫制度》《用电、防火、防盗等安全制度》《理化实验室安全制度》等；各项管理制度如《财务管理制度》《食堂管理制度》《教育印刷厂管理制度》《会计档案管理制度》《汽车管理暂行办法》等；食堂岗位职责如《食堂管理员职责》《炊事班长职责》《炊事员职责》《食堂采购员职责》《食堂仓库保管员职责》；学生生活制度如《寄宿生管理工作暂行规定》《寄宿生守则》《食堂公约》等。1992年，总务处继续完善岗位责任制和考核制度，补充修订了《后勤管理制度》《后勤人员岗位工作要求》，从财务、生活、建设维修、日常事务4个方面，进一步明确了岗位职责和工作规范。1996年，在全校率先推行考核奖惩制改革试点工作，采取"本人自评、群众互评、考核小组按岗位职责考核评定"的办法，每月汇总一次，每季度考核评定一次；考核结果与奖惩挂钩，在发放季度奖时兑现。1999年，实行按岗位分组包干的方法，根据服务内容的不同，将总务工作分成4组：财务组负责食堂、行政、基建经济管理，医疗保健组负责防控、卫生、保健等，维修事务组负责电器和管道维修、绿化、门卫安全等，经营服务组负责食堂、小书屋等日常经营。是年下半年，对食堂、小书屋等实行承包制，提高了为教学和师生服务的质量，同时为学校年增收节支20余万元。2000年，制定了《常熟市中学关于基建工程、设备采购及经营承包的若干规定》，完善了购物审批、招标、公物保管、创收部门承包等环节的后勤管理机制。

迁址以后，学校大力推进后勤服务社会化，先后对食堂、宿舍管理、绿化、卫生保洁等实行对外公开招标承包经营。2003年，根据学校实际修订《食堂管理制度》，制定《食堂工作流程分工操作表》和预防食物中毒等一系列制度。2004年，在全市中小学中率先通过市卫生局"食堂卫生量化分级管理A级目标"验收。2006年以后，总务部门致力于提高管理水平和服务质量，围绕食堂食品卫生安全、师生饮食质量、校园安全管理、卫生保洁、设施维修、校产登记、条线工作保障服务、各类考试准备等方面工作进一步加强了规范管理。2007年，针对小宗物品日常采购、保管、领用中的薄弱环节，学校在深入调研的基础上，出台了系统的改进方案，进一步明确了采购、保管、领用分开的管理机制。2014年，重点加强校产管理，成立了学校财产管理领导小组，修订《常熟市中学校产管理规定》《常熟市中学校产损坏赔偿制度》，学校所有财产均实行计算机管理。是后，后勤工作现代化管理工程得到全面推进，至2022年底，总务部门应用江苏省预算管理一体化系统、"苏州市政府采购网上商城"采购平台、"常熟市资产管理平台"固定资产管理平台等10多个信息化管理平台，基本实现了后勤工作的信息化。2022年，成立学校"阳光食堂"管理领导小组和"阳光食堂"膳食委员会，食堂配备了"明厨亮灶"监控系统，食材采用"阳光食堂"配送和可追溯系统，确保了师生饮食安全。1995年和1997年，学校两次被评为苏州市爱国卫生先进集体。2001年,学校食堂被评为苏州市学校食品卫生先进食堂。2004年,被评为苏州市贯彻学校卫生工作《条例》先进单位。2006年,被评为苏州市安全文明学校。2010年,被评为苏州市平安校园。2017年,被评为苏州市教育后勤工作先进学校。

第三节 经费、校办企业

一、经费

县中开办时,支用经费按照当时省立学校的惯例,实报实销,经常费(办公费和教职员工资)按月发放,县中全年经费3600余元(银圆)。学年终了,编造清册,黏附支付凭证,呈报教育局;如有盈亏,列入下年度预算。学校迁入西仓前后,经费采取包干制,量入为出;另有临时费,包括添建校舍或添置设备等费用,必须事前由校长呈请县教育局审批,经核准后才发放至学校。1927年至1936年,学校部分经常费情况按年份列表于下:

年份	全年经费	全年工资	每月工资	全年办公费	每月办公费	备 注
1927	16800元	15120元	1260元	1680元	140元	1.本表以银圆计; 2.1930年,班级增加; 3.1934年后,班级减少; 4.至1937年夏,学校积欠办公经费1700余元。
1928	18240元	15840元	1320元	2400元	200元	
1930	19750元	17775元	1481元	1975元	164.6元	
1934	17420元	15678元	1306元	1742元	145.2元	
1935	17400元	17400元				
1936	13801元	12557元	1046元	1244元	103.7元	

沦陷时期,县中经费包括教师工资,由伪教育局按照抗战前的标准发给学校。之后随着物价的变动,各种经费也按米折算,随时作相应的调整。抗战胜利以后,县拨经费以物价动荡之故,每月加以调整。1948—1949学年,学校经费主要以学费、宿费等为来源,其中三分之二作为教师进修费,三分之一作为设备修缮以及弥补办公费之用。全年共收到金圆券3175.73万元,白粳87石9斗。至1949年4月,教师进修费业已陆续发放金圆券1595.625万元,白粳39石8斗,设备修缮以及办公费用已支付金圆券361.2941万元、白粳1石6斗。所余现款以金圆券不断贬值,不得不陆续购进实物,计白粳17石、粳稻78担95斤,银币71枚。1949年2月至4月,经常费情况见下表:

时间	经常费总额（万元）	教职员薪金（万元）	工役工资（万元）	办公费（万元）
1949年2月	41.7837	39.1200	1.4625	1.2012
1949年3月	1221.0612	1149.66	70.2	1.2012
1949年4月	学校以学费垫支	每人粳谷1石，配给公粮3斗3升，配售公粮2斗2升（稍出代价）	每人粳谷3斗，配给公粮2斗2升，配售公粮5升5合（稍出代价）	12.7432

民国时期，教职员工资大体上按岗位和课时计算。任课教师的待遇，按每周任课课时计算，语文、数学、英语每周每科6课时，每课时9角；物理、化学、生物、历史、地理等每周每科2课时，每课时8角；其他体育、美术每周每科2课时，每课时7角。如果一名语文教师每周担任两班语文课，其工资为每月44元。校长工资每月80元，主任工资每月30元，级任导师的工资每月10元；主任或级任导师一般都兼课，工资还可按课时另加。其他职员如会计、事务员等，每月工资大多在20至30元之间。抗战胜利以后，时局动荡，物价腾踊，教师生活陷入困境。学校为教师生存计，向学生加收尊师金（后改称学谷捐，复改称进修费），配发、配售公粮，聊解教师燃眉之急。1949年3月，为争取教职员2月份薪金，校方辗转向公库支领，而公库总是无额存数，无法领取。县中50余位教员，无奈派代表赴县府坐请。

自建校至1937年前，学生学习费用的收取项目基本一致，但收费标准前后不一。兹录1932年与1936年两年收费项目和标准以备考。

表一 1932年常熟县中收费项目和标准（单位：银圆）

类别	年级 费额	费别	学费	宿费	膳费	体育童军用费	图书医药费	仆费	制服费	损失准备金	徽章费	寄宿生合计	半膳生合计	通学生合计
旧生	二三年级		7	2	27	4	1	0.4				41.4	25.4	12.4
	一年级及本年度插班生	男生	7	2	27	4	1	0.4	7			48.4	32.4	19.4
		女生	7	2	27	4	1	0.4				41.4	25.4	12.4
新生	男生		7	2	27	4	1	0.4	13	1	0.6	56	40	27
	女生		7	2	27	4	1	0.4	7	1	0.6	50	31	21

表二　1936年常熟县中收费项目和标准（单位：法币）

收费项目	收费标准	缴费对象	备注
学费	25元	全体学生	1.本表数据为全年两个学期合计数； 2.学生部分缴费，有余发还，不足补缴； 3.学校组织经济稽核委员会每月考核。
体育费			
童军用品费			
图书费			
医药费			
佣仆费	0.6元	通学生	
寄宿费	4元	寄宿生	
膳费	54元	寄宿生	
制服费	20元	男生	
	18元	女生	

1945年至1949年初，收费项目及标准屡变，详见第一章第一节。

常熟解放以后，人民政府大力发展教育，学校教育经费得到可靠保证，被列为财政全额拨款单位，学校添建维修、学生学费减免和困难补助等费亦获切实保障。1950年4月份，政府每月拨给学校办公经费93.5个单位（1个单位相当于大米0.8市斤左右，有波动）、教师工资2607个单位。1955年9月份，全校教职工共93人，工资总额为5664.65元；其中专任教师54人，工资总额3588.10元；行政管理人员39人，工资总额为2076.55元。1956年实行工资改革，全校教职工平均工资从53.99元增加到66.29元，增幅达22.78%。政府大力支持县中基本建设，1952年至1955年，先后拨款5316125550元（旧币）翻建校舍2253.94平方米。改革开放以后，县中成为首先办好的江苏省重点中学，政府大力支持学校加快基本建设。1981年12月，全校公办教职工108人，工资总额7298.68元。

1996—1997学年学校收费标准见下表：

一、规定性收费			
收费项目	分项	标准	备注
初中杂费		每生每学期65元	
高中学杂费		每生每学期260元	
初中借读费	本省户籍	每生每学期350元	不再缴纳杂费
	外省户籍	每生每学期400元	
住宿费		每生每学期45元	含水电费
高中自费生培养费		每生每学期900元	

续表

初中升学考试	报名费		每生8元	
	考试费	体育考试	每生每次6元	
		文化考试	每生每科5元	
高中会考	报名费		每生8元	
	考试费	文化考试	每生每科6元	
		理化生实验	每生每项3元	
		劳技操作	每生4元	
高考	报名费		每生10元	
	考试费		每生每科8元	

二、代收性收费

收费项目	分项	标准	备注
初高中代办费		每生每学期120元	多退少补
体检费		按有关部门规定	
组织学生活动费		按支定收	

1997年学校预算外收支计划表（1997年2月制订，单位：万元）

收入项目	累计收入	支出项目	预算外支出
一、预算外收入	505.14	支出合计	352.30
二、上年结余	241.86	1.人员经费	111.72
三、本年收入	263.28	其中：奖金	29.52
1.学杂费	58.68	福利	49.62
2.自费生培养费	56.70	医疗超支	13.14
3.住宿费	5.45	2.公用经费	165.38
4.勤工俭学收入	11.30	其中：公务费	13.90
5.社会资助款	6.03	设备费	125.50
6.拨入专项资金	125.12	修缮费	11.00
		业务费	14.98
		3.其他	75.20
		其中：上缴上级支出	9.11
		提取奖学金	11.60

二、校办企业

"大跃进"运动时期，县中曾建办细菌肥料厂、草菇厂、土壤试剂厂、颗粒肥料厂、糠醛厂等。1959年2月，细菌肥料厂试制成功植物生长刺激素赤霉素并投入生产。1958—1959学年,全校工业总产值7056元,农副业总产值1749元。1960年9月,尚有自办工厂1个(文教机械厂),耕种土地7.5亩。

1976年第二季度,建立常熟县中学印刷厂。1977年,校办印刷厂固定资产27510元。1987年2月,市中被常熟市教育局表彰为1986年度"校办工业成绩显著学校"。1988年9月,校办教育印刷厂厂房面积1132平方米。从1976年至1994年,先后建立多个校办企业,表列于下:

企业名称	建立时间	更名情况	负责人	主营业务
常熟县中学印刷厂	1976年5月	常熟市教育印刷厂(1981年6月)	胡 耀	印刷
常熟市昭文综合经营部	1988年5月		李建铭	文化体育用品,印刷材料
常熟市教育机械厂	1988年9月	常熟市铝合金门窗(1988年)、常熟市五金机械(1990年9月)	卢保康	机械加、冲压件,兼营五金
常熟市教育印刷厂琴川彩扩社	1987年	常熟市广角摄影图片社(1992年7月)	任宇劲 周国忠	摄影、冲洗、彩扩等
常熟市佳乐食品炒货厂	1992年11月		钱建明	食品经营
常熟市嘉灵实用科技新品厂	1993年3月		徐炳炎	家用五金生产
常熟市明艺雕刻厂	1994年5月		刘瑞林	红木家具、木制雕刻品

校办企业的创办与发展,为学校办学和教职工福利提供了经济上的支持。1977年至1999年,校办企业部分年度的产值、利税情况见下表:

年度	基本情况
1977年	总产值29940元,总纯收入1000元,勤工俭学收入438元
1979年	总产值67467.28元,纯收入8774.52元
1980年起至1984年	总产值100.44万元,为学校提供资金5.7万元
1985年	利润突破15万元
1987年上半年	利润9万元
1991年	产值146.79万元,销售额246.54万元,利润30.1万元,税金9.58万元
1992年	销售额249.28万元,税金9.49万元,利润33.81万元
1993年	销售额712万元,税金24.53万元,利润39.54万元
1995年	销售额373万元,利税48.38万元,净利25.48万元,税收22.54万元
1996年	产值720万元,利税77.1万元
1998年	产值700多万元,利税近100万元

1992年5月8日,常熟市教育印刷厂试行由市校办工业公司直接管理,原企业性

质、人员性质、资产所有权均不变,企业当年实现利润的40%上缴学校,作为补充教育经费,原上缴市校办工业公司的利润比例不变。2002年开始,学校实施校办企业改制工作。2005年,常熟市教育印刷厂完成改制,成为独立法人单位,市中校办企业改制工作全面完成。

第八章　附设机构

第一节　暑校、简师、西塘桥分校

一、暑期义务学校

1929年6月底，县中校友会为了促进在读中小学生暑期学习与交流，养成学生良好的学习习惯，并提升自身教育经验，由首届校友褚振华、庞翔勋，第二届校友温肇桐等人发起，筹建县中校友会暑期义务学校。7月初，商借虞阳小学校舍，并向教育局备案。7月10日前后，在城区各中小学建立招生点，招收小学三年级以上及初中一年级学生。至开学止，共招收学生206名，生源主要来自县中、孝友中学及虞阳小学等17所中小学校。

本届暑期义务学校由褚振华任主席，设有校务会议总揽全局，下设总务、教务、训育、事务四部分掌庶务，制定有校务会议规程和总务部、教务部、训育部、事务部规程。教员及工作人员共21人，基本上由县中校友会成员充任，并分兼各项学校事务。经费由校友会基本金中提取，并接受校友特捐，两项合计收大洋75元。支出主要用于书籍等教学用品、校役、杂费等，全体教员及工作人员均为义务付出，不取报酬。7月12日，召开第一次校务会议，决定聘请校务秘书、教务员，雇用校役，筹措经费、确立会议制度等事项。7月16日，正式开学上课。

班级及课程开设情况如下：

班级	总人数	男生数	女生数	主要课程
初中级	34	27	7	国语、算术、英文、历史、地理、自然、艺术唱游
六年级	46	21	25	国语、算术、英文、社会、自然、艺术唱游
五年级	25	21	4	国语、算术、英文、社会、自然、艺术唱游
四年级	49	36	13	国语、算术、常识、艺术唱游
三年级	52	44	8	国语、算术、常识、艺术唱游
合　计	206	149	57	

在教材选取及处理上，除了部分采用当时既有教材以外，特别注重教材改编和补充，以提高学习兴趣和拓展知识，如三年级国文课以《小朋友》杂志所载诗歌为主要教材，算术全部使用自编教材，艺术唱游选授普通简易而有趣之歌曲、以毛笔或铅笔自由画为教材。高年级国文课则选取《胡适文存》《馨儿就学记》《儒林外史》《红楼梦》等内容进行教学。学生课后布置练习大字、日记等，每周交级任教员批阅。

暑期义务学校建有奖惩制度，凡学生操行或学业列入甲等，无缺课或有其他特殊成绩者，酌给奖品，以资鼓励。修业结束时共有7名学生学业列入甲等，32人操行列入甲等，55人为一月无缺课者。8月15日，学校举行休业仪式，首由褚振华主席报告该校经过情形，继由任教老师训话、学生代表方琴生演说，最后颁奖。

1930年和1931年，县中校友会还先后借虞阳小学、石梅小学举办两届暑期义务学校，参加暑期学校工作的，主要有褚振华、庞翔勋、温肇桐、张钰、季国屏、叶问政、俞季湜等。

1947年，县中丙戌级校友会为鼓励学童于漫长之暑期中得进修学业、操练身体，并促进对团体生活之认识，借报本小学校舍，举办义务暑期小学。该校依靠社会各界人士捐助，义务供给书籍簿册等，校友会成员充任教员，不取报酬，开设4个班级，招生140多人组织教学。

1948年，县中丙戌级校友会复借县中校舍举办义务暑小，添设高班，招生近200人。当年因时局动荡，物价飞涨，导致经费亏空。为弥补经费不足，8月底，丙戌级校友会组织了三场影券义卖活动。此后，义务暑小停办。

二、附设简易师范科

1945年10月，常熟县教育局决定在县中举办附设简易师范。1946年2月，江苏省教育厅批准在学校附设简师科，招收初中毕业生。1946年3月，县中拟具简易师范科招生及实施计划书，上报县府。县府研究后决定：学生入学资格为初级中学毕业或同等学力，或同等学校毕业及曾任小学教员三年以上者，均须经入学考试，同等学力录取名额不得超过30%。

3月3日，举行入学考试，科目为公民、国文、算学、史地、理化、口试。经审批录取学生64名。3月11日，正式开始上课。简易师范班之教学科目及每学期、每周教学时数，均遵照当时部颁简易师范科暂行办法执行。每周教学时数为34学时，科目有教学原理及方法、学校行政、国语及注音符号、应用文、历史、地理、音乐、体育、卫生、农工艺、农村经济及合作、实习等共17门课程。学员毕业后与高师毕业者待遇相同。

1947年1月12日,县中简易师范班在校大礼堂举行毕业仪式。陈旭轮校长、县府徐督学、中山中学蒋校长等先后致辞,勖勉毕业学生。此届毕业学生共54人,成绩均极优良,由县府于是年春分别派至各乡镇国民小学任教。

本届简易师范毕业之际,县府为推进教育事业,造就教育工作青年,决定简易师范不再附设于县中,改为独立开办。1947年1月底,县教育局决定将简师改设为乡村师范,并以教育科赵科长任筹备主任,校址设在支塘。

三、西塘桥分校

常熟县中西塘桥分校前身为常熟私立虞西初级中学。1945年8月,本地西北乡旅沪人士和本地热心人士共同出资,于虞西文化中心地之西塘桥镇筹设中学一所,定名为常熟私立虞西初级中学。由旅沪及当地人士组成校董会,推孙翔仲为董事长,王同书为校长。其后以学校经费无法维持,多次向省教育厅请求改设为县立中学。1946年11月,县中校长陈旭轮签呈意见,建议将虞西初级中学改设为县中分校。1947年1月,西北乡旅沪学生联谊会孙敬治等向各界呼吁,请求在西塘桥设立县中。同年5月,江苏省教育厅批复同意该校改设为常熟县立初中分校。8月,县中陈旭轮校长接管该校,兼任校长,其一切校务纳入县立初中统一管理。8月,委任王同书为分校校务主任。校务主任下设教导处、事务处,协助校务主任工作。

西塘桥分校并入之际,共有3个班,学生150人,教职员10人。当年招收公费生1个班50人,由于县府财政困难,其原有的3个班级仍按自费班缴纳学费等费用。1948年8月,增招公费生1个班,形成一所学校公、私两具格局。1949年4月,常熟解放。时因水灾严重,而沙洲区蒙灾尤烈,各家长均无力负担学费。1949年10月6日,县中校长陈旭轮向苏南人民行政公署呈请,要求将西塘桥分校之自费班改设为公费班,是月获得批准,由此西塘桥分校完全转为公立初级中学。

常熟解放以后,分校建立了校务会议、教导会议、事务会议、经济稽核委员会、招生委员会等新管理机制。在课程上除将原来的公民课改授生活指导、童军课改授体育外,其余均维持原状,照常上课。在训导方面,由教导处与各级任导师共同负责,以训练学生遵守校规、刻苦耐劳、虚心学习为原则,具体要求为:1.养成早起习惯;2.戒绝奢华;3.养成早读风气;4.敬爱师长;5.不准擅自出校或缺课;6.说话诚实;7.培养良好道德;8.锻炼体格;9.考试不可作弊;10.实事求是。

1949年5月,西塘桥分校有班级4个,学生183人。教职员12人,工勤5人。年经费收入主要为学杂费、宿费、县拨经费,折合白粳115石;支出主要有教薪、修添、办公费,折合白粳112石。校舍有教室4个,师生宿舍8间,办公室2个,另有会客室、厨房、膳堂、礼堂、雨操场等设施。学校教学用具粗备,有图书772册。

1950年3月12日,苏南人民行政公署批准将常熟县中分校独立建制,更名为公立西塘桥初级中学,以利校务推进。1952年6月12日,苏南人民行政公署文教处遵照中央人民政府政务院关于改革学制的决定,并按照目前调整各类学校的需要,决定将常熟西塘桥初级中学校名改为常熟西塘桥中学。

第二节 常熟市中学分校

常熟市中学分校前身为常熟市第八中学,创办于1969年10月,最初为常熟县城南初级中学。1976年改称常熟县城南中学,1981年更名为常熟市琴南中学,1989年改为常熟市第八中学,1994年迁校址于元和五区。1999年6月,常熟市人民政府决定,撤销常熟市第八中学建制,与常熟市中学合并,改称常熟市中学分校;其原有独立开展的一切业务并入市中,由钱文明兼任分校校长。并入时,该校占地24624平方米,建筑总面积8341平方米;内设校长办公室、教导处、总务处等机构;共有23个班级,其中普通高中7个班,中专1个班,职业高中1个班,初中14个班;学生总数1116人,教职工118人。学校先后获常熟市德育先进学校、教学管理先进学校、校园管理先进学校等荣誉。

1999年9月,市中任命副校长任宇劲兼分校副校长、党支部书记,主持分校工作;任命沈惠民为副校长、副书记,赵树棠、周永良为副校长。总校与分校实行四个"统一",即统一领导、统一师资调配、统一待遇、统一使用教育资源。

为了实现市中分校跨越式发展,分校在2000年制订了五年规划,提出"全面实施素质教育,努力争创江苏省教育现代化示范学校"的目标,并确立"一年平稳过渡,三年初见成效,五年办出成果"的奋斗方向,倡导"让每一个学生都得到发展",为社会提供优质教育服务。2000年后,市中美术班移至分校招生办班,总校部分教师调到分校加强教学力量。

从1999年至2003年,分校采取了一系列措施,进一步加强学校各项工作,取得较好成绩。

在德育工作上，分校积极利用升旗仪式、宣传橱窗、黑板报、广播、班会课等，有计划、有针对性地进行爱国主义、集体主义、社会主义和法制教育。1999年，树立名人名言牌，并发动各班献词，用学生自己的语言来优化育人环境。组织学生参观"国旗知识展"，举行"好歌献祖国"卡拉OK比赛，并获常熟市中学生文艺会演一等奖。2000年，《琴声》宣传橱窗每天推出"每日一语"，每周推出"时事回顾"。2001年，举办了"新世纪，我能行"主题教育活动。政教处德育论文获苏州市论文一等奖，《市中分校德育工作形成系列，特色鲜明》一文在《常熟日报·教育特刊》刊发。2002年，组织学生投入学雷锋、青年志愿者活动，突出"岗位学雷锋，奉献在校园"，并扩大了青年志愿者活动基地。是年，为纪念中日邦交正常化30周年，开展画信交流活动，分校学生的60封画信在日本6所学校巡回展览。

分校重视抓好德育常规管理。1999年秋学期，继续开展以纪律、卫生、自行车管理、两操、出勤、黑板报为主要内容的"红旗竞赛"，组织"创良好班集体"活动。2000年，编订《常熟市中学分校学生手册》。10月，举办了《中学生日常行为规范》知识竞赛，并开展"告别不文明行为，争做文明学生"千人签名活动。2001年，与常熟市人民检察院共建"青少年维权岗"。2003年，组织全体学生观看远离黑网吧、远离"三厅"、严守规则、纪律至上、车祸猛虎、安全上路、谨慎乘车等教育片。

环境保护、科普宣传是分校长期以来的德育传统项目。1999年，开展争创江苏省绿色学校、"保护母亲河"活动。2000年，开展迎接新世纪环保小论文比赛，举办"为了明天，请保护环境"讲座，推出"为了永远清新宜人的地球家园"专题宣传橱窗，暑期举办学生环保夏令营，参观自来水三厂、高专生化系标本室、宝岩生态园等。2001年，结合江苏省科普宣传周，开展了"五个一"活动，即一次知识竞赛、一次科普宣传讲座、一次专题黑板报、一次专题橱窗、一次观看科普录像。在世界环境日前后，组织环保知识讲座，陈列学生环保漫画、手抄报及有关宣传图片，校环保兴趣小组发出回收废电池的倡议。2002年，开展"保护蓝天碧水，共建美好家园"征文活动、环保摄影比赛。在2003年上半年常熟市科普宣传周中，学校举办了专题讲座，组织了专题黑板报展示、观看科普录像等活动。

在教学方面，分校加强教研组建设，认真组织《"五认真"工作规范》学习、检查，开展以说课、上课、评课为主要形式的教研组常规活动。1999年以后，分校大面积学习推广洋思初中经验，大力创导启发式、讨论式教学，精讲多练，引导学生自主学习、主动学习。1999年至2000年，先后组织了各科青年教师校级评优课。2001年秋，制订了常熟市分校骨干教师培养计划，完善了《常熟市中学分校教学能手管理条例（试行）》《常熟市中学分校中青年教师学科带头人管理条例（试行）》，使骨干教师的培养走上了制度化、规范化的轨道。1999年9月至2003年6月，教师在各级评优课、基本功竞赛中，获全国中学生物学科电子教案一等奖1个，省二等奖1个，苏州市二等奖1个，常熟市一等奖3个，常熟市二等奖7个。1999年秋学期末，高三语、数、外会考合格率均在90%以上，全科合格率达84.4%。2000年春学期，初中各年级全科合格率为初一79%、初二78%、初三76.5%，较以前有较大提高。

分校大力拓展活动课程教学。1999年下半年，共组织18个兴趣小组。2001年，在初一、初二年级开设5类50项活动课，学生参与率100%，教师参与率达70%。常熟市教育局在分校召开"活动类课程改革研讨会暨市中分校活动课程展示汇报会"，分校的经验和成绩得到省市专家的一致好评。2002年，学校对原有的50项活动类课程进行整合优化，调整为38项，收到良好成效。

开展美术特色班教学，是分校建立后的重点工程。学校整合教育资源，配置近400平方米的专用教室和大量的石膏像、静物器皿等教学用具和教学资料。在教学上抽调苏州市、常熟市学科带头人等骨干教师任教，对美术课采用专业教师承包式小班制教学；坚持贯彻"以文化课为主，兼顾专业课"的原则，强调文化专业同步发展；专业课主要开设素描、色彩、速写、图案、设计基础等课程，文化课开设教育部规定的全部高中科目。从2000年至2003年，分校美术班在江苏省高考美术统考中，专业合格率始终保持在百分之百，本科录取率均在百分之九十以上。2002年，分校51名美术考生中有49人过本科线，在全省名列前茅。2003年有9名学生通过了中国美术学院的专业考试。学校被确定为江苏省普通高中艺术教育实验学校，中国美术学院、南京师范大学等高校的美术教学基地。

这一时期分校的教育科研有较大发展。1999年12月，启动省级课题《改革初中课堂教学模式，培养学生能力的研究》，以改革活动课程、信息技术与课程整合为两个切入口，探索建立适合本校实际的课堂教学新模式。2001年4月，启动省级课题《信息技术与课堂有效整合，培养学生获取信息、运用信息、提高学习能力的研究》，课题组多次组织对外公开教学展示活动；是年10月，常熟市教育局电教馆在分校召开"常熟市信息技术整合研讨会"，省市专家对分校的做法给予了充分肯定；12月，周俊老师的"网络环境下自主性探究式学习教学设计"，代表苏州市在江苏省中学生生物教学研讨会上进行了交流,许蕾老师的《你好!广告》一课在网上发布。2001年9月,苏州市级德育课题《强化德育"合力"教育,提高学生素养培养能力的研究》立项,从基地活动、心理咨询、青少年维权岗等八个方面展开了研究。是年,学校获省级电教研究课题苏州市优秀班集体成果奖,周俊老师获全国第九届中等学校生物学科优秀论文评比一等奖。

2003年12月,常熟市中学分校单独建制,恢复常熟市第八中学校名,同时保留"常熟市中学分校"牌子。是时分校校舍建筑面积11490平方米,有3个多媒体教室、2个网络教室,其校园网、"言子教育网"等初具规模;共有29个班级,其中初中23个班,高中美术特色班6个,在校学生1600多人;在编教职工134人,其中苏州市级学科带头人1名,常熟市级学科(学术)带头人8名,常熟市级教学能手14名。1999年底,获评苏州市义务教育阶段学校德育整体教改试点工作先进学校。2002年,被评为苏州市教育信息化实验学校、常熟市教育科研先进学校,获常熟市初中教育质量综合评估A级奖励。

第三篇 人　物

第九章　学校领导、卓越教师

一、1924年—1949年历任校长

沈承烈　字佩畦，毕业于上海龙门初级师范。1924年9月被聘为县中首任校长，筚路蓝缕，肇建学校。1927年8月离任。

殷懋德　字摩斗，毕业于交通大学，1927年8月任县中校长，重学科教学。1928年2月离任。

徐　信　字允夫，毕业于两江优级师范学堂，宣统二年（1910年）师范举人。1928年2月被聘为县中校长，重视教学质量。1932年8月离任。

桑　新　字灿南，毕业于复旦大学。1932年8月被聘为县中校长，9月离任。

朱印离　字丽天，毕业于国立东南大学。1932年10月被聘为县中校长，治校有条不紊。1933年7月离任。

孙贡元　字萃甫，毕业于国立东南大学。1933年7月被聘为县中校长，具有开拓精神。1936年1月离任。

顾彦儒　法国南锡大学法学博士。1936年1月被聘为县中校长，于国难中坚持办学。1937年11月离任。

殷懋仁　字溥如，毕业于国立南京高等师范。1927年起任教于县中，1939年10月任县中校长，1945年3月离任。

宋柳江　字梅春，毕业于国立东南大学。1928年起任教于县中，1945年3月任县中校长，1945年8月离任。

陈　旦　字旭轮，毕业于国立东南大学，著名教育家。1945年10月被聘为校长，以爱国民主育人。1957年11月离任。

二、1949年10月之后历任校级领导

校长	副校长	书记	副书记
陈旭轮 （1949.10—1957.11）	吕　英（1951—1957.7） 王克芳（1954.8—1961）	王克芳 （1954.8—1957.11）	
张　剑 （1957.11—1962.7）	王　民（1961—1978）	张　剑 （1957.11—1962.7）	
庞学渊 （1962.7—1966.9）		庞学渊 （1962.7—1966.9）	
刘　省 （校"革委会"主任） （1968.2—1968.10）	朱康强（1968.10—?） （校"革委会"副主任）		
刘杏度 （校"革委会"主任） （1968.10—1976）	梅　影（1970.11—1976） （校"革委会"副主任）	刘杏度 （1972.1—1976）	何满发（1972.1—?） 梅影（1972.9—1976）
梅　影 （校"革委会"主任） （1976—1977.6）		梅　影 （1976—1977.6）	
钱建南 （1977.10—1983.9） （其中1977年10月至1978年2月为校"革委会"主任）	王惠珍（1977.10—1978.2） （校"革委会"副主任） 宋庆元（1977.11—1981.9） 樊立生（1978.8—1980.12） 汪兆海（1979.12—1982.8） 葛韶华（1980.10—1983.9）	钱建南 （1977.10—1985.8）	王惠珍 （1977.2—1977.12） 宋庆元 （1977.11—1981.9） 汪兆海 （1979.12—1982.8） 葛韶华 （1980.10—1983.9）
金沛耀 （1983.9—1984.4）	李　椿（1983.9—1984.4） 邓丽正（1984.4—1985.8） 顾崇文（1984.11—1986.3）		金沛耀 （1983.9—1984.4）
李勤晓 （1985.8—1992.8）	陶汉森（1985.8—1993.9） 赵天祥（1986.9—1992.8） 钱文明（1989.8—1992.8）	李勤晓 （1985.8—1992.8）	胡永鹏 （1986.2—1989.8） 赵天祥 （1989.8—1992.8）
钱文明 （1992.8—2003.10）	陆如年（1992.8—1996.10） 任宇劲（1993.8—2002.1） 邓一先（1996.10—2003.10） 尹建生（1998.10—2002.8） 朱显元（1999.7—2000.3） 朱小龙（2000.2—2007.12） 沈国明（2002.7—2020.8）	钱文明 （1992.8—2003.10）	李国荣 （1992.8—1996.10） 沈　沛 （1996.10—2002.7） 邓一先 （2002.7—2013.8） 张琦祯 （2002.7—2013.7）
王金涛 （2003.10—2004.8）	凌解良 （2003.10—2004.8）	王金涛 （2003.10—2004.8）	凌解良 （2003.10—2004.8）

续表

校长	副校长	书记	副书记
凌解良 （2004.8—2010.4）	殷丽萍（2004.8—2005.8） 董建石（2008.8—2016.8） 邹丽芳（2008.8—2018.8）	凌解良 （2004.8—2010.4）	
周永良 （2010.4—2017.8）	马　宁（2013.8—2017.7） 范祖国（2013.8—2015.8） 王跃斌（2016.8—2018.8）	周永良 （2010.4—2019.12）	顾　钰 （2015.9—2023.8） 马　宁 （2017.8—2020.1）
马　宁 （2017.8—2023.8）	华国平（2018.8—2022.8） 平卫星（2018.8—　） 邵俊峰（2020.12—　） 葛　岩（2022.9—2024.8） 张一览（2022.9—　）	马　宁 （2020.1—　）	

三、现任校级领导

书记	校长	副书记	副校长	调研员
马　宁 （2023.8—）	华国平 （2023.8—）	华国平 （2023.8—）	平卫星（2018.8—　） 邵俊峰（2020.12—　） 张一览（2022.9—　） 朱　梅（2024.8—　）	沈国明 顾　钰

注：学校1954年起建立党支部，1987年3月改设党总支，2008年7月改设为党委。2023年8月起实行党组织领导的校长负责制。

四、卓越教师

季昌龄　字梦九，毕业于江苏师范学校。1923年任海虞市参议员，提议建立县立中学校，被采纳。建校初期任教于县中。

钱景高　字南山，光绪二十二年庠生，同盟会会员。县中建立后在校任教国文，学问渊博，讲解详明，极受学生欢迎。

蒋凤梧　字韶九，光绪二十一年庠生，曾任江苏省第一师范学校校长、常熟县教育局董事会主席等职，具有民族气节。1927年后，两次来校任教。

邹铭书　字朗怀，清末贡生，建校初任教国文，讲解透彻，尤重诵读，成绩突出，深受学生喜爱。县中复校后再任国文教师。

季良生　毕业于东吴大学，1927年后长期在校任教，曾任学校训育主任、教导主任、总务主任等，1956年被评为江苏省中初等学校优秀教师。

郑宗鲁　国立东南大学理学士,1928年起在校任教,博学多才,水平卓异,循循善诱,被誉为"万能先生"。被评为常熟市劳动模范、江苏省先进工作者。

孙鸣玉　东吴大学毕业,1948年起在校任教,教学功底深厚,课堂教学条理清晰,教学成绩突出,1956年被评为江苏省中初等学校优秀教师。

黄　冠　江苏省数理专修科毕业,1950年起来校任教,长期任校教导主任,管理能力突出,工作细致严谨,为学校成为苏南名校作出较大贡献。

司马淳　1950年起在校任教数学,其代数教学负有盛名,先后被评为常熟县优秀教师,江苏省教育、文化、卫生、体育社会主义建设先进工作者。

邵宪鸿　全国优秀班主任,江苏省优秀教育工作者。

吴宗瑾　两次被评为全国优秀工会积极分子,苏州市劳动模范。

钱文明　全国优秀教师,苏州市十杰校长,曾任市中校长、党总支书记。

陆如年　全国优秀教师,曾任市中副校长,获江苏省中等学校"红杉树"园丁奖。

周永良　全国优秀教师,苏州市十杰教师,曾任市中校长、党委书记。

邓一先　全国优秀教师,常熟市劳动模范,曾任市中副校长、副书记。

沈国明　全国模范教师,江苏省特级教师、首批教授级中学高级教师,曾任市中副校长。

顾　钰　全国中小学外语教学名师,苏州市教坛新秀"双十佳",曾任市中党委副书记。

强守仁　江苏省特级教师。

韩建光　江苏省特级教师,曾任市中教科室主任。

马　宁　江苏省特级教师,江苏省中小学正高级教师,"苏教名家"培养对象,江苏省人大代表,现任市中党委书记。

邵俊峰　国家教学名师,江苏省特级教师,江苏省中小学正高级教师,教育部"国培计划"专家组成员,现任市中副校长。

吴彦彰　第八届中国优秀青年志愿者,江苏省首届"最美社工"。

汤丽萍　江苏省中小学正高级教师,苏州市名教师。

肖　敏　江苏省中小学正高级教师,江苏省教学名师,江苏省教育科研先进个人。

陆文博　江苏省中小学正高级教师,江苏省教学名师。

蒋少卿　江苏省中小学正高级教师。

第十章　建校百年杰出校友

学府之美，在乐育英才。学子之志，存乎报效国家，为母校之光。常熟市中学立校百年，共培养了近5万名毕业生。他们各展才华，在各个领域取得了卓越成就。百年华诞之际，学校编印了常熟市中学《琴水菁莪·校友名录》和《琴水菁莪·繁星闪耀》两集。在此基础上，学校根据所掌握的校友信息（至2024年4月止），组织专家、教师进行评选，评出"建校百年杰出校友"121名，其主要事迹略记于下，详情请参阅《琴水菁莪·繁星闪耀》：

（以届别先后为序）

首届（1927届）
庞翔勋　我国早期职业教育家，原中华职业教育社副主任。

1928届
周太炎　植物学家、植物药学家，获全国科学大会奖、中国科学院科学技术进步二等奖，享受国务院政府特殊津贴。

温肇桐　美术教育家、中国绘画史论家。

1930届
姚　鑫　中国科学院资深院士，实验生物学家、肿瘤生物学家，曾任中国细胞生物学会理事长、亚太地区细胞生物学联合会主席。

俞炳元　著名水电专家，获首届国家科技进步特等奖、国家第一块金质奖章。

1931届
勇龙桂　著名经济学家、法学家，中国社会科学院哲学社会科学部学部委员，中英香港问题谈判专家组中方组长,香港、澳门特别行政区基本法起草委员会委员。

严寄洲(1928级)　著名电影艺术家、导演,荣获国家有突出贡献电影艺术家、金鸡奖终身成就奖、国务院特殊贡献奖金奖。

1932届

王　立　原第五机械工业部副部长、兵器工业部科技委员会主任,中国兵工学会第一届理事长。

1933届

刘耀南　教授、博导,我国电气绝缘学科开拓者,电气绝缘测试技术奠基人之一。享受国务院政府特殊津贴。

1934届

吕　恩　戏剧表演艺术家,主演话剧《雷雨》、电影《骆驼祥子》等,在戏剧界有"活繁漪"之称。

张祥麟　教授,主编教材获第二届高等学校优秀教材一等奖,享受国务院政府特殊津贴。

1935届

朱爱秩　革命烈士。历任中共常熟县委委员、县委妇女工作部部长、常熟县妇女抗日协会主席、中共梅南区委书记,1941年在反"清乡"斗争中牺牲。

1937届

戴逸(1937级)　原名戴秉衡,中央文史馆馆员,杰出历史学家,第四届和第五届中国史学会会长,国家清史编纂委员会主任,全国教育系统劳动模范。

钱从龙　教授,三次获教育部优秀成果奖,享受国务院政府特殊津贴。

1942届

吴大梁　南京炮兵学院名誉教授,研究员,我军炮兵射击理论奠基人之一,享受国务院政府特殊津贴。

1943届

黄心川　原名黄顺康,中国社会科学院荣誉学部委员,曾任中国社会科学院亚洲太平洋研究所所长、南亚研究所副所长等职。

孙麟治　研究员,获全国科学大会奖、中国科学院重大成果奖、上海市科技进步一等奖,享受国务院政府特殊津贴。

1946届

姚振炎　首任国家开发银行行长,曾任全国人大财经委员会副主任。

吴树青　教授、博导,著名经济学家,曾任北京大学校长、全国人大常委会委员。

蒋其恺　教授级高级工程师,曾任大庆采油厂总工程师、厂长、党委书记,中国石油学会秘书长等职,获国家科技进步一等奖。

姚贤良　土壤物理学家,获中国科学院自然科学一等奖、国家自然科学二等奖,享受国务院政府特殊津贴。

朱德恒　教授、博导,获国家教委科技进步(甲类)一等奖,享受国务院政府特殊津贴。

沈熙环　教授、博导,曾任中国林学会遗传育种分会副主委,研究成果获国家科技进步二等奖、林业部优秀教材一等奖,享受国务院政府特殊津贴。

金祖德　教授,享受国务院政府特殊津贴。

1947届

顾家柳　教授、博导,研究成果获国家科技进步一等奖、航空工业部科技进步一等奖,享受国务院政府特殊津贴。

徐庆荣　教授,曾任中国测绘学会测绘教育委员会副主委,获国家测绘科技进步二等奖,享受国务院政府特殊津贴。

邹　衍　教授级高级工程师。长期主持军用通讯仪器研制工作,享受国务院政府特殊津贴。

1948届

吴　翔　教授、博导,参加第一颗原子弹、第一颗氢弹、第一次地下核试验的研究工作,作为主要参加者获国家自然科学奖一等奖。

郑兆昌　教授、博导,曾任中国振动工程学会副理事长,研究成果获普通高校优秀教学成果奖国家级特等奖。

陆治年　教授,研究成果获国家科技进步一等奖,享受国务院政府特殊津贴。

萧　彝　高级工程师,作为参与者获1978年全国科学大会奖,作为总体负责人获国家科技进步二等奖。

赵善德　研究员级高级工程师,我国第一个核反应堆控制系统的主要设计人之一,享受国务院政府特殊津贴。

徐伟勇　教授、博导,研究成果获华东电力科技进步一等奖,享受国务院政府特殊津贴。

1949届

陆　埮　中国科学院院士,天体物理学家,在中子星物理和高能天体物理等方面作出重要贡献,获国家教委科技进步一等奖。

沈辛荪　研究员,著名运载火箭技术专家,获国家科技进步特等奖,部级劳动模范,享受国务院政府特殊津贴。

顾振恺　著名翻译家,中国贸促会外语考核委员会主任,享受国务院政府特殊津贴。

孙昌树　高级工程师,全国五一劳动奖章获得者,国家有突出贡献的科技专家,获国家发明二等奖。

陶奎元　教授、博导,曾任中国地质科学院火山地质矿产研究中心首席科学家,主持多项国家及部级重大科技项目并获奖,享受国务院政府特殊津贴。

1950届

王炜炘　教授,广西师范大学原校长,国家有突出贡献专家,享受国务院政府特殊津贴。

张溱芳　教授,研究成果获轻工部科技进步二等奖,享受国务院政府特殊津贴。

庞增祥　主任医师,曾任华东疗养院院长、党委书记,享受国务院政府特殊津贴。

1951届

张留徵　研究员、教授,研究成果获国家科技进步一等奖,享受国务院政府特殊津贴。

陆蠡珠　教授级高级工程师,曾任化工部规划院总工程师,化工部先进工作者,享受国家技术津贴。

1952届

张宗悦　高级工程师,研究成果获国家科技进步一等奖、机电部科技进步特等奖,享受国务院政府特殊津贴。

宗福开　教授,研究成果获1978年全国科学大会重大科技成果奖、全军科技进步二等奖,享受国务院政府特殊津贴。

王小平　曾任上海高安路一小、上海东二小校长,全国三八红旗手、全国教育系统"巾帼建功标兵"、上海市劳动模范。

1953届

赵　纾　研究员级高级工程师,研究成果获国家科技进步一等奖,享受国务院政府特殊津贴。

1954届

吴铨叙　上将,曾任中国人民解放军副总参谋长,第十五、十六届中央候补委员,主编五卷1600万字的《中国军事文库》。

黄仁涛　教授、博导,研究成果获国家科技进步三等奖两项,省部级一等奖两项,享受国务院政府特殊津贴。

陈炜湛　教授,长期从事甲骨文等古文字研究,硕果累累,人称"三鉴先生",所著《古文字学纲要》为大学文科教材。

1955届

沈树民　教授,曾任苏州市人民政府副市长,研究成果获中国科学院自然科学一等奖,享受国务院政府特殊津贴。

邵其钰　研究员,其研究项目获第七机械工业部科技成果一等奖、二等奖,享受国务院政府特殊津贴。

1956届

范滇元　中国工程院院士,著名激光与光电子学专家,研究成果获中国科学院科技进步特等奖、国家科技进步一等奖、陈嘉庚奖等,享受国务院政府特殊津贴。

吕达仁　中国科学院院士,大气物理学家。曾任国家"863计划"航天领域专家委员会委员、国际辐射委员会委员、国际高层大气气象学会委员等。

温鸿钧　曾任中国核工业总公司副总工程师,研究成果获国家科技进步一等奖,被授予有突出贡献的中青年专家。

霍兴云　高级工程师,中国发酵工业有突出贡献专家,研究成果获国家科技进步一等奖。

李　英　研究员、博导,长期研究青蒿素类抗疟新药,合成蒿甲醚,被载入国际药典,获第六届全国发明展览会金奖。

丁达夫　研究员、博导,全国生物物理学会理论生物物理专业委员会副主任,研究成果获国家自然科学奖二等奖。

于保良　教授级高级工程师,主持完成多个国家重点攻关项目,获国家科技进步二等奖。

李家麟　教授、博导,长期从事有关原子弹、氢弹的研究工作,获国家发明二等奖。

王厚邦　研究员级高级工程师,被国务院授予"有突出贡献中青年专家"称号,享受国务院政府特殊津贴。

吕　激　曾任科技部科技经济专家委员会成员,研究成果获国家科技进步二等奖,享受国务院政府特殊津贴。

苏　钧　教授,研究成果获全军科技进步二等奖,享受国务院政府特殊津贴。

王麟森　教授,获国家教委科技进步一等奖、机电部科技进步二等奖、国家科技进步三等奖,享受国务院政府特殊津贴。

1957届

吴顺唐　教授,获国家"曾宪梓优秀教师奖",享受国务院政府特殊津贴。

1958届

李　平　研究员,有机硅研究专家,获全国科学大会奖、中国科学院科技进步一等奖,享受国务院政府特殊津贴。

甘圣予　教授,曾任北京信息工程学院院长,研究成果获省优秀教学成果一等奖,享受国务院政府特殊津贴。

1959届

倪允琪　研究员、博导,曾任中国气象科学研究院院长,"973"项目首席科学家,获国家科技进步二等奖(排名第一),享受国务院政府特殊津贴。

蔡　鹍　水雷行业首席科学家,研究成果获国家科技进步二等奖(排名第一)。获全国五一劳动奖章,荣立国防科工委个人一等功。

张敬铭　曾任航天部512所所长兼党委书记,获载人飞船首飞一等奖、载人飞船特殊贡献奖等,享受国务院政府特殊津贴。

高家镛　研究成果获国家科技进步特等奖,享受国务院政府特殊津贴。

张理刚　研究员,著名同位素地球化学家,筹建我国第一个氧同位素实验室,享受国务院政府特殊津贴。

章　德　教授、博导,研究成果获电子部科技进步一等奖,被评为江苏省有突出贡献的中青年科学家。

1960届

应如剑　高级研究员、博导,研究成果获国家科技进步二等奖、全军技侦成果一等奖,享受国务院政府特殊津贴。

蔡若明　著名翻译家,法国昂热大学一级客座教授,法国华侨教育基金会理事,获法国教育部教育骑士勋章。

沈林兴　中国核数据库软件研制负责人,中国评价核数据库第一版主要技术骨干,获国家科技进步二等奖,享受国务院政府特殊津贴。

杨以钟　全国教育系统劳动模范,并获人民教师奖章,江苏省特级教师。

1961届

吴树玉　研究员、文职干部二级,研究成果获部委科技成果奖16项,享受国务院政府特殊津贴。

朱南康　教授,曾任苏州大学辐照技术研究所所长,中国核学会理事,享受国务院政府特殊津贴。

1962届

金振昭　少将,高级工程师,曾任某卫星发射中心基地副总工程师,两次获全军科技进步二等奖。

沈复兴　教授、博导,获国家教委科技进步一等奖。

1963届

黄明宝　教授、博导,曾任中国科学院研究生院党委委员,享受国务院政府特殊津贴。

潘永樑　教授、博导,享受国务院政府特殊津贴和军队优秀专业人才岗位津贴。

1964届

潘连生　曾任陕西省副省长、省人大常委会副主任。

俞炳丰　教授、博导,研究成果获国家科技进步二等奖、美国UTC—容闳科技教育奖,享受国务院政府特殊津贴。

华向东　全国五一劳动奖章获得者,中学特级教师。

戈雪芬　全国五一劳动奖章获得者,曾任江苏省总工会副主席。

1968届

沈国放　曾任外交部新闻发言人,中国常驻联合国副代表、大使,外交部部长助理。

1974届

马亚中　教授、博导。江苏省首届高校教学名师,江苏省中国古代文学重点学科首席学科带头人。

1975届

蔡卫民　教授、博导,研究成果获省部级科技成果二等奖3项,享受国务院政府特殊津贴。

1978届

杨燕华　教授、博导,国家电力投资公司首席专家,国家核安全专家委员会委员,中国核学会常务理事。

1979届

陈　辉　高级编辑(正高二级)。曾任江苏省广播电视总台副台长,影视作品获全国"五个一工程"奖、亚洲电视大奖等,享受国务院政府特殊津贴。

1980届

尤新刚　1979年被评为全国新长征突击手。曾任国家科学技术奖和国家创新争先奖评委,研究成果获国家科技进步和国家技术发明一、二等奖,国家某部最高科技奖。

朱　兰　妇产科学专家,中国医学科学院学部委员,全国三八红旗手,2024年获全国"最美医生"称号,中华医学会妇产科分会主委,中法盆底康复联盟主席,享受国务院政府特殊津贴。

周　兵　研究员,中国气象局高层次科技创新首席气象专家、全国气候与气候变化学科科学传播首席专家。

江学范　教授,入选江苏省"六大人才高峰"计划,享受国务院政府特殊津贴。

章　晖　1980年高考江苏省理科第一名。现在瑞士保罗—谢尔研究所从事强流质子装置加速器物理研究。

1981届

邢文革　中国电科首席科学家、"中华神盾"雷达副总设计师,获国家科技进步特等奖、全国五一劳动奖章,享受国务院政府特殊津贴。

邢建良　正高级工程师,扬子石化股份有限公司副总经理,研究成果获国家科技进步二等奖,江苏省劳动模范。

许桂明　研究员、技术三级,获省部级科技进步一等奖2项,二等奖5项。

1982届

李雪铭　教授、博导,辽宁师范大学党委书记。获辽宁省自然科学学术成果一等奖。

黄阿雪　入选2017年"中国好人榜"。

1984届

潘　华　研究员、博导,研究成果获中国核能行业协会科学技术一等奖、中国地震局防震减灾科学成果一等奖。

1985届

余　兵　国家能源投资集团有限责任公司董事、总经理、党组副书记。

宋云明　中国科协海智计划专家,中国旅美科技协会总会2015年会长,获中国旅美科技协会卓越科学家等奖项。

1986届

干春晖　教授、博导,上海社会科学院副院长,财政部产业经济学跨世纪学科带头人,获上海市哲学社会科学优秀成果一等奖。

王岳明　博士,深圳万科德投资发展有限公司董事长兼总经理,深圳市苏州商会会长,同济大学卓越校友。

沈新莲　研究员、博导,获国家科技进步一等奖、教育部科技发明一等奖。

1988届

黄志强　内蒙古自治区党委常委、政府常务副主席,中共第二十届中央委员会候补委员。

1989届

潘红兵　教授、博导,国家重点项目首席专家,主持多项国家重点科研项目,申请发明专利60余项。

1990届

屈文洲　教授、博导,福建省首批哲学社会科学领军人才,获福建省社会科学优秀成果一等奖。

1991届

周　斌　入选2013年"中国好人榜",江苏省劳动模范、江苏省岗位学雷锋标兵。

1992届

朱　波　教授、博导,总后"三星人才"获得者,研究成果获中华医学科技进步一等奖。

季　薇　华映资本创始管理合伙人,TMT和文化新媒体领域行业投资人。

1995届

石建军　教授、博导,中国材料研究学会科学技术奖一等奖(科技进步奖),浦江学者、曙光学者。

归泳涛　北京大学国际关系学院副院长、国际战略研究院副院长,获北京市高等学校青年教学名师奖。

郑庆余　一级美术师、博导,获"第四届全国青年美术作品展"优秀奖、"全国青年书画展"金奖。

1998届

钱柱中　教授、博导,研究成果两次获江苏省科学技术一等奖,并获国家教学成果二等奖。

1999届

徐　瑜　研究员、博导,国家自然科学基金优秀青年、国家高层次人才计划青年拔尖人才、上海市青年拔尖人才。

2002届

朱　真　教授、博导,研究成果获国家科技进步二等奖(主要参与人),获授权中国发明专利14项、软件著作权4项、美国专利3项。

2005届

段文杰　教授、博导,入选上海市曙光计划、湖北省楚天计划和2023年全球前2%"年度影响力"顶尖科学家榜单。

第四篇 表

一、学校组织情况表

1. 1933年6月常熟县立初级中学组织系统表

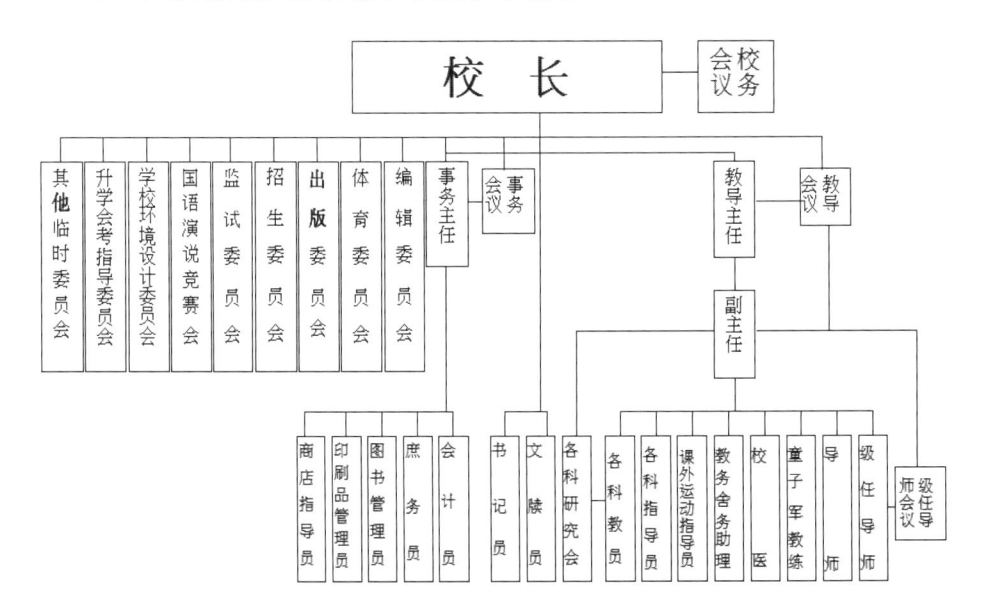

校长——校务会议

校长下设：
- 其他临时委员会
- 升学会考指导委员会
- 学校环境设计委员会
- 国语演说竞赛会
- 监试委员会
- 招生委员会
- 出版委员会
- 体育委员会
- 编辑委员会
- 事务主任——事务会议
- 教导主任——教导会议

事务主任下设（副主任）：
- 商店指导员
- 印刷品管理员
- 图书管理员
- 庶务员
- 会计员

教导主任下设（副主任）：
- 书记员
- 文牍员
- 各科研究会
- 各科教员
- 各科指导员
- 课外运动指导员
- 教务舍务助理
- 校医
- 童子军教练
- 导师——级任导师会议
- 级任导师

2. 建校以来各部门主要负责人任职情况表

校长办公室主任	党委办公室主任	教务（导）处主任	政教（德育）主任	教科室主任	事务（总务）主任
1978—2002 卞永梁 赵静华 季大法	袁学文 2008.8—2011.8	1924—1939 徐 信 朱 诠 郑宗鲁 殷溥如 庞树家 季良生	1985—2002 卞永梁 许焕华	胥 洪（兼） 1997—2001	1927—1950 宋楚石 顾俊玉 萧 理 程屺怀 陶蠡凤 陆醒弱
吴东权 2002.8—2008.8	程亚群 2011.8—2012.8	1939—1949 宋梅春 陶蠡凤 郑宗鲁 庞伯龙	程亚群 2002.8—2004.8	张琦祯 2001.8—2003.8	1950—1982 钱孟豪 姚崇俭 瞿祖华 顾一勤

续表

校长办公室主任	党委办公室主任	教务(导)处主任	政教(德育)主任	教科室主任	事务(总务)主任
程亚群 2008.8—2014.8	顾 钰 2012.8—2015.8	1950—1978 黄 冠 陈鹄东	邹丽芳 2004.8—2005.8	范祖国 2003.8—2004.8	吴宗瑾 1982.8—1996.8
顾 钰 2014.8—2017.8	朱 梅 2015.8—	1978—2002 赵天祥 陆如年 姚振元 胥 洪	袁学文 2005.8—2008.7	董建石 2004.8—2006.8	杭俊龙 1996.8—2001.8
朱 梅 2017.8—2019.8		薛惠良 2002.8—2006.8	蒋玉莲 2008.7—2008.9	薛惠良 2006.8—2014.8	陈 军 2001.8—2003.8
刘德军 2019.8—		董建石 2006.8—2008.8	马 宁 2008.9—2012.8	邵俊峰 2014.8—2022.8	姚志刚 2003.8—2014.8
		范祖国 2008.8—2013.8	华国平 2012.8—2016.8	肖 敏 2022.8—	程亚群 2014.8—2019.8
		罗仁祥 2013.8—2019.8	虞 琦 2016.8—2021.8		毛春来 2019.8—
		沈培强 2019.8—	范艳君 2021.8—		

3. 2005年以来年级部负责人任职情况表

年份	高一年级 主任	高一年级 副主任	高二年级 主任	高二年级 副主任	高三年级 主任	高三年级 副主任	英才部
2005	薛惠良(兼)	刘东坡 黄启钟 曹 健	范祖国(兼)	张小华 陈 新	董建石(兼)	罗仁翔(兼) 马 宁(兼)	
2006	罗仁翔(兼)	刘东坡 顾 钰(兼)	马 宁(兼)	黄启钟 曹 健	范祖国(兼)	张小华 陈 新	
2007	范祖国(兼)	张小华 陈 新	罗仁翔(兼)	刘东坡 顾 钰(兼)	马 宁(兼)	蒋玉莲(兼) 黄启钟	
2008	马 宁(兼)	平卫星 黄启钟	范祖国(兼)	陈 新 管兴华	罗仁翔(兼)	顾 钰(兼) 虞 琦	
2009	罗仁祥(兼)	顾 钰(兼) 虞 琦	马 宁(兼)	平卫星 黄启钟	范祖国(兼)	陈 新 袁学文(兼)	
2010	范祖国(兼)	虞 琦	罗仁翔(兼)	顾 钰(兼)	马 宁(兼)	平卫星	
2011	马 宁(兼)	平卫星	范祖国(兼)	虞 琦	罗仁翔(兼)	王跃斌(兼)	
2012	王跃斌	朱 梅(兼)	马 宁	平卫星	范祖国	虞 琦	
2013	范祖国	虞 琦	王跃斌	朱 梅	马 宁	平卫星	
2014	平卫星	刘德军	虞 琦	洪 莉	王跃斌	朱 梅	

续表

年份	高一年级 主任	高一年级 副主任	高二年级 主任	高二年级 副主任	高三年级 主任	高三年级 副主任	英才部
2015	王跃斌	朱 梅	平卫星	刘德军	虞 琦	洪 莉	
2016	华国平	洪 莉	王跃斌	朱 梅(兼)	平卫星	刘德军	
2017	平卫星	刘德军	华国平	洪 莉	葛 岩	范艳君	
2018	葛 岩	范艳君	平卫星(兼)	刘德军	华国平(兼)	洪 莉	
2019	洪 莉	李 敏	葛 岩	范艳君	张一览	王建刚	
2020	张一览	王建刚	洪 莉	李 敏	陆 球	范艳君	
2021	陆 球	唐志忠	张一览	王建刚	洪 莉	李 敏	范艳君(兼)
2022	李 敏	李 亚	陆 球	唐志忠	张一览(兼)	王建刚	洪 莉
2023	王建刚	薛 恒 齐本莹	李 敏	李 亚	陆 球	唐志忠	洪 莉

4. 1950年以来学校群团组织、民主党派主要负责人任职情况表

工会主席	团总支(委)书记	中国农工民主党支部(组长)主委	中国民主同盟支部(组长)主委	中国民主促进会支部(组长)主委
("文革"前) 吴昌汉 钟承德 瞿祖华 徐蕙芬 邵宪洵	("文革"前) 倪允明 瞿祖华 赵静华 吴宗瑾	("文革"前) 钟承德 季良生	孟新民 1990—2001	黄 可 1994—1999
戴政良 1980—1985	(1970—1982) 吕荣兴 高振莲	金元庆 1982—1989	钱律新 2001—2016	朱卫国 1999—2004
金元庆 1985—1989	吴惠钧 1982.8—1982.10	蒋秀英 1989—1999	谢燕月 2016—2022	唐俊荣 2004—2018
吴宗瑾 1989—1992	顾正平 1982—1986	管兴华 1999—2012	平卫星 2022—	戴国新 2018—
邓一先 1992—1999	任宇劲 1986—1991	查正开 2012—2017		
张琦祯 1999—2002	周国忠 1991—1993	王建英 2017—2020		
严 军 2002—2014	尤建中 1993—1995	何 琴 2020—		
程亚群 2014—2019	倪文君 1995—2001			
顾 钰 2019—	袁学文 2001—2006			
	朱 梅 2006—2014			

续表

工会主席	团总支(委)书记	中国农工民主党支部(组长)主委	中国民主同盟支部(组长)主委	中国民主促进会支部(组长)主委
	范艳君 2014—2020			
	瞿 栗 2020—			

5. 学校办学规模、组织情况表

表1　1934年6月学校办学规模、组织情况表

一、办学规模					
班级数	男子部	4班	学生数	男生	178人
	女子部	3班		女生	171人
	合计	7班		合计	349人
教职工总数	30人	专任	23人	兼职	7人
二、行政组织情况					
校长	姓名	孙贡元			
	学历	国立东南大学文学士			
中层机构	教导处主任	郑宗鲁	事务员	顾俊玉	女子部主任　刘佩华
行政组织	会议名称	出席人员			每学期会议次数
	校务会议	校长、教导主任、女子部主任、级任导师、教员、童子军教练员、事务员、校医、会计			2
	教导会议	校长、教导主任、女子部主任、级任导师、"党义"教师、童子军教练员、事务员、校医			4
	事务会议	校长、教导主任、事务员、女子部主任、会计、事务助理、校医、图书仪器管理员			1
	级任导师会议	教导主任、女子部主任、各级级任导师			4
	体育委员会会议	校长、教导主任、女子部主任、体育教员、童子军教练员、事务员、兼任导师、国术教员、校医			4
	学科会议	各科教员			2
	经济稽核委员会会议	由校务会议推选5人组织之			4
三、学生组织情况					
名称	组织办法				
童军乐园	由全校学生组织之				
学生自治会	每级推选代表4人,组织代表大会。分学术、文书、体育、游艺、出版、事务、保管等7股				

续表

名称	组织办法
各级球队	由各级自动组织之
校际球队	由体育教员及课外运动指导员选定
国术团	由学生自动加入，请国术指导员课后指导
演说竞赛会	由学生自动加入，按月举行比赛

表2 1960年3月学校办学规模、组织情况表

一、办学规模						
班级数	初中	16班	学生数	初中	917人	
	高中	14班		高中	764人	
	合计	30班		合计	1681人	
教职工总数	90人	专任	61人	职员	17人	工友	12人

二、行政组织情况			
校级	校长	张 剑	副校长	王克芳
	支部书记	张 剑		
中层机构	教导处	主任	黄 冠、陈鹄东
		下设机构	教务、舍务、图书、仪器等股，各有专人负责
	总务处	主任	瞿祖华
		下设机构	财会、伙食、保健等股，各有专人负责
行政组织	委员会名称	组成人员	
	校务委员会	设委员9人，由党政工团及教师代表组成	
	伙食管理委员会	设委员17人，由社团及师生、工友代表组成	
	治保委员会	设委员7人，下设若干治保小组	

三、群团组织情况	
名称	组织情况
工会	设委员11人，分宣传、组织、业务、生活福利4股，下有5个工会小组
团委	设委员17人（其中教师4人），分组织、宣传、少先队、军体4股，下有17个支部（其中1个教师支部）
学生会	设委员15人，分宣传、生活、文娱、体育、生产劳动5股
少先队	设大队委员9人，下有17个中队，各设中队委员3人
农工党	支部设委员3人
各班班委	设正、副主席和学习、生活、体育、文娱、劳动委员

表3　1980年12月学校办学规模、组织情况表

一、办学规模					
班级数	初中	15班	学生数	初中	838人
	高中	8班		高中	370人
	合计	23班		合计	1208人
教职工总数	112人			专任教师	85人

二、行政组织情况				
校行政	校长		副校长		
	钱建南		宋庆元、汪兆海、葛韶华、樊立生		
中层机构	校长办公室		教导处		总务处
	主任	人事干部	主任	副主任	主任
	卞永梁	赵静华	樊立生（兼）	王金曾	顾一勤
		钱仁宝		殷炳华	

三、中共党组织情况			
支部书记	钱建南	副书记	宋庆元、汪兆海、葛韶华
支部委员	卞永梁	党员数	17人

四、教研组情况			
教研组	专任人数	组长	副组长
政治教研组	6人	吴　泽	
语文教研组	17人	顾佑民	王文中、纪俊泽、黄振纲
数学教研组	21人	殷炳华（兼）	戴政良、朱学成
英语教研组	13人	陆如年	张书初、郭栭恩
物理教研组	10人	夏铁城	王爱英
生化教研组	8人	金元庆	
史地教研组	3人	施一鸣	
体艺教研组	7人	汪虎才	

五、群团组织情况			
校团总支	书记	高振莲	副书记	吴惠钧
工会	主席	戴政良	副主席	吴宗瑾、施一鸣

表4　2001年12月学校办学规模、组织情况表

一、办学规模					
班级数	初中	19班	学生数	初中	1191人
	高中	27班		高中	1356人
	合计	46班		合计	2547人
教职工总数	224人			专任教师	160人

续表

二、行政组织情况			
校行政	校长	副校长	调研员
校行政	钱文明	任宇劲、邓一先、朱小龙	李国荣、陆如年
中层机构	校长办公室	季大法（主任）	吴东权
中层机构	德育处	许焕华（主任）	倪文君
中层机构	教务处	胥洪（主任）	薛惠良、沈国明（副主任）
中层机构	教科室	张琦祯（主任）	范祖国
中层机构	总务处	陈军（主任）	姚志刚

三、中共党组织情况				
党总支	书记	钱文明	副书记	沈沛
党总支	委员	任宇劲、邓一先、朱小龙、季大法		
下属党支部	文科支部	书记	吴东权	
下属党支部	理科支部	书记	胥洪	党员数 89人
下属党支部	行政支部	书记	陈军	
下属党支部	退休支部	书记	刘国华	

四、教研组情况			
教研组	专任人数	组长	副组长
政治教研组	12人	吴泽	李建铭、朱云奎
语文教研组	23人	何敏	汤永昌
数学教研组	22人	沈建民	邹耀良
英语教研组	22人	陈解民	袁新民
物理教研组	16人	刘东坡	严军
化学教研组	12人	张忠达	管兴华
生物教研组	7人	王成琦	顾建军
史地教研组	13人	董建石	邵凤莲
体育教研组	9人	胡兴荣	万鹤飞
信劳教研组	5人	殷伟华	
艺术教研组	8人	姚妙琴	孙亚文

五、群团组织、民主党派情况				
校团委	书记	袁学文	副书记	施雪芳
工会	主席	张琦祯	副主席	严军、邹丽芳
中国民主同盟支部	主委	孟新民	副主委	成员人数 15人
中国农工民主党支部	主委	管兴华	副主委 周华生	成员人数 11人
中国民主促进会支部	主委	朱卫国	副主委 戴国新	成员人数 17人

表5　2023年8月学校办学规模、组织情况表

一、办学规模					
班级数	高中	48班	学生数	高中	2325人
教职工总数	276人		专任教师	263人	
二、中共党组织情况					
党委	书记	马　宁		副书记	华国平、顾　钰
	委员	邵俊峰、葛岩、张一览、朱梅、洪莉			
下属支部	高一支部	书记	张一览	在职党员数	117人
	高二支部	书记	李　敏		
	高三支部	书记	陆　球		
	第四支部	书记	朱　梅		
	退休一支部	书记	刘东坡	退休党员数	68人
	退休二支部	书记	陈解民		
三、行政组织情况					
校行政	校长	副校长			调研员
	华国平	邵俊峰、平卫星、葛岩、张一览			沈国明、邹丽芳
中层机构	机构	主任			副主任
	党委办公室	朱　梅			
	校长办公室	刘德军			
中层机构	德育处	范艳君			吴彦彰
	教务处	沈培强			顾　强
	教科室	肖　敏			
	总务处	毛春来			于　琳
	装备室	毛春来（兼）			
	英才部	洪　莉			
	高一年级部	王建刚			齐本莹、薛　恒
	高二年级部	李　敏			李　亚
	高三年级部	陆　球			唐志忠
四、教研组情况					
教研组	专任人数	组长	教研组	专任人数	组长
政治教研组	12人	曹建新	语文教研组	39人	朱雪芳
数学教研组	43人	沈　宏	英语教研组	42人	王薇薇
物理教研组	29人	张　龙	化学教研组	26人	殷志明
生物教研组	15人	顾建军	历史教研组	13人	金丽刚
地理教研组	18人	陈静华	体育教研组	10人	李　波
信息技术教研组	8人	胡晓东	艺术教研组	6人	谈梓涛

续表

五、群团组织、民主党派情况				
校团委	书记	瞿　栗	副书记	陈品佳、张紫扬
工会	主席	顾　钰	副主席	朱梅、周向东、胡晓东
中国民主同盟支部	主委	平卫星	成员人数	18人，其中在职14人
中国农工民主党支部	主委	何　琴	成员人数	23人，其中在职14人
中国民主促进会支部	主委	戴国新	成员人数	18人，其中在职11人

二、建校以来教职员工情况表

1. 建校以来历任在册、在编教职员名单表（从左至右，以入校时间先后为序）

丁承绪	王思方	王丙祺	王鸿遇	王士潸	王 涛
王钟骏	王梅芳	王士吉	王仁济	方华侨	支明达
朱 诠	朱 洞	朱印离	朱 祎	朱国治	吕安廉
沈佩畦	沈宗淦	沈守基	宋毓麟	宋 庠	宋绮文
宋淑贤	李迪彝	李镇寰	李百钧	吴 魁	吴俊成
吴景贤	吴桐森	吴纯治	季昌龄	屈炜文	邵福平
邵 圃	周 熊	周鉴文	林东塘	陈凯轩	李怀青
张锡卿	花亦芬	金珊华	夏光杰	徐玉英	徐振亚
徐之湛	徐厚元	徐家丰	徐品玉	倪冠亚	段 英
袁寿康	陈文治	陈念宗	陈汉平	陈文熙	陈 越
陈 弼	陈 康	唐韵清	殷民莆	殷寿南	殷懋仁
殷复华	桑锡荣	秦蕴芬	庄志箴	许贵年	曹炳熙
曹汝复	曹粹娥	曹炳勋	陶淑琴	孙贡元	陆映斗
陆佩蘅	陆元同	陆士达	张敦书	张禹声	张道行
张志俭	张月华	黄景虞	黄承熹	黄方杰	温麟森
须东山	程有德	冯慰辰	杨襄源	赵士果	赵 法
赵琴一	蒋文煦	蒋韶九	潘泳骥	潘家栋	潘念华
潘兆祥	潘中育	刘树勋	刘心求	迟 舒	钱士庠
钱寿桢	蔡树荣	庞守白	庞树家	萧 兰	萧 英
严钦芸	严梅和	顾 岱	顾鹏远	顾俊玉	龚乃赓
丁鉴民	王景福	王 橚	沈寿恒	吴双热	周兆鳌
徐宗润	唐维麟	殷懋德	赵宗礼	归钟麟	钱景高
钱祖墉	顾彦儒	季良生	刘佩华	陈 斌	宋梅春
李龙汉	钱仍祖	沈重光	钱元龙	邹铭书	高恭安
郑宗鲁	徐允夫	钱元鼎	蔡 露	范春螺	萧 理
顾光裕	俞炳益	王韵儒	宋荣棠	顾树棠	郑之德

续表

顾天逸	丁 任	祁龙威	陈旭轮	夏荣宾	陆醒弱
钱悌生	严古津	郑士杓	沈 复	杨学仁	钱孟豪
王光烈	庞伯龙	沈逸森	金易占	萧洪迈	瞿果行
张甘泉	王洪年	蔡鸿斌	赵彦诚	高 鼎	徐蕙芬
张 楚	徐永正	王荫槐	沈贯一	萧飞声	陶香传
钱韫华	庚宗莲	龚乃统	顾泳沂	周洽英	郑耀斌
周桐荫	邹莲芬	陶啸冬	黄鼎新	韩 斌	曹缉庵
宋清如	沈国树	郑彩娥	顾祖仁	杨立中	张菊英
杨松生	沈通一	马钟瑞	韩人杰	张惠泉	曾友三
孙 平	陆星北	管逸民	瞿祖华	吉连康	熊开元
龚载扬	杨乃荣	周家鼎	祁虎文	吴素白	陶蠡凤
庞梅孙	邹文思	缪永康	戴高根	李炳松	谢锡年
蒋泰熙	陆 铿	孙鸣玉	夏禛滋	顾耀祖	仲士骥
许楠英	吴昌汉	王鸿志	王桂芳	孙功虞	吴本立
陈世智	司马淦	洪志远	朱德明	曹仲道	朱庆荪
黄敦谦	徐子平	金叔远	陶可沅	黄丽琳	陈恬生
吕 英	宋瑞枬	殷维松	周竞新	郑耀民	赵莲玉
黄 冠	朱声金	黎 民	瞿至善	何君瑞	赵可师
张 炽	张激云	李坤坤	王 生	徐祖生	司马淳
归建镛	吴兆基	陆吟仲	胡南琛	吕子松	马允武
潘传轶	沙 澍	方荣甫	冯达夫	朱剑芒	钟承德
王庆华	叶韶琛	黄景纯	李家驷	傅朝阳	张德煊
朱 纯	葛松山	郭涌山	周演行	张永华	许若仪
倪允明	陈毅德	刘镜秋	何有新	吕松岩	潘馥温
彭家德	王献琛	查 理	徐仁德	丁由真	蔡树繁
吉天相	蒋景贤	张宗炎	王仲禹	徐柏生	盛守芝
冯友珊	陈鹄东	王克芳	张子杨	万载芳	黄天伟
蔡伯鑫	沈漪芬	张又渔	吴宗瑾	仇苏远	胡洪亮
卞永梁	韩仁甫	邹政钧	斐肯堂	韩德厚	金元庆
张振声	叶望琛	花 明	张 剑	姚崇俭	沈 焜
赵静华	戴政良	姚达武	陈连生	陈君谋	赵俊玉
顾石桂	吴芙珍	居贤淑	言雍中	张月英	张 柱
朱鼎仁	叶 薇	顾一勤	王光林	陶 淇	吴瑞华
冯国梁	周玉萍	张菊生	浦秋先	陈守才	丁锦荣

续表

刘耀钧	张永祥	曹守仁	范耀宗	施一鸣	郑蕙
范存玑	魏冰心	王昌林	李洁	谈桂泉	丁云呣
夏昌祺	薛海根	陈永良	曹元元	陈招宝	王生元
杨石保	杨增兴	钱仲仲	陈金华	张仁保	杨新呣
施保根	周瑞英	蒋荫培	邵宪洵	范宗强	吴中伟
陆秀珍	程佩兰	蒋志菊	王振环	左君起	陶耀东
尹顺荣	沈琴宝	杨企尤	谢伟奋	朱惠钦	黄剑峰
张铁明	王民	张振宁	夏安珍	雷笃	程绍棠
宗爱智	苏守义	仲明	葛桂芳	许国梁	王满珍
赵秀珍	张洪元	高金生	俞金元	季彩彩	王银甘
庞学渊	张可久	林雪	程聿鋆	褚鸣鸿	王爱英
沙瑞钦	朱乾	王文中	龚万高	金志勇	钱福生
黄宝华	倪蕴玉	吴阿二	张广涛	陈静慈	陆生华
陆振球	瞿永懿	刘杏度	王翠侠	王淑英	黄琴媛
吴泽	花国英	石金媛	李恒青	梅影	邵宪鸿
钱兆根	殷炳华	樊立生	郑耀定	夏蔚文	王恢
王可法	孙广明	应润华	宋美莲	赵椿华	任果成
吕荣兴	陈文才	王先华	何满法	邢宪章	任介眉
周宝云	顾佑民	张耀宗	虞仁鑫	缪菊英	黄虎凤
赵天祥	袁焕	钱祖兴	顾甘来	周敖宝	温慰萱
钱琳	田百寿	宋耀霖	沈美华	赵宗勋	石文华
陆如年	邓建荣	邵文君	杨延洪	孙永明	黄惠达
郭特龙	张书初	朱学成	徐鳌	周华生	程梅芬
王成琦	邬艺暖	钱建南	包慧琴	王引玉	胡兴荣
郑桔	张惠玉	胡远谟	叶建新	高振莲	宋庆元
周祖林	赵慈	纪俊泽	任小玲	顾鼎兴	蒋秀英
方正明	陈铭法	钱仁宝	夏铁城	沈根生	戈钟明
法秀琴	鲍乃德	胡雪明	吴惠钧	徐建明	鲍惟骥
朱根元	杨浩忠	汪虎才	翁其明	温士龙	李雄白
唐浚文	李建铭	黄淳华	黄曼萍	朱政华	吴永平
许焕华	郭栻恩	王金曾	秦惠芬	钱文明	王心禹
李莉	张玉成	汪兆海	朱树中	杨菊珍	黄明
冯英	葛韶华	徐聿播	张炳成	李椿	钱春保
顾正平	周雪芳	郑传耘	蒋炜	潘鸿清	刘国华

续表

周振源	黄振纲	何 敏	陈解民	潘晓英	袁新明
陈焕华	翁振华	卢德荣	顾国兴	周晓岚	刘东兴
汪铭云	匡云娟	邓一先	朱 修	孟新民	张毓嘉
陶云菊	温祖元	吴国华	严 军	夏锦明	沈建民
胡 耀	冯伯炎	朱云奎	张琦祯	张宝琰	曹 健
李 雷	蔡国珍	徐人麟	钱吕婵	潘新民	顾宏义
张 栋	董金梅	王 震	周志刚	黄建国	金沛耀
邓丽正	顾崇文	王元琪	徐根生	冯尚理	管祖元
范建国	邵长兴	沈文荣	金瑞娟	范丽柔	姚振元
胡荷生	杨丽凤	顾妙根	黄云丽	李勤晓	陶汉森
严隽亨	周宗俊	汪 浩	钱律新	蔡永根	胡金梅
顾松涛	胡永鹏	徐炳炎	柯竞新	罗仁祥	沈国明
周国忠	季大法	胥 洪	许菊珊	周 玉	万鹤飞
邹丽芳	李 芳	毛瑞平	殷伟华	张学新	李海宝
吴东权	任宇劲	张 龙	黄洁芳	杨恒祥	朱卫国
戈惠娟	范正乾	管梅芳	俞树仁	陈 军	陆吟芬
吴达明	周永良	徐美吉	黄 可	汤丽萍	郭建东
尤建中	戴国新	陈 新	尹 军	黄金石	邹耀良
陈建平	吴全保	朱寿年	徐 涛	邵凤莲	钱 焕
陆伟荣	程亚群	姚妙琴	汤永昌	刘东坡	沈龙宝
袁学文	孙亚文	宗 敏	张忠达	陈子明	孙莉芳
沈素英	郭 维	周吉徵	朱咏红	张晓军	顾 钰
周向东	刘清华	李国荣	强守仁	洪叶枫	钱祖云
李振环	王雪琴	管兴华	顾震宇	陆明芬	胡惠明
沈建刚	平 梅	高 巍	季文军	殷健强	董建石
杭俊龙	李 波	袁庆锋	朱志明	张华芳	张小华
顾建军	倪文君	吴 超	姚 炯	殷志明	蒋启涛
周雪芬	刘玉泉	沈 佚	袁瑞忠	曹建新	顾仁奎
张丽芳	王恒保	蒋玉莲	沈 沛	查正开	徐岳明
谢明元	朱小进	姚国岐	卫 芬	吕 红	曹文华
冯招娣	许 蕾	蔡志超	黄启钟	苏锦文	姚秀宇
王明生	陈建刚	徐月珍	潘丽琴	朱 悁	顾 强
徐锦丰	施雪芳	金丽刚	唐俊荣	伍美春	丁益民
张 慧	潘慧英	杨伟国	陶 军	施仲华	周惠明

续表

顾蔚莉	尹 勤	黄淑娟	张东梅	严向红	庞 毅
钱为军	华国平	缪常健	张 鸯	谢惠琳	高亚玉
夏国良	周振华	薛增发	盛建东	季丽萍	朱显元
朱小龙	高建东	王向东	徐建球	曹建清	虞 琦
季冬青	高震江	陈亚丽	赵志良	马雪荣	谢燕月
丁振平	王 龙	于洁芳	胡晓东	顾 薇	夏藯芳
陈瑞玉	王建国	陈静华	周新华	吕中伟	杨爱芳
闫 萍	钱志强	李 荣	唐国清	范祖国	姚志刚
吴金锁	陆惠珍	邵俊峰	徐雪君	张建发	王 君
顾建秋	乙晓红	周丽芬	吴文英	张夕春	杨立中
杨 平	张永华	朱 刚	韩建光	何 涛	朱迅宇
蒋若飞	陈瞬红	殷 健	邹东方	马红艳	张玉荣
平卫星	季永明	姚惠芳	倪敏光	顾耀良	张 忠
毛国良	陈敏良	洪 莉	薛 明	金 英	马 宁
戴杏蕊	陶玉萍	赵惠娟	李红艳	徐 晗	刘德军
李 玲	苗 航	金佩飞	季小洁	顾秋芳	钱 星
谈梓涛	范存严	朱 梅	陆素平	蒋少卿	李 峰
陶 苑	倪建娥	吴彦彰	赵 枫	沈妮娜	陈小文
姚春红	黄晓玲	陆 凌	王金涛	凌解良	顾维军
龚淑芳	徐明亚	杨丽峰	李红宇	周文忠	任 吉
李雅萍	吴文芳	温丽红	肖 敏	黄丽玉	陈 曦
刘文竹	于 琳	熊光宇	毛春来	吴晓鹏	张晓莎
顾嘉红	邓 华	是 好	何 琴	顾敏倩	陆文博
唐志忠	顾吟圆	陆 球	冯 兰	施益军	金彩红
王建英	苏建国	管立红	沈培强	张静芬	何雪映
姚 静	李 亚	沈 宏	张一览	王建刚	杨 帆
李频川	盛锦星	柳 青	邓芝英	王跃斌	陈慕秋
张 忆	齐本莹	范国华	蔡祖才	季建宾	葛 岩
汤建琴	束文婷	张玲芳	朱明华	袁翠娟	周惠萍
夏 娴	徐 丹	薛佳玮	王薇薇	赵 妍	黄月芳
范艳君	王晓红	张月萍	陈艳萍	陈 叶	徐 军
王丽花	沈志圆	冯李军	张 益	顾颐臣	苏 栋
温晓磊	杨 燕	吴旭红	彭正飞	施敏娟	瞿卫青
朱文军	秦建良	顾晓青	杨 芳	徐美兰	苗卫新

续表

查顺明	瞿霞	陈丽霞	戴亮	何新红	张文英
周怡阳	俞霄莺	董惠新	李敏	王卓	曹宇
朱禹锡	朱雪芳	吴敏	毛君妮	姚致远	宗蕾
陈品佳	朱敏奕	钱梦迪	龚凌云	沈静忠	周晓晔
钱春兰	沈燕	瞿栗	张紫扬	薛恒	朱嘉磊
高璐	杜晓萍	金燕	李燕	陆丽芳	王磊
周璇	李萍	张悦	刘爱华	钱景意	周敏娟
沈瑜	王贝贝	张禾子	周艳秋	徐贵珠	张艳
郝卉	桑洁	袁海洋	周一帆	顾嘉	李莉
杨晓澜	陈思蒙	戴辰沛	冯钰铃	归亦倩	韩金华
苏茵	吴佳	夏凤鸣	杨小曼	郁昕轲	詹晟
周慧	徐晨	史倩仪	王思敏	高怿	王颖
靳洁心	马佳静	钱思裕	钱怡婷	王兆	张铭
张歆文	周晓霏	朱子言	蔡叶枫	韩雅楠	郁飞
陈嘉	陈纡嫣	程旻舒	高煜纯	管寅杰	黄芯怡
李婧	倪吴雨婷	沈玮	王祎雪	谢静漪	许敏达
周媛	周子祺	朱文	朱盈宵	孙雨红	管海峰
温洁	翁建红	黄靖	蒋敏	李玮含	史心怡
孙沁涵	赵维诺	采小成	张珩	卢加丹	程义淳
丁王悦	许洲超	李晓怡	杨焕冉	金星益	马春燕
季梦婷	季滢	丁锦儿	沈嘉树	徐玉薏	糜佳怡
王思缘	陶喜嘉	黄诗语	杨佳宜		

注：1924年10月至2024年9月，共有1102名教职工先后来校任职。因资料缺乏，本表未全部列入沦陷时期来校任职的教职工；非在册、在编的服务人员亦未列入其中。

2. 历年在册、在编教职员工数汇总表

时间	教职工总数	专任教师数	职员数	工勤人员数	备注
1924年10月	14				
1930年	30				
1933年6月	32	22	10	不详	
1934年6月	30	23	7		
1940年9月	39	20（另19人兼职）			
1945年					

续表

时间	教职工总数	专任教师数	职员数	工勤人员数	备注
1946年	56	43		13	
1947年	75	54		21	
1948年	69	41	13	15	
1949年春	67	47	7	13	
1949年秋	56	41	7	8	
1950年	54	38	8	8	
1951年	50	38	5	7	
1952年	68	45	14	9	
1953年	91	51	18	22	
1954年	87	51	13	23	
1955年	93	54	16	23	
1956年	100	52	24	24	
1958年	90	61	13	16	
1959年	90	61	17	12	
1960年	93	59	18	16	
1961年	104	68	19	17	
1962年	89	58	20	11	
1963年	78	52	17	9	
1964年	72	49	16	7	
1965年	77	54	16	7	
1966年	70				
1967年	71				
1968年					
1972年	61				
1975年	74				
1976年	70				
1977年	83				
1978年	105	73			
1979年	106	78	20	8	
1980年	112	85	20	7	
1981年	118	公办108人	大集体2人	代课8人	
1982年	134	100	27	7	
1983年	136	97	32	7	

续表

时间	教职工总数	专任教师数	职员数	工勤人员数	备注
1984年	131				
1985年	161	108	31	7	校办厂15人
1986年	158	116	31	7	校办厂4人
1987年	157	116	27	10	校办厂4人
1988年	158	122	23	9	校办厂4人
1989年	170	125	27	13	校办厂5人
1990年	174	128	23	18	校办厂5人
1991年	179	125	26	21	校办厂7人
1992年	181	125	23	24	校办厂9人
1993年	169	124	23	22	
1994年	183	124	22	26	校办厂11人
1995年	182	126	23	23	校办厂10人
1996年	189	135	29	19	校办厂6人
1997年	200	143	33	18	校办厂6人
1998年	204	145	31	21	校办厂7人
1999年	208	149	32	21	校办厂6人
2000年	210	146	32	27	校办厂5人
2001年	224	160	35	29	
2002年	181	137	34	10	
2003年	204	157	37	10	
2004年	215	165	38	12	
2005年	217	167	38	12	
2006年	218	171	34	13	
2007年	218	174	33	11	
2008年	227	175	31	21	
2009年	255	203	32	20	
2010年	252	197	35	20	
2011年	255	219	22	14	
2012年	251	215	22	14	
2013年	251	217	21	13	
2014年	256	222	23	11	
2015年	253	223	20	10	
2016年	247	221	16	10	

续表

时间	教职工总数	专任教师数	职员数	工勤人员数	备注
2017年	252	226	17	9	
2018年	252	230	13	9	
2019年	264	243	12	9	
2020年	265	244	14	7	
2021年	284	256	15	13	
2022年	269	257	6	6	
2023年	276	263	7	6	
2024年	275	264	6	5	

注：1977年以后统计均以当年学年初数据为准，1976年以前主要为当年学年初数据，部分年份因无学年初数据，以学年中数据代替。

3. 1933年6月在册教职员一览表

姓名	字	年龄	籍贯	性别	职务	学历、资历
朱印离	丽天	30	常熟	男	校长	国立东南大学教育学士
庞树家	建侯	32	常熟	男	教导主任兼国文历史教员，泰山级级任导师	国立南京高等师范毕业
丁鉴民	余	28	常熟	男	事务主任兼"党义"、地理教员，伊川级级任导师	国立中央大学理学士
徐振亚	振亚	29	常熟	男	教导副主任兼数学教员，涑水级级任导师	国立中央大学理学士
刘佩华	纫茞	33	常熟	女	教导副主任，兼国文、家政教员，安定、濂溪二级级任导师	省立二女师本科毕业 北平国立师范大学教育系肄业
林东塘	东塘	28	常熟	男	高平级级任导师，英语教员，兼理舍务	上海复旦大学文学士
钱仍祖	仍祖	30	嘉定	女	庐陵级级任导师，兼国文教员	省立二女师毕业
金珊华	侣珀	30	常熟	女	明道级级任导师，兼英文教员，兼理舍务	省立二女师高中部毕业
唐韵清	韵清	31	溧阳	女	算学教员，兼安定级导师	省立二女师毕业
黄景虞	芝贻	46	常熟	男	历史、地理教员	江苏优级师范本科毕业
邵圄	子昌	33	武进	男	生物、生理卫生、图书教员，兼高平级导师	里昂大学理学博士班研究员
郑钟潞	宗鲁	29	常熟	男	理化教员兼泰山级导师	国立东南大学理学士
潘念华	念华	34	江阴	男	童子军教练及体育音乐教员，兼早操及课外运动指导	江苏省立南菁公共体育场附设体育学校毕业

续表

姓名	字	年龄	籍贯	性别	职务	学历、资历
蔡树荣	欣然	33	常熟	男	体育教员，兼理庶务	南菁体育师范毕业
陈越	轶千	34	宜兴	男	图书教员	省立三师本科，南京美专毕业
周鉴文	郁堂	29	常熟	男	手工教员	省立三师本科毕业
李怀青	瑞敏	22	江阴	女	体育、音乐教员，兼濂溪级导师、早操、课外运动指导	两江女校毕业
黄承熹	慕白	33	嘉定	男	校医	法国国立河内医科大学毕业
徐厚元	九功	29	常熟	男	"党义"教员，兼涑水级导师	国立中央大学法学士
邹铭书	朗怀	56	常熟	男	国文教员	清末贡生
吴双热	双热	50	常熟	男	国文教员	江苏两级师范毕业
殷懋仁	溥如	41	常熟	男	国文、地理教员，兼伊川级导师	国立南京高师史地科毕业
高恭安	钧轩	47	常熟	男	英文教员	上海南洋大学铁路工程科毕业
季梁孙	良生	29	常熟	男	英文、算学教员	东吴大学文科毕业
吴桐森	乔青	37	常熟	男	英文、历史教员，兼伊川级导师	东吴大学法科毕业 南方大学文科毕业
周兆鳌	驾六	52	常熟	男	算学教员	江苏高等学堂毕业
陈文熙	敬如	50	常熟	男	算学教员	江苏两级师范毕业
陈凯轩	凯轩	47	常熟	男	文牍兼印刷品管理员，并佐理教务	常昭师范学堂毕业
王士吉	白洁	42	常熟	男	会计兼珠算教员及商店主任，并助理庶务	省立一师毕业
殷寿南	云台	38	常熟	男	图书管理员兼书记	省立第一工专肄业
陈汉平	我六	30	常熟	男	书记	
张锡卿	顺祥	38	常熟	男	国术指导员	常熟公共体育场国术指导员

注：表中所列各级（班）名称，皆出自北宋名人大儒。孙复，泰山先生；程颐，伊川先生；司马光，涑水先生；胡瑗，安定先生；程颢，明道先生；范仲淹，高平先生；周敦颐，濂溪先生；欧阳修，庐陵先生。

4. 1949年5月在册教职员一览表

姓名	年龄	性别	学历	职务	学科	周课时
陈旭轮	52	男	国立东南大学文史地毕业	校长		
庞伯龙	42	男	东吴大学化学系理学士	教导主任兼三乙级任	化学 英文	15

续表

姓名	年龄	性别	学历	职务	学科	周课时
朱诠	52	女	江苏省二女师本科毕业	训育主任兼二乙级任	代数、几何	12
陆醒弱	50	男	上海美术专门学校毕业	事务主任	美术	11
郑宗鲁	45	男	国立东南大学理学士	三丁级任	物理、代数	21
钱悌生	46	男	北京中法大学毕业	文牍	国文	12
钱孟豪	39	男	同济大学肄业	舍监兼春二乙级任	几何	15
高鼎	35	男	苏州中山体专毕业	体育主任	体育	18
郑士杓	52	男	江苏省立第一师范毕业	三甲级任	国文、历史	15
孙鸣玉	35	女	东吴大学物理系毕业	三丙级任	英文	17
瞿果行	37	男	太仓县立农村师范毕业	春三级任	国文、历史	17
曹仲道	56	男	国立社会师范国文教育毕业	二甲级任	国文、历史	14
马钟瑞	32	男	国立西北师范学院教育系毕业	二丙级任	英文	15
唐韵清	46	女	江苏省女师后期师范毕业	女生指导员、二丁级任	算术、代数	16
顾树棠	43	男	江苏省立第一师范毕业	春二甲级任	算术、代数	18
夏禛滋	25	男	国立浙江大学文学院史地系毕业	一甲级任	历史、地理	14
徐永正	27	男	私立河海工程专门学校毕业	训育员、一乙级任	动物	14
仲士骥	24	男	教育部审定文史地专修科毕业	训育员、一丙级任	公民、算术、生物、地理	16
熊开元	29	男	江苏省立太仓师范毕业	一戊级任	国文、地理	17
王鸿志	44	男	上海持志大学商科毕业	春一甲级任	英文	15
陆铿	36	男	国立音乐专门学校理论作曲系毕业	训育员、一丁级任	音乐	19
谢锡年	45	男	中央大学法学院政治系毕业	春一乙级任	国文、地理	18
顾耀祖	26	男	大同大学电机系毕业		物理、化学、地理、算术	11
许楠英	31	男	国立暨南大学理学士	理化实验室主任	化学	6
张甘泉	35	男	大夏大学师范专修科毕业		历史、地理	16
金易占	36	男	无锡国学专修学校毕业		国文	14
萧洪迈	34	男	无锡国学专修学校毕业		国文	14
陆星北	62	男	龙门师范毕业		国文、公民	14
吴昌汉	31	男	云南省立昆华高级工业学校毕业		几何、代数	18

续表

姓名	年龄	性别	学历	职务	学科	周课时
陶蠡风	42	男	东吴大学毕业		英文	17
萧迪毅	54	男	国立东南大学毕业		植物	14
朱庆荪	34	男	同济大学机械工程系毕业		几何、代数	9
黄敦谦	27	男	之江大学工学院机械工程系毕业		英文	6
徐子平	51	男	日本名古屋高工		地理、历史、公民	9
王桂芳	25	女	江苏省立教育学院毕业		算术、英文	15
徐蕙芬	35	女	苏州中山体专毕业		体育	18
张楚	40	男	上海东亚体育专门学校及教育部童子军训练班毕业		童军	18
周家鼎	36	男	苏州美专高中艺术师范科毕业		美术、劳作	16
王洪年	36	男	江苏省立太仓中学毕业	教务员	美术	12
王光烈	37	男	上海大夏大学毕业	教务员	英文	5
赵彦诚	44	女	上海博文女校文科毕业	书记	劳作	6
庾宗莲	40	女	上海大夏大学师范专修科毕业	图书管理员	劳作	6
邹文思	57	女	圣玛利亚书院毕业		英文	10
蒋韶九	68	男	日本青山师范学校毕业		公民	5
金叔远	77	男			国文	6
庞梅孙	47	男	无锡国学专修学校肄业		国文、历史	8
吴本立	33	男	上海持志大学毕业		国文	7
陶可沅	20	男	东吴大学国文系三年级肄业		国文	7
黄丽琳	23	女	立信会计专科学校毕业	会计		
郑耀斌	27	男	上海中华职业学校毕业	事务员		
周桐荫	44	男	南京体师毕业	书记		
瞿祖华	22	男	私立鹅湖中学肄业	书记		
缪永康	36	男	常熟诚一中学毕业 上海工商管理学校肄业	书记		
朱德明	23	女	常熟私立中山中学高中部毕业	理化实验室助理员		
司马淦	35	男	国立江苏医学院医学士	校医		
陈恬生	21	女	南京国立药学专科学校肄业	一甲级任	历史、地理	14

5. 2001年以后常熟市学科带头人及以上骨干教师表（部分年份）

年份	骨干教师类别	骨干教师名单		
2001年	苏州市名教师	沈国明		
	苏州市学科带头人（6人）	张琦祯、周永良、吴全保、张龙、董建石、万鹤飞		
	常熟市学科带头人（11人）	蔡国珍、张忠达、管兴华、严军、曹建新、薛惠良、高建东、李芳、邹丽芳、倪文君、邵凤莲		
2010年	江苏省特级教师	沈国明、韩建光、马宁	教授级高级教师	沈国明
	苏州市名校长	凌解良	苏州市名教师	邵俊峰
	苏州市学科、学术带头人（8人）	张琦祯、周永良、张龙、董建石、万鹤飞、汤丽萍、范祖国、顾钰		
	常熟市学科、学术带头人（55人）	李芳、王建英、朱咏红、夏霰芳、俞宵莺、金彩虹、华国平、薛惠良、罗仁祥、陈新、黄启钟、平卫星、夏国良、王建国、查正开、蔡祖才、施益军、季冬青、姚惠芳、龚淑芳、朱文军、邹丽芳、周文忠、邓芝英、王丽花、苗卫星、曹建新、顾建秋、施雪芳、季建宾、杨平、洪莉、金丽刚、戴亮、张文英、陈静华、管立红、严军、季永明、张建发、秦建良、周新华、虞琦、张忠达、管兴华、徐明亚、顾强、周向东、顾建军、王跃斌、李波、吴文英、姚建萍、孙亚文、袁学文		
2016年	江苏省特级教师	沈国明、马宁、邵俊峰	中小学正高级教师	沈国明、马宁、邵俊峰
	苏州市学科、学术带头人（17人）	汤丽萍、华国平、周永良、蔡祖才、姚惠芳、平卫星、顾钰、陈丽霞、虞琦、葛岩、张玉荣、王跃斌、顾建秋、张琦祯、董建石、陆文博、万鹤飞		
	常熟市学科、学术带头人（66人）	柳青、刘文竹、李玲、姚春红、王建英、李芳、夏霰芳、俞宵莺、金彩虹、顾吟圆、沈培强、朱咏红、王建国、施益军、季冬青、龚淑芳、朱文军、吴旭红、张静芬、夏国良、查正开、薛惠良、吴文芳、沈宏、唐志忠、邹丽芳、苗卫星、赵枫、杨芳、周文忠、邓芝英、王丽花、熊光宇、杨丽锋、任吉、邓华、张龙、季永明、毛国良、肖敏、张忠达、管兴华、周新华、徐明亚、顾强、李敏、马红燕、张一览、顾建军、周向东、曹建新、季建宾、朱梅、陆素萍、张晓莎、金丽刚、洪莉、杨平、戴亮、张文英、沈素英、陈静华、管立红、蒋少卿、吴文英、姚建萍		

续表

年份	骨干教师类别	骨干教师名单		
2022年	江苏省特级教师	沈国明、马宁、邵俊峰		
	中小学正高级教师	沈国明、马宁、邵俊峰、汤丽萍、肖敏		
	苏州市名教师	虞琦	姑苏教育青年拔尖人才	肖敏、陆文博、葛岩
	苏州市学科、学术带头人（19人）	华国平、杨帆、顾吟圆、蔡祖才、姚惠芳、平卫星、查正开、沈宏、顾钰、陈丽霞、邓华、管海峰、张玉荣、张一览、顾建秋、朱梅、蒋少卿、万鹤飞、朱悌		
	常熟市学科、学术带头人（83人）	朱咏红、沈培强、金彩虹、俞宵莺、夏霰芳、王建英、姚春红、李玲、刘文竹、范艳君、刘爱华、何琴、李亚、翁建红、夏国良、王建国、施益军、季冬青、龚淑芳、朱文军、吴旭红、张静芬、吴文芳、唐志忠、范国华、吴晓鹏、钱春兰、温丽红、苗航、宗蕾、沈瑜、邹丽芳、苗卫星、赵枫、周文忠、邓芝英、王丽花、杨丽锋、任吉、薛佳玮、王建刚、姚静、张龙、季永明、毛国良、陆球、张玲芳、薛恒、彭正飞、徐军、吴彦彰、周新华、徐明亚、顾强、马红燕、李敏、顾敏倩、顾建军、周向东、高怿、杨晓澜、曹建新、季建宾、陆素萍、张晓莎、杜晓萍、金丽刚、洪莉、杨平、戴亮、张文英、陆丽芳、沈素英、冯李军、陈静华、管立红、齐本莹、李频川、吴文英、李波、姚建萍、丁震平、毛春来		

6. 2022年4月在聘校外教师表

序号	姓名	年龄	工作单位	职务	职称职务	业务专长	承担课程
1	毛丹	48	苏州教师发展学院	教师	副高	心理学	德育课程：心理辅导
2	蒋健	39	常熟市公安局治安警察大队	教导员	教导员	法制宣传	德育课程：宪法就在身边
3	曹先东	43	常熟市公安局虹桥派出所	副所长	教导员	法制宣传	德育课程：虞城无诈
4	徐慨	50	南京大学	教授	新闻传播	生涯规划	德育课程：生涯规划
5	朱剑刚	55	苏州职业大学	办公室主任	副教授	乡土文化	校本选修课程：乡土生态文明探索
6	杨士军	52	杭州启正中学	校长	上海市特级教师、博士	科技创新	校本选修课程：科技创新
7	孙三五	45	徐州丰县中学	教师	徐州学科骨干教师	英语拓展	学科拓展类课程：新英语学习策略
8	丁益民	45	苏州实验中学	教科室副主任	高级教师	数学拓展	学科拓展类课程：高中数学教材教法研究

续表

序号	姓名	年龄	工作单位	职务	职称职务	业务专长	承担课程
9	陆敏刚	49	江阴第一中学	副校长	正高/特级	生物拓展	学科拓展类课程：生物史与生命奥秘
10	张金华	57	常熟市花边厂（退休）	车间主任	非遗传承人	常熟花边	社会实践课程：常熟花边
11	肖建华	55	太仓高级中学	教师	正高/特级	物理拓展	学科拓展类课程：物理的奥秘
12	郑伟大	59	余姚第四中学	校长	正高/特级	地理拓展	学科拓展类课程：游学中的学科思维
13	李喜青	51	北京大学	教师	教授	环境监测	研究性学习课程：水环境监测方法
14	朱国荣	62	南京大学	教师	教授	地质	研究性学习课程：贝加尔湖的前世今生
15	葛文山	53	张家港教师发展中心	副主任	特级	英语	学科拓展类课程：英语学科素养培育
16	徐飞	40	苏州中学附属苏州湾中学	副校长	副高	语文	学科拓展类课程：高中作文教学与提升
17	陈兆华	53	苏州第三中学	副校长	正高	数学	学科拓展类课程：数学思想方法
18	黄健	48	苏州市教科院	教研员	副高	数学	学科拓展类课程：数学素养拓展
19	陈炳飞	51	江苏省昆山中学	科研处主任	正高	地理	学科拓展类课程：地理实践力培养
20	赵在忠	55	复旦大学	招生处	副教授	物理	德育课程：强基计划与生涯规划
21	季敏标	54	复旦大学	教师	研究员	物理	研究性学习课程：神奇的飞秒激光
22	唐缨	46	江苏省天一中学	教师	副高	语文	学科拓展类：语文主题阅读
23	李勤	49	江苏省海安高级中学	教科室副主任	正高	政治	学科拓展类：政治原理辨析
24	程振理	50	江苏省苏州中学	教科室副主任	正高	语文	学科拓展类：语文诗词研究
25	蔡明	55	江苏省苏州中学	原副校长	正高	地理	地理景观背后
26	徐晓彬	50	南京市教研室	教研员	副高	语文	学科拓展类：高考作文进阶
27	张春华	45	江苏省天一中学	教师	正高	语文	学科拓展类：走向新高考语文
28	徐志华	56	常熟市青木园艺	专员	无	农学	社团课程：生态农业实践

续表

序号	姓名	年龄	工作单位	职务	职称职务	业务专长	承担课程
29	王妙金	57	常熟市青木园艺	专员	无	农学	社团课程：生态农业实践
30	陈丽英	52	常熟虞景茶叶公司	经理	评茶二级技师	茶艺	社团课程：茶艺
31	顾俣帆	30	常熟滨江实验小学	教师	江苏省乡土人才"三带"能手	艺术	社团课程：古风琴韵
32	赵逸岚	28	常熟善雅书院	职员	初级	艺术	社团课程：古风
33	吴彦彰	42	常熟海虞高级中学	德育处副主任	副高	物理	社会实践课程：社区服务、志愿者+
34	张忆雯	52	常熟高新园中专	副校长	正高	机械	社会实践课程：学工、机械制图
35	朱捷	57	南京大学	教师	教授	地球科学	校本选修：环境与地质
36	陈浩	45	南京大学	主任	教授	电子	德育课程：生涯规划
37	徐佶	50	常熟职教中心	教师	高级讲师	钳工	社会实践课程：钳工
38	周国平	40	常熟职教中心	教师	高级讲师	钳工	社会实践课程：钳工
39	濮雄飞	42	常熟职教中心	教师	高级讲师	电子电工	社会实践课程：电工
40	顾军民	48	常熟职教中心	教师	高级讲师	电子电工	社会实践课程：电工
41	王素明	41	常熟职教中心	教师	高级讲师	园艺	社会实践课程：园艺
42	田妹华	53	常熟职教中心	教师	高级讲师	园艺	社会实践课程：园艺
43	王玮	42	常熟职教中心	教师	高级讲师	园艺	社会实践课程：园艺
44	张仁东	53	常熟职教中心	教师	高级实习指导教师	烹饪	社会实践课程：烹饪
45	朱敏	45	常熟职教中心	教师	一级实习指导教师	烹饪	社会实践课程：烹饪
46	顾益军	52	常熟职教中心	教师	中级烹调师	烹饪	社会实践课程：烹饪

三、建校以来校舍建设、布局情况图表

1. 建校以来校舍建设情况表

表1 始建校舍情况表（1927年4月竣工）

编号	建筑名称	1952年时用途	面积（平方米）
1	南楼	教室8个，楼梯间理发室1个	648
2	中楼	自修教室2个，学生宿舍10间	464.8
3	北楼	自修教室2个，学生宿舍10间	464.8
4	北廊16间	会客室1间，校医室1间，社团室1间，学生会3间，办公室4间，工会2间，图书阅览室4间，计16间	389.31
5	膳堂	1950年改为总办公室4间	156.6
6	礼堂	原为雨操场，后改为礼堂，又改为膳堂，1952年时为室内活动场所	228.87
7	西楼	教室2个，宿舍2间	248.92
8	厨房	3间	106.17
9	东四间	音乐教室2间，宿舍2间	71.51
10	门房间	大门1间，门房1间，宿舍1间	42.86
11	东坑楼	厕所2间	41.48
12	小便处		32.16

表2 1929—1955年学校新增校舍情况表

编号	建筑名称	竣工时间	面积（平方米）	建造金额和当时用途
1	西廊12间	1929.8	368.9	教室2个4间，宿舍7间，盥洗室1间，计12间
2	男浴室 女浴室	1937.5	43.65 8.57	男浴室2间 女浴室1间
3	火药库	1939	53.29	日伪弹药库，后学校用为仓库
4	女厕所	1942.7	19.7	
5	水灶间	1946.8	33.82	
6	木作间	1947.10	21.4	木工

续表

编号	建筑名称	竣工时间	面积（平方米）	建造金额和当时用途	
7	北廊新四间	1948.8	136.8	教室2间	
8	实验室	1948.10	120.5	理化实验室3间	
9	大礼堂27间	1952.12	736.15	321046544元（旧币），礼堂兼膳厅	
10	观音堂新宿舍	1956	151.2	64499006元（旧币）	男生宿舍5间
11	观音堂北宿舍	1956	134.59		男生宿舍5间
12	教学楼	1953 1955	1232	1953年一期工程建8个教室，1955年二期工程建8个教室，共493058万元（旧币）	

表3 1979-2001年新建、翻建校舍情况表

项目名称	时间	面积（平方米）	投资金额（元）
新三楼	1979	986.34	99863.4
男生宿舍楼（老）	1981	1085.52	115238.8
教工住宅楼（颜港）	1983	720	129279.49
女生宿舍楼	1983	706.68	102058.72
实验楼	1984	1485.21	267337
学生食堂	1984	828.5	124275
科技楼	1986	1316.63	497039
新校门、门卫	1987	83.75	18917.13
综合楼（行政楼）	1987	1486.7	315800
教工住宅楼（白虎弄）	1987	665.22	90000
高中教学楼	1991	2095.56	713511
教师办公楼	1991	725.76	254736
男女厕所	1991	150	60000
自行车棚	1991	411.36	37000
图书馆	1992	768	384000
浴室、锅炉房、小食堂	1994	230	500000
新体育馆	1997		3000000
男生宿舍楼（新）	1999	2000	2000000
校园拓展工程（教学楼、办公楼、实验楼、门卫）	2001	10912	40000000

表4 普通高中时期校舍建筑情况表

建筑名称	主要用途	建筑面积（平方米）	竣工时间、金额
行政楼	办公用房	1096	市中新世纪大道新校舍于2002年8月竣工，总投资1.59亿元
实验楼	教学用房	13756	
图书楼		7015	
教学楼		12598	
体育馆（含报告厅）		5393	
西门卫	生活用房	81	
东门卫		25	
宿舍J1楼		1932	
宿舍J2楼		2604	
宿舍J3楼		2997	
宿舍J4楼		2838	
宿舍J5楼		2838	
宿舍J6楼		2838	
连廊		656	
生活区门卫		30	
食堂		12948	
浴室		785	
其他辅助建筑		257	
小计		70687平方米	
新增建筑名称	竣工时间	建筑面积	金额（元）
学生宿舍	2003.9	7528	30895821.05
北门卫	2012.12	80	327788.00
生态·地理综合实践课程基地	2018.6	2368	11410495.89
南门卫	2020	28	城投公司投资建造

2. 学校校舍平面图

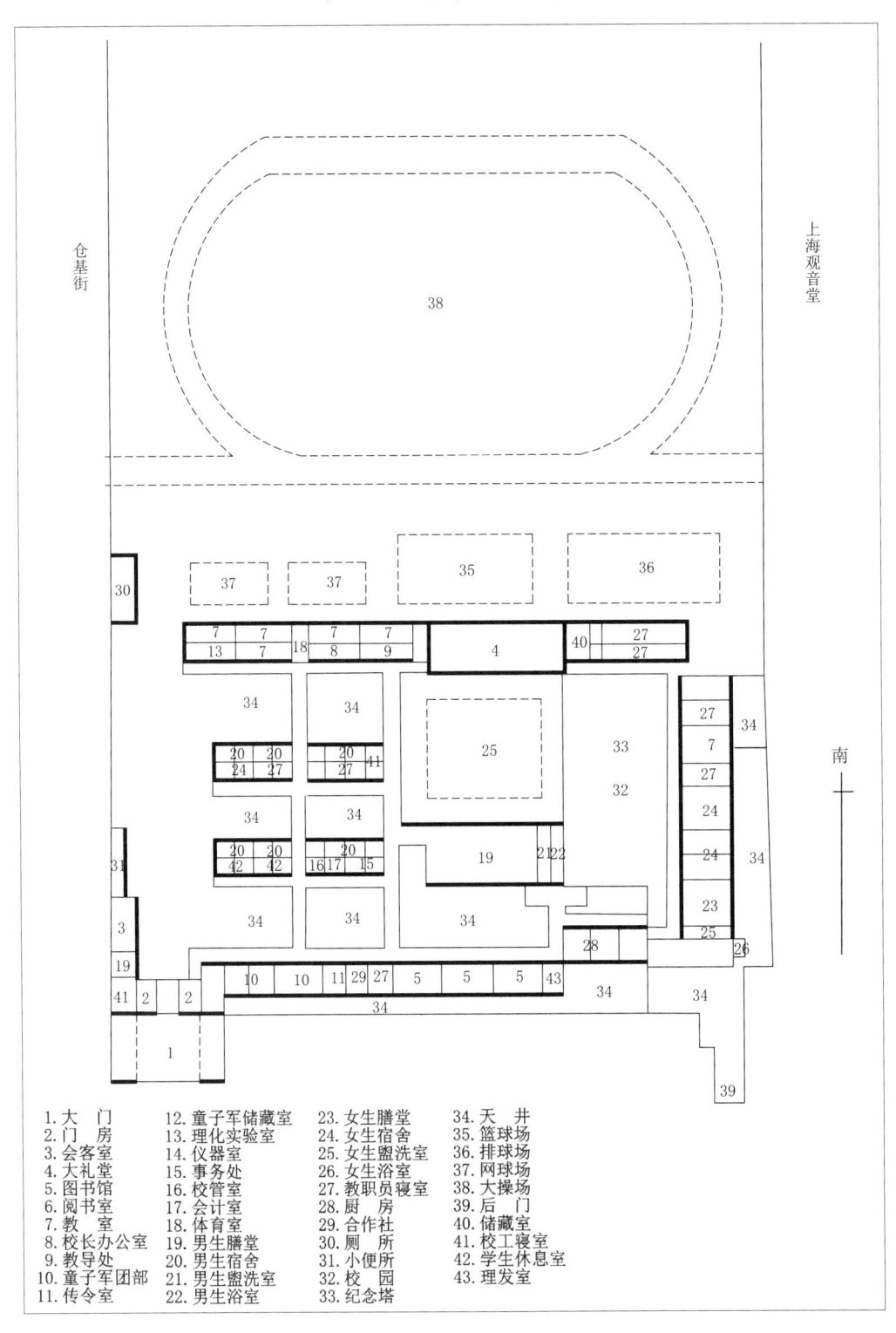

图1　1936年学校校舍平面图

1. 大门
2. 门房
3. 会客室
4. 大礼堂
5. 图书馆
6. 阅书室
7. 教室
8. 校长办公室
9. 教导处
10. 童子军团部
11. 传令室
12. 童子军储藏室
13. 理化实验室
14. 仪器室
15. 事务处
16. 校管室
17. 会计室
18. 体育室
19. 男生膳堂
20. 男生宿舍
21. 男生盥洗室
22. 男生浴室
23. 女生膳堂
24. 女生宿舍
25. 女生盥洗室
26. 女生浴室
27. 教职员寝室
28. 厨房
29. 合作社
30. 厕所
31. 小便所
32. 校园
33. 纪念塔
34. 天井
35. 篮球场
36. 排球场
37. 网球场
38. 大操场
39. 后门
40. 储藏室
41. 校工寝室
42. 学生休息室
43. 理发室

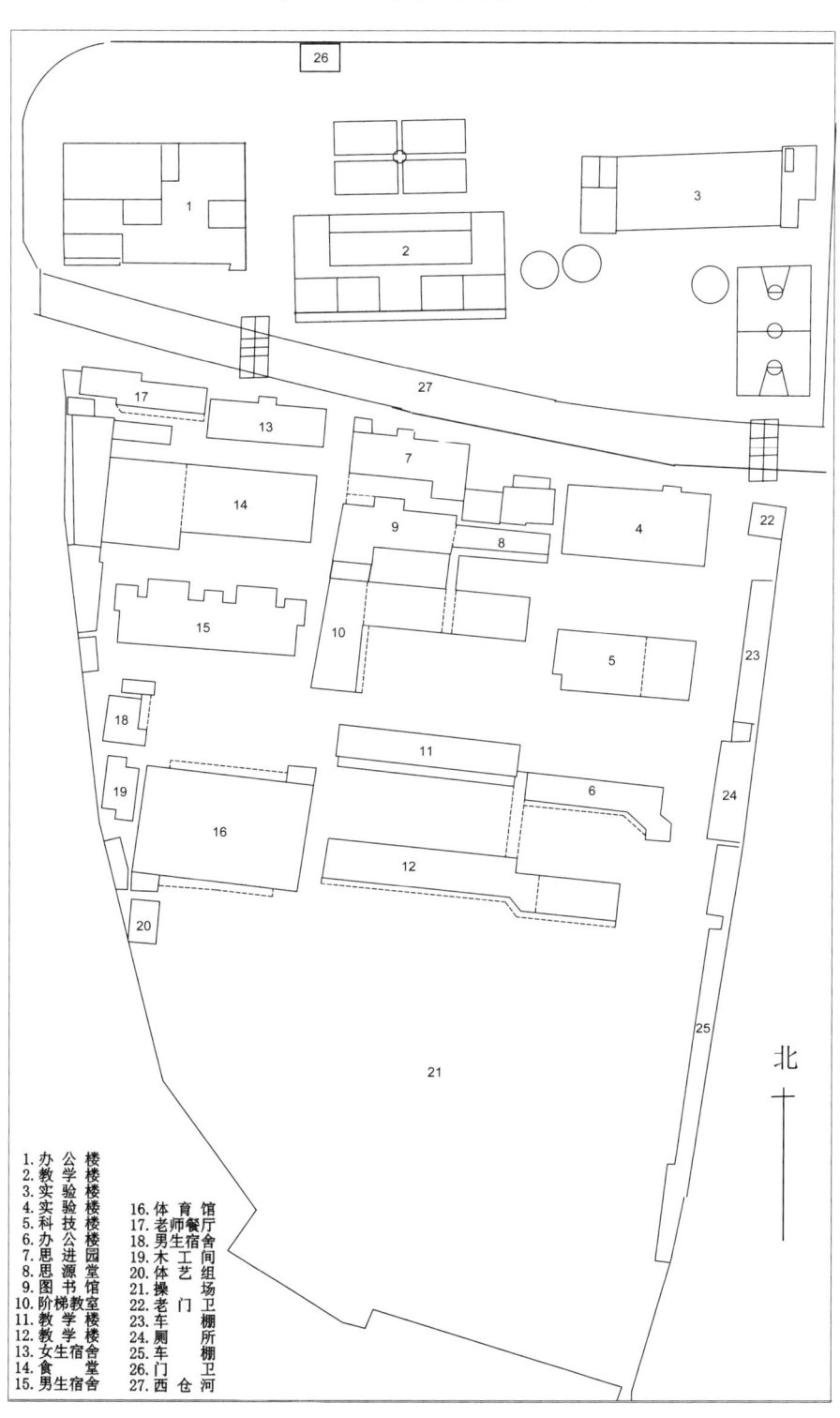

图2　2001年学校校舍平面图

1. 办公楼
2. 教学楼
3. 实验楼
4. 实验楼
5. 科技楼
6. 办公楼
7. 思源堂
8. 园馆
9. 图书馆
10. 阶梯教室
11. 教学楼
12. 教学楼
13. 女生宿舍
14. 男生宿舍
15. 男生宿舍
16. 餐厅
17. 老师宿舍
18. 男生宿舍
19. 木工艺间
20. 体育组
21. 操场
22. 老车棚卫生所
23. 门
24. 厕所
25. 车棚
26. 门
27. 西河仓

北

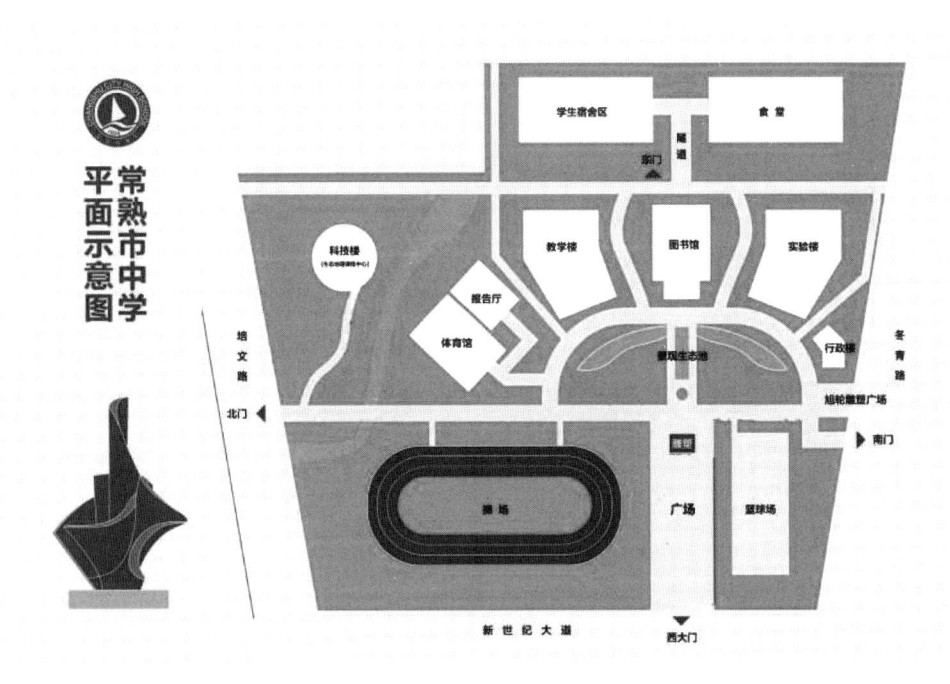

图3　2023年学校校舍平面图

3. 校园校舍配置情况表

表1　1994年1月校园校舍设施配置情况表

项目	基本设施		专用教室		
	分类	面积（平方米）	名称	数量	使用面积
校舍	校舍总面积	15168	语音教室	1	82.60
	生均占有建筑面积	9.05	微机教室	1	76.15
教学用房	教学用房使用面积	4557.86	电教教室	1	117.80
	生均占有使用面积	2.72	劳技教室	4	330.05
生活用房	生活用房使用面积	2231.54	选修教室	5	250.0
	生均占有使用面积	1.33	活动课专用教室	2	129.27
行政用房	行政用房使用面积	1486.70	理化生实验教室	6	452.46
	生均占有使用面积	0.89	体育馆	无	
图书馆	图书馆使用面积	568.16	游泳池		
	阅览室使用面积	242.40	注：本表系1993年江苏省重点中学验收合格以后，学校填报的概况表		
体育场地	环形跑道长度（米）	250			

表2　2022年4月校园校舍设施配置情况表

（一）校园和校舍			
校园总面积（平方米）	173094	校舍总面积（平方米）	84226
教学用房总面积（平方米）	44773	生活用房总面积（平方米）	39453
生均占有面积	校园（平方米）	71.62	
	校舍（平方米）	34.85	
（二）教学及辅助用房			
建筑名称	数量（个）	建筑面积（平方米）	竣工年月	备注
普通教室	51	7400	2002.06	
普通实验室	17	1880	2002.06	
创新实验室	2	350.4	2018.12	课程基地
探究实验室	2	350.4	2018.12	课程基地
其他实验室	4	696.2	2018.12	课程基地
图书阅览室	3	480	2002.06	
微机室	5	400	2002.06	
通用技术室	4	240	2002.06	
各类专用教室	2	200	2002.06	
体育馆（含报告厅）	1	5393	2002.08	
卫生室	1	96	2002.08	
（三）办公用房			
建筑名称	数量（个）	建筑面积（平方米）	竣工年月
行政办公室	20	1096	2002.08
教师办公室	112	6466	2002.08
（四）生活用房			
建筑名称	数量（个）	建筑面积（平方米）	竣工年月
教工宿舍	32	883.62	2002.08
学生宿舍	320	24231	2002.08
食堂	1	12948	2002.08
（五）其他用房			
建筑名称	数量（个）	建筑面积（平方米）	竣工年月
锅炉房、浴室	1	860	2002.08
门卫	4	166	2002.08
（六）图书馆			
总面积	3254平方米		学生阅览室面积	480平方米
藏书	纸质	120439册	生均	49.8册
	电子图书	3.24T	本表依据2022年4月江苏省普通高中星级评估材料整理	
学生阅览室报刊	报纸	31种		
	刊物	57种		

四、建校以来历年班级数、学生数汇总表

1. 初级中学时期（1924年—1951年）学校班级数、学生数表

时间		班级数	新生数	在籍学生数	毕业生数
1924		1	39名	39名	
1927	春	3			首届34名
	秋	6	并入女子部	近300名	
1928					50名（男31名、女19名）
1929					64名（男36名、女28名）
1930		7		271名	54名（男30名、女24名）
1931					97名（男54名、女43名）
1932		8		340名 （男180名、女160名）	95名（男46名、女49名）
1933		7	160名（男女各半）	375名 （男208名、女167名）	103名（男44名、女59名）
1934			男、女生各50名	349名	100名（男55名、女45名）
1935					72名（男33名、女39名）
1936		6			28名（男19名、女9名）
1937.9		6	公费65名， 自费50名，男女不限	327名	64名（男24名、女40名）
1937年11月至1939年7月，学校停办。1937年11月停办时，有在籍学生327名。					
1939.10		5	一年级169名， 二年级95名， 共招新生264名	264名	无
1940.9		7	初一163名	376名 （男209名、女167名）	无
1941.9		7	初一192名	474名	84名
1942.9		11	初一264名	562名	102名
1943.9		11	初一341名	662名	133名
1944.9		13	初一394名 （含自费生101名）	812名	127名

续表

时间	班级数	新生数	在籍学生数	毕业生数
1945.9	14	初一331名	686名	137名
1946.9	16	初一385名,1946年3月增招简师班64名	987名（含简师）	137名
1947.9	17	初一272名	878名	215名（含简师毕业54名）
1948.9	18	初一352名	878名	169名
1949.5	19	春季班148名,先修班48名（小学毕业水平）	在籍数1113名 实有数608名	
1949.9	18	初一327名	865名	234名
1950.9	17	初一346名	760名	209名
1951.9	17	初一321名	899名	191名

注：（1）学校每学期招收的各年级插班生未统计入新生数。

（2）毕业生数为当年春、夏两季毕业生合计数，下同。

（3）1937年11月至1939年7月，学校停办。

2. 完全中学时期（1952年—2002年6月）学校班级数、学生数表

时间	初中				高中				班数合计（个）	在校生合计（名）
	班级数	新生数	在校生数	毕业生数	班级数	新生数	在校生数	毕业生数		
1952.9	21	329	1170	252	2	117	117	无	23	1287
1953.9	21	282	1148	302	4	118	228	无	25	1376
1954.9	22	550	1349	400（含夜中学）	6	100	328	无	28	1677
1955.9	22	347	1199	318	6	100	328	95	28	1527
1956.9	21	250	1081	295	10	333	654	113	31	1735
1957.9	20	319	893	466	12	231	672	107	32	1565
1958.9	16	336	844	319	14	324	759	103	30	1603
1959.9	16	239	917	193	14	342	764	292	30	1681
1960.9	17	313	942	270	14	200	717	205	31	1659
1961.9	15	220	741	267	14	196	680	189	29	1421
1962.11	14	237	653	158	10	104	467	240	24	1120
1963.9	12	228	616	176	8	103	373	154	20	989
1964.6	12	221	610	140	8	100	372	167	20	982
1965.6	12	234	652	194	6	103	296	96	18	948

续表

时间	初中				高中				班数合计（个）	在校生合计（名）
	班级数	新生数	在校生数	毕业生数	班级数	新生数	在校生数	毕业生数		
1966.6	12	240	647	197	6	106	302	88	18	949
1967	1966年秋起停课，1968年秋全面复课。1967届初中毕业生211人，高中毕业生104人。1968年夏，本届毕业生与1966届、1968届同时发给毕业证书。									
1968.9	19	1005	1005	234	4	235	235	105	23	1240
1969.10	24	271	1276	无	4	无	235	无	28	1511
1970.9	15	459	870	851	高一8个班	484	484	235	23	1354
1971	2月，招收初一春季班7个班，学生411名。至1972年春，与1970年秋季班合并为初二年级，共15班，学生870名。是月，招收高中新生3个班，学生183名。 7月，初中毕业7个班，学生414名。是年无高中毕业生。									
1972.2	22	421	1391	无	11	191	675	无	33	2066
1973.2	12	300	721	845	13	598	789	473	25	1510
1974.4	12	265	705	423	13	439	790	189	25	1495
1975.9	12	299	728	298	16	440	850	604	28	1578
	是年，1973年初、高中春季班延期至秋季毕业。此后学年初均从秋学期始。									
1976.9	12	592	722	295	16	238	855	430	28	1577
1977.10	15	319	883	545	15	522	725	389	30	1608
1978.9	11	244	672	539	17	531	928	233	28	1600
1979.9	11	263	772	388	13	256（含初三53人）	747	376	24	1519
1980.10	15	332	838	63	8	142	370	465	23	1208
1981.9	17	350	974	190	8	226	685	202	25	1659
1982.9	18	358	1092	230	11	255	609	45	29	1701
1983.9	16	204	1002	338	14	349	809	128	30	1811
1984.9	14	254	890	363	16	354	949	219	30	1839
1985.9	12	232	760	364	18	360	1101	226	30	1861
1986.9	12	214	718	250	18	317	1050	354	30	1768
1987.9	12	200	676	244	18	299	974	348	30	1650
1988.9	12	235	660	247	18	289	907	347	30	1567
1989.9	12	221	667	207	18	281	854	326	30	1521
1990.9	12	245	716	192	18	294	861	282	30	1577
1991.9	12	224	711	224	18	304	897	277	30	1608
1992.9	12	246	725	239	18	299	913	276	30	1638

续表

时间	初中				高中				班数合计（个）	在校生合计（名）
	班级数	新生数	在校生数	毕业生数	班级数	新生数	在校生数	毕业生数		
1993.9	12	249	748	231	18	304	928	293	30	1676
1994.9	12	255	768	234	19	359	968	319	31	1736
1995.9	12	250	764	254	20	374	1034	305	32	1798
1996.9	14	293	802	253	22	445	1173	304	36	1975
1997.9	16	316	954	257	22	399	1216	358	38	2170
1998.9	16	386	996	341	22	404	1251	372	38	2247
	是年，市四中被撤销，应届初中毕业生90人由市中发给毕业证书，本校实际初中毕业生为251人。									
1999.9	17	374	1078	291	21	366	1168	446	38	2246
2000.9	18	403	1170	312	22	515	1222	399	40	2392
2001.9	19	413	1191	395	27	540	1356	403	46	2547
2002.6	19			371	是年，初高中分设，高中毕业人数见下表					

注：（1）本表数据主要为历年学年初学校上报数据（毕业生数为上学年末毕业数），部分年份根据学籍卡、毕业生存根、校刊、报纸等材料综合整理而成；各种材料的数据互有出入，以学校上报数据为准；没有学校上报数据的，以原始学籍档案材料为准。

（2）1966年秋至1968年7月，学校处于停课状态。

（3）1971年春起，学制改革，秋季招生改为春季招生，1970年秋季班学生与1971年春季班新生合并，初、高中学生延至1973年1月毕业，仍按1972届统计，故1973年实际上没有毕业生。

（4）1979年秋起，初、高中学制由两年制逐步过渡到三年制，至1985年全部完成，其间毕业生数波动较大。

3. 普通高中时期（2002年9月—2024年）学校班级数、学生数表

时间	班级数	新生数	在校生数	毕业生数
2002.9	26	856	1396	383
2003	41	806	2195	449（美术班76人在分校毕业）
2004	47	840	2485	568
2005	47	855	2497	844
2006	48	841	2536	793

续表

时间	班级数	新生数	在校生数	毕业生数
2007	48	865	2525	851
2008	49	781	2468	831
2009	49	784	2422	837
2010	48	790	2373	845
2011	48	754	2341	800
2012	48	710	2238	787
2013	47	663	2126	774
2014	47	680	2042	757
2015	46	721	2060	704
2016	46	739	2142	658
2017	46	736	2184	681
2018	46	844	2315	712
2019	47	830	2410	734
2020	48	819	2489	735
2021	47	773	2417	839
2022	48	777	2364	829
2023	48	783	2325	810
2024				774

注：普通高中时期数据均据学年初报表统计。

附：1949年5月各班级学生在籍数与实有数表

年级	组别	性别	在籍数	实有数	备注
秋三	甲	男	54	36	含借读3人
秋三	乙	女	52	33	含借读2人、旁听1人
秋三	丙	男	54	33	含借读3人、旁听2人
秋三	丁	男、女混合	53（女18）	30（女12）	含借读2人、旁听1人
春三		男、女混合	87（女47）	54（女27）	
秋二	甲	男	52	28	
秋二	乙	女	51	25	
秋二	丙	男	53	28	含旁听1人
秋二	丁	男、女混合	51（女23）	32（女16）	含旁听1人
春二	甲	男	51	33	

续表

年级	组别	性别	在籍数	实有数	备注
春二	乙	男、女混合	52（女26）	26（女15）	
秋一	甲	男	62	37	
秋一	乙	女	61	30	
秋一	丙	男	61	36	含旁听1人
秋一	丁	男、女混合	63（女36）	27（女15）	
秋一	戊	男	60	26	
春一	甲	男	74	39	
春一	乙	男、女混合	74（女50）	31（女26）	
先修班		男、女混合	48（女17）	24（女6）	小学毕业程度
共计	在籍数		男732名，女381名		
共计	实有数		男403名，女205名		
合计	在籍数1113名		实有数608名		

五、学校、教师获得苏州市级及以上荣誉表彰情况

（不完全统计）

1. 1983年以来学校获得省级及以上荣誉表彰情况表

荣誉称号	授予部门	时间
江苏省体育传统项目学校先进集体	江苏省体育委员会、江苏省教育厅	1983
第三批合格重点高中	江苏省教育委员会	1993.5
1995年江苏省普通中学人口教育工作先进单位	江苏省教育委员会	1995.6
江苏省先进集体（1991—1996）	江苏省人民政府	1996.10
江苏省合格档案室	江苏省教育委员会	1996.12
普通中学先进学生集体	江苏省教育委员会 共青团江苏省委员会	1997.9
江苏省关心下一代工作先进集体	江苏省关工委	1997.12
江苏省女职工劳动保护合格单位甲类要求	省劳动厅、省卫生厅、省总工会、省妇联	1998.7
江苏省第三批电化教育示范学校	江苏省教育委员会	1999.5
江苏省优秀家长学校	江苏省教育委员会、江苏省妇女联合会	1999.6
江苏省优秀教师集体	江苏省教育厅 江苏省委教育工委 江苏省教育工会	2000.9
江苏省现代教育技术示范学校	江苏省教育厅	2001.12
江苏省关心下一代工作先进集体	江苏省关工委	2001.6
江苏省德育先进学校	江苏省教育厅	2001.9
江苏省中小学党建工作先进集体	江苏省委组织部 江苏省委教育工委	2002.6
国家级示范性普通高中	江苏省教育厅	2002.4
江苏省标准化实验室	江苏省教育厅	2003.12
江苏省中学一级图书馆	江苏省教育厅	2003.12
"十八岁成人教育活动"优秀组织奖	共青团江苏省委员会 江苏省学生联合会	2004.6

续表

荣誉称号	授予部门	时间
江苏省四星级普通高中	江苏省教育厅	2004.3
江苏省文明学校	江苏省教育厅	2007.12
2005—2006年度江苏省精神文明建设工作先进单位	江苏省精神文明建设指导委员会	2008.11
江苏省一级档案室	江苏省档案局	2008.12
江苏省2008年度城市节水型单位	江苏省建设厅	2009.9
江苏省五四红旗团支部	共青团江苏省委员会	2010.2
江苏省学生军事训练工作先进单位	江苏省军区司令部、江苏省教育厅	2010.10
江苏省依法治校示范学校	江苏省教育厅	2011.2
2006—2010年全省教育系统法制宣传教育先进单位	江苏省委宣传部 江苏省司法厅 江苏省教育厅	2011.2
江苏省健康促进学校铜奖	江苏省教育厅	2012.2
2010—2011年度江苏省学生军训高中先进集体	江苏省军区司令部、江苏省教育厅	2012.11
2011—2012年度江苏省体育工作先进学校	江苏省教育厅	2013.6
2010—2012年度江苏省文明单位	江苏省精神文明建设指导委员会	2013.10
江苏省教学成果二等奖	江苏省教育厅	2014
江苏省教学成果二等奖	江苏省教育厅	2017
国防教育特色学校	中华人民共和国教育部	2018.1
江苏省第三批省级教师发展示范基地	江苏省教育厅	2020.12
2020年度全省教科研工作先进集体	江苏省教育科学研究院	2021.1
江苏省基础教育成果一等奖	江苏省教育厅	2022.1
国家教学成果二等奖	中华人民共和国教育部	2022.10

2. 1983年以来学校获得苏州市级荣誉表彰情况表

荣誉称号	授予部门	时间
苏州市文明单位	苏州市精神文明建设委员会	1983
苏州市体育传统项目学校先进集体	苏州市体育运动委员会、苏州市教育局	1987.5
苏州市青少年科技活动先进集体	苏州市科学技术协会等	1987.12
苏州市先进团组织	共青团苏州市委员会	1989.5
苏州市文明单位	苏州市精神文明建设委员会	1989
苏州市体育传统项目学校先进集体	苏州市体育运动委员会、苏州市教育局	1989.12

续表

荣誉称号	授予部门	时间
苏州市中小学勤工俭学先进集体	苏州市教育局	1990
1989—1990年度先进职工之家	苏州市总工会	1991.5
苏州市中小学勤工俭学先进集体	苏州市教育局	1991.7
1989—1990年度苏州市文明单位	苏州市精神文明建设委员会	1991.8
苏州市三级先进档案室	苏州市档案局	1992.12
苏州市精神文明建设"五五工程"先进单位	苏州市精神文明建设委员会	1993.8
苏州市创三好先进集体	苏州市教育委员会	1994.5
苏州市1993年度先进集体	苏州市人民政府	1994.7
1993—1994年苏州市爱国卫生先进集体	苏州市爱国卫生运动委员会、苏州市人事局	1995.2
苏州市体育工作先进集体(1992—1996)	苏州市体育运动委员会、苏州市教育委员会	1996.11
苏州市体育传统项目学校(1996—1999)	苏州市体育运动委员会、苏州市教育委员会	1997.4
苏州市1995—1996年度爱国卫生先进集体	苏州市爱国卫生运动委员会、苏州市人事局	1997.12
苏州市教育科研先进单位	苏州市教育委员会	1998.5
苏州市中小学实验教学工作先进学校	苏州市教育委员会	1998.8
1997—1998年度苏州市先进基层工会	苏州市总工会 苏州市人事局	1999.4
1997—1998年度苏州市先进团组织	共青团苏州市委员会	1999.5
苏州市学校先进卫生室	苏州市教育委员会 苏州市卫生局	1999.6
1999—2002年苏州市体育传统项目学校(第二批)	苏州市体育运动委员会 苏州市教育委员会	1999.12
苏州市文明单位(1998—1999)	苏州市精神文明建设委员会	2000.5
苏州市十运会县市组高中男篮比赛第二名	苏州市体育运动委员会	2000.7
苏州市1999—2000学年度施行《国家体育锻炼标准》先进集体	苏州市体育运动委员会 苏州市教育委员会 苏州市劳动和社会保障局	2000.12
苏州市教育科研先进单位（1998—2000年度）	苏州市教育委员会	2001.2
苏州市五四红旗团委	共青团苏州市委员会	2001.4
苏州市先进基层党组织	中共苏州市委员会	2001.6
2001年苏州市学校食品卫生先进食堂	苏州市卫生局 苏州市教育委员会 苏州市公安局	2001.11

续表

荣誉称号	授予部门	时间
2000—2001年度苏州市文明单位	苏州市精神文明建设委员会	2002.5
苏州市教育信息化实验学校	苏州市教育委员会	2002.6
苏州市优秀青少年维权岗	共青团苏州市委 苏州市社会治安综治委办	2002.9
2000—2003年贯彻学校 卫生工作条例先进单位	苏州市教育局 苏州市卫生局 苏州市体育局	2004.1
首届苏州市十大优秀校园网站	苏州市教育局	2004.3
苏州市中小学歌咏比赛 暨第五届校歌比赛三等奖	苏州市教育局	2005.11
苏州市安全文明学校	苏州市综治委 苏州市教育局 苏州市公安局	2006.2
苏州市先进学生集体	苏州市教育局	2006.5
苏州市第二届优秀教师群体	苏州市教育局	2006.6
苏州市青年文明号	共青团苏州市委员会	2006
2004—2005年度苏州市文明单位	苏州市文明委	2006.10
苏州市中小学校 艺术教育工作优秀学校	苏州市教育局	2007.1
苏州市创建"平安单位"先进集体	苏州市综治委 苏州市公安局	2008.1
苏州市体育教育工作先进学校	苏州市教育局	2008.1
苏州市校务公开先进学校	苏州市教育工委 苏州市教育局	2009.2
第三批苏州市中小学 合格心理咨询室	苏州市教育局	2009.8
2009年苏州市歌咏比赛 普高组二等奖	苏州市教育局	2009.10
2009年度苏州市平安校园	苏州市综治委 苏州市教育局 苏州市公安局	2010.3
2006—2008年度苏州市文明单位	苏州市精神文明建设委员会	2010
苏州市"会休息、会学习、 会健体"活动先进学校	苏州市教育局	2010.6
苏州市级优秀"青少年维权岗"	共青团苏州市委员会 苏州市综治委 苏州市教育局	2010.11

续表

荣誉称号	授予部门	时间
苏州市"五五"普法示范学校	苏州市教育局 苏州市司法局	2011.4
2011—2014年度苏州市体育传统项目学校（田径）	苏州市体育局、苏州市教育局	2011.12
苏州市大课间活动一等奖	苏州市教育局 中国教育工会苏州市委员会	2012.11
苏州市第五届优秀教师群体	苏州市教育局 中国教育工会苏州市委员会	2012.8
2012年度苏州市行风建设群众满意度示范学校	中共苏州市委教育工作委员会 苏州市教育局	2013.4
2013—2014年度先进基层党组织	中共苏州市教育工作委员会	2014.6
"教是为了不教"教育教学改革示范学校	苏州市教育局 江苏省叶圣陶教育思想研究所	2014.10
苏州市德育先进学校	苏州市教育局	2015.4
苏州市档案文化精品评选优秀奖	苏州市档案局	2015.8
苏州市依法治校先进学校	苏州市教育局	2015.10
苏州市"十二五"教育科研先进集体	苏州市教育学会	2015.12
苏州市教育科研优秀团队	苏州市教育局	2016.1
江苏省教育教学工作先进集体	由苏州市教育局颁发	2016.6
苏州市中小学生综合素质发展活动基地	苏州市教育局	2017.12
苏州市教育后勤工作先进学校	苏州市教育局	2017.12
苏州市教师（校长）培训基地	苏州市教师发展学院	2018
苏州市第二批语言文字规范化达标学校	苏州市教育局 苏州市语言文字工作委员会	2019.6
苏州市五一劳动奖状	苏州市总工会	2020.4
苏州市拔尖创新人才项目实验学校	苏州市教育局	2020.8
苏州市艺术教育特色学校	苏州市教育局	2020.11
苏州市教育教学成果基础教育特等奖	苏州市教育局	2020.12
苏州市"一校一品"党建文化品牌成果奖	中共苏州市委教育工作委员会	2021.6
苏州市中小学校园心理剧三等奖	苏州市健康教育委员会	2022.7
苏州市首届"圣陶杯"园丁奖	中共苏州市委教育工作领导小组	2023.9
苏州市基础教育课程改革基地学校	苏州市教科院	2024.4

3. 1956年以来教师获得苏州市级及以上荣誉表彰情况

全国级		
时间	荣誉项目	获奖人
1983年	全国优秀班主任	邵宪鸿
	全国优秀工会积极分子	吴宗瑾
1989年	全国优秀教师	钱文明
1991年	全国优秀教师	陆如年
	全国优秀工会积极分子	吴宗瑾
1993年	全国优秀教师	周永良
1995年	全国优秀教师	邓一先
1998年	全国教育系统劳动模范、全国模范教师	沈国明
2007年	全国优秀科技辅导员	邵俊峰
2015年	第三届全国中小学外语教学名师	顾　钰
2023年	国家教学名师	邵俊峰
江苏省级		
时间	荣誉项目	获奖人
1956年	江苏省中初等学校优秀教师	孙鸣玉
	江苏省中初等学校优秀教师	季良生
1960年	江苏省教育、文化、卫生、体育社会主义建设先进工作者	司马淳
1985年	江苏省优秀教育工作者	邵宪鸿
1987年	江苏省勤工俭学先进个人	胡　耀
1991年	江苏省优秀青少年科技辅导员	徐炳炎
1997年	江苏省中小学优秀班主任	王成琦
1998年	江苏省中小学德育先进工作者	钱律新
1999年	江苏省电化教育优秀工作者	任宇劲
2001年	江苏省优秀教育工作者	张琦祯
2005年	江苏省优秀教育工作者	邹丽芳
2006年	江苏省优秀共青团干部	袁学文
2008年	江苏省中小学党建工作先进个人	张琦祯
2014年	江苏省中小学优秀共产党员	马　宁
2020年	"苏教名家"培养对象	邵俊峰
2022年	"苏教名家"培养对象	马　宁
2023年	江苏教师年度人物提名奖	邵俊峰
2024年	"苏教名家"培养对象	肖　敏

续表

苏州市级	
荣誉项目	获奖人
苏州市劳动模范	吴宗瑾
苏州市五一劳动奖章	王建刚
苏州市十杰校长	钱文明
苏州市百佳文明职工	沈国明
苏州市时代新人	邵俊峰
苏州市教育十大年度人物	马宁
苏州市教育时代新人	马宁
姑苏教育名家	邵俊峰
姑苏教育领军人才	马宁、沈国明、邵俊峰、肖敏
苏州市优秀共产党员	邵俊峰
姑苏教育青年拔尖人才	肖敏、葛岩、陆文博、蒋少卿
苏州市中小学十大杰出青年教师	葛岩
苏州市优秀教育工作者	蔡国珍、顾宏义、邓一先、任宇劲、尤建中、潘晓英、胡耀、胥洪、吴东权、刘东坡、殷健强、沈沛、曹健、蒋玉莲、尹勤、李振环、韩建光、施雪芳、范祖国、罗仁祥、凌解良、马宁、董建石、王跃斌、汤丽萍、邵俊峰、葛岩、顾钰、朱梅、平卫星、虞琦、陆文博、毛春来、张一览、洪莉、李亚
苏州市优秀教师	肖敏、杨帆、范艳君、齐本莹
苏州市教坛新秀双十佳	顾钰、朱梅、张一览
苏州市教坛新苗	唐志忠、范艳君、瞿栗
苏州市师德标兵	沈国明、李敏
苏州市爱生模范	洪莉、范艳君
苏州市关心支持工会工作好领导	顾钰
苏州市优秀德育工作者	许焕华、邓丽正、倪文君、袁学文、平卫星、曹健
苏州市十佳班主任	顾建秋、李峰
苏州市优秀班主任	胡远谟、田百寿、潘晓英、邵凤莲、邹耀良、邹丽芳、顾建秋、苗卫新、杨伟国、李亚、顾强
苏州市教育科研先进个人	凌解良、查正开、朱愫、杨晓澜
苏州市优秀心理健康教师	李燕
苏州市爱国卫生先进工作者	姚志刚
苏州市学校卫生工作先进个人	周惠萍
苏州市无偿献血铜奖	谈梓涛
民主党派先进个人	钱律新、朱雪芬、管兴华、朱卫国
苏州海外联谊会周氏德育奖	龚淑芳、张一览、平卫星、华国平、虞琦、葛岩、洪莉、顾强、王建刚、李燕

六、学校教学、科研成绩情况表

1. 2002年以来教师获得省级及以上教学评比奖励情况表（不完全统计）

时间	学科	教师姓名	名称	获奖等级
2002年	物理	韩建光	江苏省多媒体辅助课堂教学展示评比	省一等奖
2004年	体育	万鹤飞	江苏省中小学体育与健康多媒体课件评比	省一等奖
2004年	美术	朱惬	江苏省第四届中小学美术录像课竞赛	省二等奖
2005年	信息	顾秋芳	江苏省优秀教案评比	省三等奖
2006年	地理	邵俊峰	江苏省高中地理教学设计	省一等奖
2006年	化学	顾强、是好	全国首届教师新课程课件创作技能评比	全国二等奖
2011年	数学	吴旭红	江苏省优秀多媒体教学设计	省二等奖
2011年	数学	吴旭红	江苏省优秀教学案例	省二等奖
2011年	数学	吴旭红	江苏省优秀教学课件	省三等奖
2013年	美术	谈梓涛	江苏省基础教育青年教师基本功大赛	优秀奖
2014年	地理	邵俊峰	江苏省"一师一优课"评比	省"优课"
2015年	语文	钱春兰	江苏省数学青年教师评优课	二等奖
2016年	地理	蒋少卿	江苏省"一师一优课"评比	省"优课"
2016年	物理	肖敏	江苏省"一师一优课"评比	省"优课"
2017年	化学	周新华	教育部"一师一优课，一课一名师"活动	部"优课"
2017年	物理	张玲芳	江苏省高中物理实验教具创新评比	省一等奖
2017年	地理	陆文博	江苏省青年教师教学基本功大赛	省一等奖
2017年	语文	范艳君	江苏省语文优质课评比	省二等奖
2017年	历史	冯李军	江苏省历史优质课评比	省二等奖
2018年	化学	葛岩	江苏省化学优质课评比	省二等奖
2019年	历史	沈素英	全国优秀多媒体教学课件评选	全国一等奖
2019年	语文	顾吟圆	2019年中华经典诵写讲大赛	全国二等奖
2019年	地理	邵俊峰	江苏省高中地理教学设计评选	省一等奖
2019年	物理	肖敏	江苏省实验创新大赛	省二等奖

续表

时间	学科	教师姓名	名称	获奖等级
2020年	地理	肖 敏	江苏省第三届STEM教育优秀教学案例评比	省二等奖
	生物	杨晓澜	江苏省第三届STEM教育优秀教学案例评比	省二等奖
	英语	陈品佳	第十九届全国英语演讲比赛	省三等奖
	历史	冯李军	江苏省基础教育精品课程	省级精品课
	地理	陆文博	江苏省基础教育精品课程	省级精品课
2021年	信息	顾秋芳	首届高中信息技术创新教学微课活动	全国一等奖
	化学	张玉荣	江苏省第三届STEM教育教学优秀案例评比	省一等奖
	地理	肖 敏	江苏省蓝天杯优秀教学设计	省一等奖
	英语	任 吉	江苏省第十五届优秀教学设计评选	省二等奖
	生物	瞿 栗	江苏省生物优质课评比	省二等奖
	物理	张玲芳	国家基础教育精品课	省级优课
	语文	杨 帆	国家基础教育精品课	省级优课
2023年	物理	张玲芳	江苏省高中实验教学创新设计评比	省二等奖
	历史	温 洁	江苏省2023年高中历史优质课大赛	省二等奖
	语文	杨小曼	国家基础教育精品课	省级优课

2. 1996年以来学校、教师省级及以上科研课题一览表（不完全统计）

序号	课题名称	立项时间	主持人	立项部门	获奖情况	备注
1	培养跨世纪青年骨干教师队伍的研究	1996.10	钱文明	省教育学会立项课题		
2	运用电教媒体，培养学生观察事物、分析事物和解决问题的能力研究	1997.9	任宇劲 邓一先	省电教馆立项课题		
3	现代化教师队伍建设的研究	1999.10	钱文明	全国教育学会子课题		
4	高中研究性学习目标导引教学模式研究	2001.9	凌解良	省教科所立项课题		
5	运用信息技术建立以学生为主体的研究性学习模式	2001.12	凌解良	省电教馆立项课题		
6	网络环境下探究性学教平台开发与应用的研究	2002.4	凌解良	中国电化教育学会子课题		
7	学习型校园网的建设与使用研究	2002.5	凌解良	教育部重点课题		

续表

序号	课题名称	立项时间	主持人	立项部门	获奖情况	备注
8	网络环境下的自主学习研究	2002.9	韩建光	国家规划办子课题		
9	利用GSP进行探究性教学的研究	2003.10	韩建光	中国教育学会重点资助课题		
10	立足校本,全面推进学校教育现代化建设的研究	2005.1	凌解良	江苏省教育科学规划办		
11	物理课堂教学形成性评价研究	2008.5	凌解良 韩建光	中国教育学会物理教学专业委员会重点资助课题		
12	高中物理探究性教学案例资源建设的研究	2008.5	韩建光	中国教育学会物理教学专业委员会重点资助课题		
13	高中各学科差异教学的实践研究	2008.9	沈国明	中央教科所		中央教科所"十一五"规划重点课题子课题
14	"文化浸润课程,学生综合发展"模式的创新研究	2009.7	凌解良	全国教育科学规划办	江苏省教学成果二等奖(2017)	教育部重点课题
15	普通高中主体浸润性课堂的实践研究	2010.6	周永良	江苏省教育科学规划办	苏州市精品课题,江苏省精品课题培育对象,江苏省首届基础教育教学成果二等奖(2013)	
16	区域教育现代化先行实验研究	2010.10	周永良	全国教育科学规划办		国家规划办子课题
17	学科借力促进普通高中教学成效提高的实践研究	2011.11	邵俊峰	江苏省教育科学规划办	江苏省第八届"新世纪园丁"杯特等奖	
18	高中语文"四四"模式审美读书课体系的构建与实施	2011.11	柳青 张幼良	江苏省教育科学规划办	苏州市精品课堂	
19	普通高中学科教学中培养学生自主学习能力策略的研究	2012.9	王跃斌	江苏省教育学会		

续表

序号	课题名称	立项时间	主持人	立项部门	获奖情况	备注
20	跨学科视域下教师专业发展模式的创新研究	2013.6	周永良 邵俊峰	江苏省教育科学规划办	江苏省第九届"新世纪园丁杯"特等奖	重点资助课题
21	高中物理互动式高效课堂教学的策略研究	2013.10	肖 敏	中国教育学会		
22	多维发散型高中物理课堂的创新研究	2013.11	肖 敏	江苏省教育科学规划办		
23	高中语文品质阅读课的实践与思考	2014.11	汤丽萍	江苏省教育科学规划办		重点自筹课题
24	江苏省普通高中"生态·地理"综合实践课程基地	2014.12	沈国明 邵俊峰	江苏省教育厅		
25	重构启迪智慧的"问题解决"教学实践研究	2015.11	沈素英	江苏省教育科学规划办		重点自筹课题
26	共生理念下高中生跨学科素养的培育	2016.6	马 宁 邵俊峰	江苏省教育厅	江苏省教学成果一等奖,国家教学成果二等奖	考核优秀
27	基于多维融合的高中物理"树式课堂"的实践研究	2018.11	肖 敏	江苏省教育科学规划办	江苏省第十六届"五四杯"一等奖	
28	基于地理实践力培养的高中开放性课堂研究	2018.11	蒋少卿	江苏省教育科学规划办		重点资助课题
29	高中英语阅读焦虑干预策略的实践研究	2018.11	任 吉	江苏省教育科学规划办		
30	"教为不教"理念下高中数学文化体验课程的开发与实践	2019.11	姚惠芳	江苏省教育科学规划办		
31	小城大爱:"志愿者+"浸润式品格提升行动	2019.12	马 宁	江苏省教育厅	考核优秀	江苏省中小学品格提升工程
32	基于"教是为了不教"的化学学科学生关键能力培育的实践研究	2020.11	张玉荣	江苏省教育科学规划办		
33	江苏省"四有"好教师团队重点建设实验项目	2020.12	马 宁	江苏省教育厅		江苏省首批75家之一
34	江苏省教师发展示范基地校的实践与研究	2020.12	马 宁	江苏省教育厅师培中心		
35	"五育融合"视域下普通高中综合育人模式的创新研究	2021.7	马 宁	全国教育科学规划办		教育部重点课题

续表

序号	课题名称	立项时间	主持人	立项部门	获奖情况	备注
36	指向"五育融合"的高中地理项目化学习实践研究	2021.11	邵俊峰	江苏省教育科学规划办		
37	大概念视域下基于学习进阶理论的初高中物理衔接教学策略研究	2021.11	陆 球	江苏省教育科学规划办		
38	新测评背景下高中语文"梯度读写"区域性应用与推广研究	2022.10	杨 帆 范艳君	江苏省中小学教研室		重点自筹课题
39	"历史关联性"视域下高中历史"大时空观"培养研究	2022.11	韩金华	江苏省教育科学规划办		
40	高中物理"融创"课程基地	2023.9	马 宁 华国平	江苏省教育厅		省基础教育前瞻性教学改革实验项目
41	"五育融合"视域下高中地理跨界课堂模式的构建与实践	2023.11	陆文博	江苏省教育科学规划办		重点自筹课题

3. 2001年以来学校教师苏州市级科研课题一览表（不完全统计）

序号	课题名称	立项时间	主持人	立项部门或课题类型
1	中学地理图导式教学法初探	2001.6	沈国明	苏州市教育科学规划办
2	校园网环境下的建构性教学模式研究	2001.6	韩建光	苏州市教育科学规划办
3	历史活动课培养学生实践创新能力的研究	2001.6	沈素英 金丽刚	苏州市教育科学规划办
4	历史课研究性学习研究	2001.6	董建石	苏州市教育科学规划办
5	利用GSP进行探究性教学的研究	2003.8	韩建光	中国教育学会物理研究会重点资助课题
6	理科教学中的互动创新课程研究	2003.8	凌解良 韩建光	中央电教馆"十一五"重点课题子课题
7	学习型校园网的建设与使用研究	2003.9	凌解良	教育部"十五"规划课题子课题
8	网络环境下的自主学习研究	2003.9	韩建光	教育部"十五"规划课题子课题
9	星状结构在中学体操教学中的运用研究	2006.3	万鹤飞	苏州市教育科学规划办
10	高中语文教学中工具性与人文性的科学整合	2007.3	汤丽萍	苏州市教育学会

续表

序号	课题名称	立项时间	主持人	立项部门或课题类型
11	高中地理校本教辅的编写与应用研究	2007.3	邵俊峰	苏州市教育学会
12	高中历史教学双向主体研究	2007.3	沈素英	苏州市教育学会
13	高中数学研究性学习的评价研究	2007.6	蔡祖才	苏州市教育科学规划办
14	整合课程资源,有效提高高中生英语阅读能力的研究	2007.6	顾 钰	苏州市教育科学规划办
15	学生数学探究能力培养研究	2007.6	查正开	苏州市教育科学规划办
16	数理校本课程的开发与应用研究	2007.6	韩建光	苏州市教育科学规划办
17	高中语文课堂"主体相融共生"促进学生自学个案研究	2008.6	汤丽萍	苏州市教育科学规划办
18	指导高一学生在英语学习中有效实施预习策略的研究	2009.6	顾 钰 杨丽峰 邓 华	苏州市教育科学规划办
19	基于量规的课堂教学多元评价的实践研究	2011.6	蔡祖才	苏州市教育科学规划办
20	"给力型"政治教师的内涵及发展策略研究	2011.6	顾建秋	苏州市教育科学规划办
21	校园网络学习平台建设与学生自主学习的研究及应用	2011.6	张玉荣	苏州市教育科学规划办
22	高中物理问题化课堂教学的行动研究	2012.6	肖 敏	苏州市教育科学规划办
23	高中生外语阅读焦虑的原因及其干预	2012.6	任 吉	苏州市教育科学规划办
24	高中历史课程PBL智慧导向实践研究	2013.6	沈素英	苏州市教育科学规划办
25	化学"学科观念"视野下课堂观察的实践研究	2013.6	虞 琦	苏州市教育科学规划办
26	常熟花边传承的校本研究	2013.6	谢燕月	苏州市教育科学规划办
27	交互式教学法视野下的高中语文读写结合策略研究	2013.6	杨 帆	苏州市教育科学规划办
28	高中语文选修课"高格境界"课堂的建设研究	2013.6	刘文竹	苏州市教育科学规划办
29	积极心理学视域下的高中历史教学的案例研究	2013.6	洪 莉	苏州市教育科学规划办
30	高中思想政治生态课堂的实践与研究	2013.6	朱 梅 陆素平	苏州市教育科学规划办
31	高中地理生成性教学资源的开发与应用研究	2013.6	陆文博	苏州市教育科学规划办
32	高中地理"生态·地理"课程基地实践研究	2013.12	邵俊峰 沈国明	苏州市教育局

续表

序号	课题名称	立项时间	主持人	立项部门或课题类型
33	高中物理有效转变教学方式和学习方式的行动研究	2014.3	肖 敏	苏州市教育学会
34	"教为不教"理念指导普通高中课程基地实施的行动研究	2014.12	邵俊峰	苏州市教育局
35	核心素养下高中英语阅读教学有效性研究	2015.6	任 吉	苏州市教育科学规划办
36	基于生成的高中语文阅读教学多元解读研究	2015.6	李 亚	苏州市教育科学规划办
37	教学翻转式物理课堂提升学生核心素养的实践研究	2015.6	肖 敏	苏州市教育科学规划办
38	基于高中生发展核心素养的化学实验探究教学实践研究	2015.6	徐明亚	苏州市教育科学规划办
39	基于多元解读的高中语文生成式阅读教学研究	2015.6	李 亚 范艳君	苏州市教育科学规划办
40	基于叶圣陶"教是为了不教"思想下高中英语阅读教学有效性的干预策略	2015.6	任 吉	苏州市教育科学规划办
41	引导学生自主学习的校园网络学习平台开发与实践研究	2016.6	张玉荣	苏州市教育科学规划办 重点课题
42	叶圣陶作文教育思想与高中语文写作教学多元评价策略探究	2016.6	李 玲	苏州市教育科学规划办
43	地理学科实践"教是为了不教"提高学生自主探究能力的行动研究	2016.6	蒋少卿	苏州市教育科学规划办
44	高中物理实验教学的创新对学生思维品质提升的实践研究	2016.6	张玲芳	苏州市教育科学规划办
45	信息化条件下高中化学自主学习课堂模式——"慕课"的探索实践研究	2016.6	张一览	苏州市教育科学规划办
46	共生理念下高中生跨学科素养培育的系统建构	2016.6	邵俊峰	苏州市教育科学规划办 重点课题
47	高中生"五维度阶梯式"生涯规划教育实施策略的研究	2019.6	张玉荣	苏州市教育科学规划办 重点课题
48	数字化设备优化高中生物实验教学的实践研究	2019.6	杨晓澜 金 燕	苏州市教育科学规划办
49	高中数学"关键性"定理学习活动的优化研究	2019.6	沈 宏	苏州市教育科学规划办
50	苏州市创新人才培养实验项目	2020.7	马 宁	苏州市教育局
51	学科素养视域下"项目式学习"融于化学课堂教学的实践研究	2021.6	张一览	苏州市教育科学规划办 重点课题
52	立德树人视域下高中物理进阶式"育人课堂"的创新研究	2021.6	肖 敏	苏州市教育科学规划办 重点课题

续表

序号	课题名称	立项时间	主持人	立项部门或课题类型
53	"五育融合"视域下高中语文质性阅读教学的实践研究	2021.6	顾吟圆	苏州市教育科学规划办
54	学力目标指引下以物理创新实验教学提升学科素养的实践研究	2021.6	张玲芳	苏州市教育科学规划办
55	主题语境视域下读后续写教学模式的创新研究	2021.6	钱景意 陈品佳	苏州市教育科学规划办
56	深度学习视域下高中学生语文阅读力提升策略研究	2021.6	翁建红 沈志斌	苏州市教育科学规划办
57	高阶思维发展视角下落实语文学科核心素养的阅读课例研究	2021.6	杨 帆 姚春红	苏州市教育科学规划办
58	"双减"背景下叶圣陶教育思想指导下的学教方式变革的实践研究	2021.6	蒋少卿 黄付军	苏州市教育科学规划办
59	基于语文学科的跨学科融合课程设计与实践	2021.9	王贝贝	苏州市教育学会 重点课题
60	基于历史意识培育视域下的高考历史开放型小论文试题研究	2021.9	韩金华	苏州市教育学会
61	指向跨界学习力培育的历史教学模式建构与实践	2022.6	冯李军	苏州市教育科学规划办
62	高中物理"融创"实验课程基地研究	2022.9	马 宁 华国平	苏州市教育局
63	苏州市基础教育标杆性育人范式研创工程项目（攀登计划）	2023.9	邵俊峰	苏州市教育学会
64	基于跨学科研教的高中教师成长共同体模式的研究	2023.10	马 宁 邵俊峰	苏州市教师发展学院

4. 1989年以来教师在省级及以上刊物发表、获奖论文数汇总表（单位：篇）

时间	论文发表数	论文获奖数
1989年	21	
1990年	30	
1991年	36	
1992年	35	
1993年	36	
1994年	20	
1995年	29	
1996年	43	

续表

时间	论文发表数	论文获奖数
1997年	67	
1998年	39	
1999年	26	
2000年	15	
2001年	32	
2002年	26	
2003年	19	
2004年	32	24
2005年	31	9
2006年	52	35
2007年	49	35
2008年	41	15
2009年	36	45
2010年	77	15
2011年	54	43
2012年	92	31
2013年	123	9
2014年	119	18
2015年	86	4
2016年	85	8
2017年	84	9
2018年	64	5
2019年	56	14
2020年	47	5
2021年	67	4
2022年	49	3
2023年	31	3
合计	1749	334

附录：常熟市中学1993年教育教学论文交流会安排表（1993年12月）

序号	论文篇目	交流老师
第一组		
1	教学与思辨	汤丽萍
2	重视默读　培养速读能力	朱咏红
3	浅谈高三英语教学和复习	吴全保
4	初中英语竞赛辅导小结	顾　钰
5	爱，融化了他心中的冰雪	蔡国珍
6	谈谈语文教学中如何做差生的转化工作	黄金石
7	suggest和insist后用虚拟语气还是陈述语气	陈解民
8	序数词前用a还是the	陈解民
第二组		
1	用邓小平同志建设有中国特色社会主义理论指导政治课教学	朱云奎
2	政治教学中的新课题——怎样适应社会主义市场经济发展的要求	管祖元
3	思想政治课教学改革中的思考和探索	汪　浩
4	开好班会　提高教学效益	范建国
5	关于使用历史地图的几点做法	沈素英
6	如何解答历史材料解析题	董建石
7	初中地理新教材教学体会	匡云娟
8	勉强成习惯　习惯成自然　自然即素质	许焕华
第三组		
1	充分调动学生积极性　全面提高教育质量	邹耀良
2	数学概念教学的几点体会	钱　琳
3	九年义务教育代数初中第一册教学的体会	周永良
4	多面体体积教学札记	胥　洪
5	高中数学教育改革中应理顺的几个关系	沈建民
6	谈绿色植物代谢的教学体会	陶云菊
7	重在教育和引导——也谈音乐导向	王翠侠
8	体育教师如何处理好重点中学里的调皮生	万鹤飞
第四组		
1	相互作用过程中的能量、动量守恒问题	陈建平
2	用三角形法则定性判断力的变化	姚振元
3	点燃后进生的心灵之火	徐美吉
4	选题的艺术	毛瑞平
5	可逆反应达到同一平衡状态的条件	张忠达
6	抓好两个衔接　提高中学化学教学质量	管兴华
7	谈谈提高课堂教学质量的体会	任介眉
8	理清知识脉络　提高复习质量	程梅芬

七、学生学习成绩情况表

1. 1977年以来历年高考录取情况一览表

表1　1977—1987年高考成绩表

年份	录取人数	备注
1977	15	
1978	26	
1979	49	
1980	95	章晖获江苏省理科第一名
1981	167	陈美芳考取北大西语系，周正良考取北大物理系
1982	222	
1983	81	
1984	149	
1985	147	
1986	184	钱向阳获全国奥数竞赛一等奖，被保送复旦大学物理系。高福春考取北大地球物理系。陆建华考取清华大学无线电电子学系
1987	158	章国新考取清华大学工程物理系，吴文霞考取北京大学俄语系

表2　1988—1999年高考成绩表

年份	高考人数	录取人数	本科人数	专科人数	录取本、专科总人数占参加高考总数百分比	备注
1988	230	129	59	70	56.1%	黄志强考取清华大学国民经济管理系
1989	296	162	82	80	54.7%	倪东梅考取北京大学麻醉学系
1990	218	105	57	48	48.2%	姚卫良考取清华大学工程物理系
1991	193	71	37	34	36.8%	
1992	237	106	41	65	44.7%	
1993	267	123	50	73	46.1%	

续表

年份	高考人数	录取人数	本科人数	专科人数	录取本、专科总人数占参加高考总数百分比	备注
1994	310	240	104	136	77.4%	
1995	296	220	126	94	74.3%	归泳涛考取北京大学国际政治系
1996	304	239	192	47	78.6%	时俊贤考取北京大学法律系,王治国考取清华大学汉语言文学系
1997	345	322	259	63	93.3%	唐峰考取清华大学现代应用物理学系,王利平考取北京大学社会学系
1998	354	310	281	29	87.6%	金亮获苏州市文科第一名,程羽心考取北京大学数学科学学院
1999	438	438	398	40	100%	

表3　2000—2023年高考成绩表

年份	高考人数	本科上线人数	本科上线率	备注
2000	403	326	80.9%	
2001	329	258	78.4%	
2002	321	212	66.0%	
2003	423	249	58.9%	薛雨涵考取北京大学经济学类
2004	529	316	59.7%	徐竞文考取北京大学经济学类 钱思雯考取北京大学法学系
2005	787	453	57.6%	任臻获全国化学奥赛一等奖
2006	717	470	65.6%	本一上线率35.7% 任臻被保送北京大学化学系
2007	803	601	74.8%	本一上线率36.7% 赵丹萍考取北京大学日语系
2008	812	567	69.8%	本一上线率29.6% 马怡虹考取北京大学中国语言文学类
2009	819	434	53.0%	
2010	818	594	72.6%	本一上线率34.4%
2011	776	576	74.2%	
2012	772	622	80.6%	本一上线率41.2% 吕安琪考取北京大学中国语言文学类
2013	761	655	86.1%	本一上线率46.64% 陈天和考取北京大学公共管理类
2014	743	686	92.3%	本一上线率52.89% 时怡然考取清华大学应用数学类

续表

年份	高考人数	本科上线人数	本科上线率	备注
2015	690	656	95%	本一上线率50.8% 戴佳炜获全国奥数竞赛一等奖
2016	654	623	95.3%	本一上线率51.2%
2017	676	676	100%	本一上线率72.4% 孙浩辰同学获全国化学奥赛一等奖
2018	700	669	95.6%	本一上线率80.3% 姚礼力同学获全国化学奥赛一等奖
2019	775	723	93.3%	本一上线率79.5%
2020	715	713	99.7%	本一上线率85.7%
2021	832	826	99.3%	本一特控上线率80%
2022	802	801	99.9%	本一特控上线率83.5%
2023	803	800	99.6%	

2. 2005年以来学生参加省级及以上各类比赛获奖情况汇总表（单位：人次）

时间	获奖分类	全国级			省级		备注
		一等奖	二等奖	三等奖	一等奖	二等奖	
2005年	文科类	1	7	14			
	理科类	1			1	12	
2006年	文科类	1	8	19			
	理科类	1		1		7	
2007年	文科类				1		
	理科类					6	
2008年	文科类				3	2	
	理科类	3	3	2		13	
2009年	文科类				2	6	
	理科类			1	1	4	
2010年	文科类				4	10	
	理科类	5	4	4	13	30	
2011年	文科类			1	5	3	省特等奖1个
	理科类		2	1	4	58	
2012年	文科类						
	理科类				9	66	

续表

时间	获奖分类	全国级			省级		备注
		一等奖	二等奖	三等奖	一等奖	二等奖	
2013年	文科类				2	19	
	理科类		1		13	98	
2014年	文科类				1	14	
	理科类	1			9	75	
2015年	文科类				3	14	
	理科类	1			4	14	
2016年	文科类						
	理科类				6	73	
2017年	文科类				4	12	
	理科类	1	9		10	104	
2018年	文科类				3	9	
	理科类	1	1		11	75	
2019年	文科类				5	18	
	理科类		1	2	25	114	
2020年	文科类				3	5	
	理科类	1			10	87	
2021年	文科类			1	29	16	
	理科类				10	39	
2022年	文科类				7	7	
	理科类				9	46	
2023年	文科类	2	4	2	28	12	
	理科类	1	2	8	4	11	

注：文科类比赛项目包括英语能力竞赛、作文大赛、"高考杯"读写大赛、英语口语比赛、国际地球科学奥赛等；理科类比赛包括数学、物理、化学、生物奥赛，全国高中数学联赛。

八、学校德育活动计划表

1. 1992年团队会工作（活动）计划表

表1　1992年春学期团队会工作（活动）计划表（1992年2月制订）

月份	当月主要工作	周次	工作（活动）内容	承担组织
二月	1.布置学期工作 2.社会主义教育活动	1	（1）制订团队会工作计划	团委
			（2）召开团队会、班团干部例会	团委学生会
			（3）周末电影活动	学生会
		2	（1）业余党校上课	团委
			（2）制订各支部计划、学习十三届八中全会文件	各支部
			（3）配合教导处验收优秀班集体	团队会
			（4）宣传工作会议	学生会
			（5）教工支部活动	教工支部
三月	"学雷锋精神，做四有新人"主题教育	3	（1）"学雷锋、树新风"总结动员会	教导处、团委
			（2）"学雷锋"校内、外活动	各支部
			（3）出刊《基石》	学生会
			（4）上街护林宣传	团队会
		4	（1）团队会干部例会	团队会
			（2）"两校"上课	团委
			（3）快乐周末活动	学生会
			（4）"三优"代表暨"双学"表彰大会	教导处、团委
		5	（1）团组织发展工作	各支部
			（2）出刊《团队通讯》《七色帆》小报	团队会
			（3）党校吸收新学员	团委
			（4）教工支部活动	教工支部
			（5）中学生团校上课	团委
		6	（1）"两校"上课	团委
			（2）首届"市中之最"比赛（一）	团队会
			（3）护林宣传活动	团队会

续表

月份	当月主要工作	周次	工作(活动)内容	承担组织
四月	"爱我市中""两史一情"系列教育	7	(1)团队会干部例会	团队会
		7	(2)祭扫烈士墓活动	团队会
		7	(3)"我为市中献一计"活动	团队会
		7	(4)中国革命史讲座	政史组、团委
		7	(5)近现代史和国情知识竞赛	团队会
		8	(1)初二集体离队仪式	少先队
		8	(2)"两校"上课	团委
		8	(3)"市中育我成长,我为市中争光"活动	团队会
		9	(1)"市中风貌"书法、美术、摄影赛	团队会
		9	(2)"爱我市中,多作贡献"奉献周活动	各支部
		9	(3)"文明礼貌"小品比赛	团队会
		10	(1)出刊《团队通讯》《七色帆》小报	团队会
		10	(2)教工支部活动	教工支部
		11	期中考试	
五月	庆祝建团七十周年系列活动	12	(1)歌咏比赛	教导处、团委
		12	(2)团队会干部例会	团队会
		12	(3)教工支部活动	教工支部
		12	(4)市中校史知识竞赛	团队会
		13	(1)"两校"上课	团委
		13	(2)访问老团员	各支部、中队
		13	(3)快乐周末活动	学生会
		14	(1)出刊《团队通讯》《七色帆》小报	团队会
		14	(2)"学团章、讲团史、戴团徽"主题活动	各支部
		15	(1)出刊《基石》	学生会
		15	(2)"两校"上课	团委
		15	(3)庆"六一"文艺联欢	少先队
		15	(4)"颂青年改革家"征文	团委
		15	(5)"市中之最"比赛(二)	团队会
		15	(6)中学生团校上课	团委

续表

月份	当月主要工作	周次	工作(活动)内容	承担组织
六月	"学马列,跟党走"教育活动	16	(1)"学马列"心得交流	团委
			(2)团队会干部例会	团队会
			(3)中学生团校上课	团委
		17	(1)"党的光辉照校园"座谈会	党总支、团委
			(2)组织发展工作	团委
			(3)出刊《团队通讯》《七色帆》小报	团队会
			(4)教工支部活动	教工支部
		18	(1)各团支部工作总结	各团支部
			(2)评选优秀团员、团干部、团支部	
			(3)推优工作	
		19	(1)团委工作总结	团委
			(2)夏令营准备工作	

表2　1992年秋学期团队会工作(活动)计划表(1992年9月制订)

月份	当月主要工作	周次	工作(活动)内容	承担组织
九月	1.健全团、队组织 2.迎国庆 3.社会实践活动	1	(1)制订团队会工作计划	团委
			(2)调整学生管理小组	学生会
			(3)召开团队会、班团干部会议	团队会
		2	(1)业余党校上课	团委
			(2)庆祝教师节(学生为教师服务活动)	各支部
			(3)学雷锋小组开始活动	各支部
			(4)配合教导处验收优秀班集体	团队会
			(5)教工支部活动	教工支部
			(6)周末电影活动	学生会
		3	(1)业余党校上课	团委
			(2)各班"学马列"小组开始活动	各支部
			(3)成立年级团总支	党总支、团委
			(4)出刊《团讯》《七色帆》小报	团队会
		4	(1)班团干部例会	团队会
			(2)出刊《基石》	学生会
			(3)中学生团校上课	团委
			(4)开展"讲文明、有礼貌"宣传教育活动	各支部
			(5)"祖国颂"文艺活动	团队会
			(6)各班建立社会实践教育基地	教导处、团委

续表

月份	当月主要工作	周次	工作（活动）内容	承担组织
十月	"爱我市中，多作贡献"系列活动	5	(1) 团组织发展工作	各支部
			(2) 心理咨询活动	教工团支部
			(3) 业余党校上课	团委
			(4) "爱我市中，多作贡献"贡献周活动	团队会
		6	(1) 中学生团校上课	团委
			(2) 配合学校做好省重点中学验收准备	团队会
			(3) 校史知识竞赛	团队会
		7	(1) 班团干部例会	团队会
			(2) 检查各团支部工作	团委
		8	(1) 业余党校上课	团委
			(2) 召开"学马列"心得交流会	团委
			(3) 出刊《团讯》《七色帆》小报	团队会
			(4) 教工支部活动	教工支部
		9	中学生团校上课	团委
十一月	团的知识教育	10	期中考试	各支部
		11	(1) 业余党校上课	团委
			(2) 举办"市中书市"	团队会
			(3) 请老干部作革命传统教育讲座	教导处、团委
			(4) 班团干部例会	团队会
		12	(1) 中学生团校上课	团委
			(2) 访问老团员	各支部、中队
			(3) 快乐周末活动	学生会
			(4) 做好学代会准备工作	学生会
		13	(1) 出刊《团讯》《七色帆》小报	团队会
			(2) "学团章、讲团史、戴团徽"主题团日活动	各支部、中队

续表

月份	当月主要工作	周次	工作(活动)内容	承担组织
十二月	1. 学代会 2. 校园文化活动	14	(1)组织发展工作	各支部
			(2)召开学代会	学生会
			(3)班团干部例会	团队会
		15	(1)知识讲座	教研组
			(2)"沿着科学家成长的足迹前进"演讲会	教导处、团委
			(3)成立学校文化社团,并开展活动	教导处、团委
		16	(1)教工支部活动	教工团委
			(2)组织发展工作	各支部
		17	(1)出刊《团讯》《七色帆》小报	团队会
			(2)班团干部例会	团委
		18	(1)团委工作总结	团队会
			(2)评比表彰优秀团员、先进团支部	各支部、团委
一月		19	(1)共青团理论研讨交流	团委
			(2)布置假期社会实践活动	教导处、团委

2. 第十期业余党校教学计划表(1997年9月10日)

课次	内容	负责人/组织
1	开学典礼	校务委员会
2	了解党的光辉历程,正确认识党	李国荣
3	党坚持工人阶级先锋队的性质	吴东权
4	党知识录像(一)	倪文君
5	党以全心全意为人民服务为根本宗旨	吴 泽
6	党知识录像(二)	袁学文
7	党以实现共产主义为最终目标	顾宏义
8	成为一名光荣的共产党员应具备的条件	田百寿
9	如何申请入党	季大法
10	以积极的态度和实际行动争取早日入党	沈 沛
11	师生座谈	校务委员会
12	与老干部座谈	校务委员会
13	结业考核	倪文君、袁学文
14	结业仪式	校务委员会

3. 2022年暑期"小城大爱"志愿服务活动安排表

活动名称	地点	时间安排	具体内容	人数、人次	集中时间、地点
导医服务	第二人民医院	7月12日—8月10日（周一至周五）上午8:00—11:00 下午1:00—3:00	帮助市民使用挂号机、秩序维护、帮助困难患者	上下午各6人，共264人次	上午7:50、中午12:50前至大厅服务台集合；上午的同学可以在二院食堂用餐
"三献"科普宣传	方塔东街	7月16日—8月6日（每周六）18:30—20:00	向过往市民宣传造血干细胞移植的科学知识	12人/次 共48人次	18:15前在华地商场前集合等待
乡镇献血秩序维护	莫城、福山	莫城7.19上午 福山7.12上午 8月待定	献血秩序维护	不限定	只面向相应乡镇学生，具体时间地点届时通知
颜北社区为老服务	颜北社区	7月20、25日 8月待定时间为上午8:00—11:00 本暑假安排3次	入户为孤寡老人服务	15人/次 共35人次	7:45在颜北社区日间照料中心集合
税收普法教育馆宣讲	寺路街2号	7月12日—8月10日 上午9:00至11:00 下午2:00至4:00	基地讲解员，为参观者作普法宣讲	上下午各3人/次 共132人次	提前15分钟到普法教育馆大厅，提前熟悉讲解稿（上午有午餐）
办税厅综合服务	枫林路20号	7月18日—8月10日 上午9:00至11:00 下午2:00至4:00（每周二、四）	秩序引导、档案整理	上下午各3人/次 共42人次	提前15分钟到税务局大厅，熟悉大厅布局，服务流程
亮山尚水卫生整治	虞山、尚湖	（虞山）7月16日 6:00—9:00 （尚湖）8月7日 8:00—10:00	道路清理、捡拾垃圾、禁火禁烟、环保宣传等	15人/次 共30人次	虞山：5:50镇海台集中 尚湖：7:45景秀园公交站台集中

九、建校以来学校课程实施情况表

1. 附设简易师范科教学科目、周课时表（1946年3月—1947年1月）

课程	第一学期每周时数	第二学期每周时数	备注
三民主义	1	1	包括三民主义及孙文学说
公民	1	1	包括"新生活运动"纲要、国民精神总动员及其实施
体育	2	2	
军事训练 军事救护（女生）	3	3	
卫生	2		包括学校公共卫生、医药常识
国语及注音符号	1		
应用文		2	包括各种应用文体及公文大要
历史	3		注重我国疆域沿革、民族扩展、文化政治社会之演进，近百年国际交涉，国民革命简史，抗日战争形势，本省先贤学术功业
地理		3	注意我国国防形势，抗战地理、交通建设、物产情形，近疆情形，本省乡土地理
农工艺及实习 家事及实习（女生）	4	4	授课每周两小时，实习每周两小时至四小时
音乐	1	1	注意民族意识之陶冶及民众歌咏之指导
教学原理及方法	4	4	包括学习心理教育原则，课程教材教育方法，训育原理及方法（须兼顾儿童及成人两部分）
学校行政	2	2	包括教育宗旨，国民教育之意义，中心学校及国民学校之组织及行政，学龄儿童及失学民众之调查与劝学，民众教育实施等
童军教育	2		
地方自治	2	2	包括《地方自治开始实行法》，地方自治法规，乡保行政（民政、经济、文化、警卫），参议制度
农村经济及合作	2	2	
实习	4	7	第一学期注重乡保行政及地方建设、学校教导之参观与见习；第二学期注重试教
每周教学总时数	34	34	

2. 1949年5月学校课程实施情况表

先修班		一年级		二年级		三年级	
课程名	周学时	课程名	周学时	课程名	周学时	课程名	周学时
国文	7	国文	7	国文	6	国文	6
算术	7	数学	5	数学	6	数学	6
英文	7	英文	5	英文	5	英文	6
自然	4	动物	2	化学	3	物理	3
历史	2	植物	2	历史	2	历史	2
地理	2	历史	2	地理	2	地理	2
美术	1	地理	2	生理卫生	1	生理卫生	1
音乐	1	美术	1	美术	2	美术	1
劳作	1	音乐	1	音乐	1	音乐	1
生活指导	1	劳作	2	劳作	1	劳作	1
		生活指导	1	生活指导	1	劳动练习	1
		体育	2	体育	2	体育	2
10门课	33学时	12门课	32学时	12门课	32学时	12门课	32学时

3. 1952年10月附设夜中学课程开设情况及任课教师表

初一	课程	语文	历史	植物	音乐			
	周课时	7	5	2	1			
初二	课程	语文	算术	代数	化学	动物	历史	音乐
	周课时	6	2	2	4	2	5	1
初三	课程	政治	语文	算术	物理	历史	地理	生理卫生	音乐
	周课时	2	6	4	4	1	4	2	1

	姓名	任教学科及年级	备注
任课教师	黄冠	二年级算术、二(乙)班班主任	二(乙)班班主任由两人同时兼任
	熊开元	三年级政治、二(乙)班班主任	
	唐韵清	二年级算术	
	钱孟豪	三年级算术、二年级代数	
	周演行	二年级历史	
	傅朝阳	二年级代数	
	葛松山	一年级历史	

续表

	姓名	任教学科及年级	备注
任课教师	冯达夫	三年级地理	
	归建镛	三年级历史	
	沙澍	三年级物理	
	方云甫	二年级化学	
	叶韶琛	二年级化学、动物	
	何君瑞	一、二年级音乐	
	李家驷	二、三年级音乐	
	刘镜秋	教务干事、班主任,一、三年级语文	
	何有新	班主任,二年级语文	
	季良生	一年级植物	
	郭涌山	班主任,三年级生理卫生	

4. 1975年春学期课程安排表

课程	课时			
	初一	初二	高一	高二
政治	3	3	3	8
语文	5	5	5	
外语	3	3	3	3
数学	5	4	5	
物理		7	7	13
化学				
农机				
农知等	4			
历史	2		1	
地理				
体育	2	2	2	2
图画	1	1		
唱歌	1	1		
劳动	每周安排半天			
合计	26	26	26	26

5. 1988—1989学年第二学期第二课堂教学安排表（1989年2月）

星期	编号	组别	年级	人数	辅导老师	活动次数	地点
一	1	初三化学竞赛辅导	初三	20	杨菊珍、包慧琴	每周	化学实验室（1）
	2	高一数学兴趣小组	高一	40	朱 修、王淑英	每周	生物实验室
二	3	文学作品欣赏小组	初一、初二	56	何 敏、赵 慈	单周	阶梯教室
	4	高三化学兴趣小组	高三	60	沈文荣、蒋秀英	每周	化学实验室（1）
	5	初二数学竞赛辅导	初二	20	邬艺暖、赵俊玉、周永良	每周	化学实验室（2）
	6	高一物理兴趣小组	高一	50	杨延洪、方正明、尤建中	每周	物理实验室（2）
	7	高二物理竞赛辅导	高二	50	顾宏义、张 栋、严 军	每周	物理实验室（1）
	8	学校田径队训练	各年级	30	吴国华、万鹤飞、戴国新	每周	大操场
	9	美术兴趣小组	各年级	20	赵宗勋	每周	美术室
	10	高二生物兴趣小组	高二	12	金瑞娟	双周	生物实验室
四	11	现代文学兴趣小组	高一	54	季俊泽	双周	物理实验室（1）
	12	现代文学兴趣小组	高二	60	郑传耘、黄振刚	单周	物理实验室（1）
	13	高一化学兴趣小组	高一	48	孟新民、毛瑞平	单周	化学实验室（1）
	14	高二化学竞赛辅导	高二	20	程梅芬、徐美吉	每周	化学实验室（2）
	15	摄影兴趣小组	各年级	20	杨恒祥	每周	摄影室
	16	学校童声合唱团	初一、初二	35	王翠侠	每周	音乐室
	17	学校舞蹈队	初一、初二	15	姚妙琴	每周	大饭堂
	18	植物兴趣小组	初一	16	王成琦	单周	生物实验室
	19	高三物理兴趣小组	高三	60	张毓嘉、翁其明、姚振元	双周	物理实验室（2）
	20	高三英语兴趣小组	高三（7）	30	陆如年	每周	本教室
五	21	哲学兴趣小组	高二	30	李建铭、汪 浩	单周	物理实验室（2）
	22	天文兴趣小组	初中	12	刘国华、周宝云	双周	物理实验室（2）
	23	初二英语兴趣小组	初二	40	范丽柔、潘晓英	每周	阶梯教室
	24	高二英语阅读竞赛辅导	高二	30	冯尚理、戈惠娟	每周	化学实验室（2）
	25	高三英语听说小组	高三（6）	30	钱律新	每周	本教室
	26	高一英语兴趣小组	高一	40	袁新民、李 雷	每周	化学实验室（1）
	27	高二数学竞赛辅导	高三	25	潘鸿清、周华生	每周	物理实验室（1）
	28	动物兴趣小组	初二	12	任介眉	双周	生物实验室
	29	微机兴趣小组	高一	14	殷伟华	每周	微机室
	30	新闻兴趣小组	初二	25	黄虎风	双周	小会议室

6. 2006级高一学生社会实践课程安排表

时间：2007年7月8日—10日（共3天）

地点：常熟市职教中心校

班级安排：学生根据社会实践课程自愿报名，打破原有班级划分，按男、女生重新编为20个班级。

班级	人数	课程	学习内容	上课教室	理论教师	实训教师	带班教师
1	48	钳工	1.入门知识录像；2.锉削姿势；3.平面锉削；4.斜面锉削；5.孔加工；6.倒角；7修整抛光	8201	徐 佶	张 胜	顾耀良
2	48			8202	陈仁虎	陶建平	王建国
3	48			8203	曹建刚	沈勤智	陆明芬
4	48			8204	王 军	徐 力	倪敏光
5	45	电工	1.安全知识；2.电工基础知识；3.照明电路安装；4.电动机控制线路安装	8303	郭 坚	包晓群	包淑芳
6	45			8304	宁佩勇	戈建东	施益军
7	45			9301	周希贤	钟晓霞	张玲芳
8	40	电子装接	1.安全知识；2.电子基础知识；3.焊接基本功；4.音乐门铃电子线路安装	9302	陶 锋	张 健	杨丽锋
9	40			9303	马 明	丁 明	龚淑芳
10	40			9310	杨志良	徐 宏	戈惠娟
11	37	烹饪	1.烹饪概论；2.菜肴制作；3.刀工（蓑衣花刀、网眼花刀）；4.水果拼盘；5.面点制作	基地二楼	吴慧生	姚 翊	何 琴
12	45	财务技能	1.发票和银行结算工具；2.工商注册和税务登记；3.财务报表的阅读；4.点钞	2401	李 军	王雷明	钱志强
13	45			2402	秦建英	陆唯佳	马雪荣
14	45			2501	薛 羽	乔金花	张文英
15	45			2502	屈建龙	袁 花	陈瑞玉
16	45	营销技能	1.点钞；2.礼品包装；3.市场营销案例教学和口才推销	2404	李 军	荆 宏	陈敏良
17	42			2405	华 涛	曹 柯	苗 航
18	42			2503	薛 羽	乔金花	袁翠娟
19	42			2504	屈建龙	袁 花	沈 佚
20	40	计算机组装维修	1.操作系统安装；2.系统备份与恢复；3.计算机硬件知识；4.硬件组装；5.常用工具软件介绍与实训	6404	朱梦杰	黄人烨	张晓莎

7. 2021—2022学年校本课程开设情况表

授课年级	课程名称	周课时数	选修人数	开设年数
高一年级	青春向党	1	16	9
	新闻采访	1	30	5
	穿越到先秦	1	27	7
	从甲骨文看新冠疾病与中华文化觉醒	1	32	6
	诗词中的科学与文化	1	20	6
	诗词中的哲理	1	31	8
	常熟花边	1	32	13
	用物理的眼睛看生活	1	29	7
	社区实践	1	30	10
	气候与中国民居	1	30	7
	走近文艺复兴	1	25	3
	影视评论	1	27	3
	科学史	1	30	8
	能源与能量问题	1	30	5
	地质变化与古生物	1	30	3
	激发你的批判性思维	1	29	5
	化学书签与固体酒精的制作	1	25	6
	物理学与人类文明	1	30	8
	智慧劳动	1	30	9
	打点计时器的使用、验证	1	25	6
	民间美术	1	32	13
	物理学与人类文明	1	30	3
	志愿者在行动	1	30	16
	常熟文化历史	1	29	13
	校园谜语	1	28	12
	质疑：拨开历史的迷雾	1	30	6
	趣探数学史	1	28	7
高二年级	国家认同——行走中国	1	30	8
	阅读与乐读——中华优秀传统文化系列	1	28	4
	探究气候变化	1	32	6
	社区实践	1	20	13
	水环境监测	1	29	8
	学会审美	1	32	7

续表

授课年级	课程名称	周课时数	选修人数	开设年数
高二年级	国际理解	1	29	7
	古风古艺	1	30	6
	中学生创新的途径	1	30	8
	从儒家思想的演变学习传承与创新	1	26	9
	思维导图	1	30	4
	追逐梦想,阳光成长(生涯规划)	1	30	13
	物理、艺术与生活	1	33	8
	数学文化与审美	1	30	7
	化学创新实验	1	29	6
	穿越到先秦	1	30	6
	中国桥	1	16	4
	理财小达人	1	30	5
	人文情怀:千年诗情千年叹	1	25	3
	学习模型制作	1	32	6
	探微——显微镜的构造原理和应用	1	31	8
	罗马万神庙	1	30	4
	地理眼看世界	1	30	3
	语言的逻辑之美	1	29	4
	常熟花边	1	28	13
	红豆树下说如是	1	30	5
	运动课程	1	28	14
	作文拓展	1	258	10
	英语写作	1	330	10
	数学思维	1	180	9
	地球科学	1	50	3

十、普通高中时期部分对外公开课安排表

1. 2003—2004学年第一学期对外公开课安排表（2003年9月29日）

开课班级	开课地点	学科	课题	执教老师	开课时间 节次	开课时间 时段
高三（9）	实验楼4楼	政治	我国的外交政策	顾建秋	第3节	9:05—9:50
高预班（1）	实验楼4楼	语文	诗歌欣赏	华国平	第3节	9:05—9:50
高二（2）	多媒体教室（教学楼4楼）	语文	故都的秋	夏霞芳	第4节	10:00—10:45
高一（4）	教学楼二楼	数学	主要条件	王建国	第4节	10:00—10:45
高二（7）	多媒体教室（教学楼四楼）	数学	双曲线的定义	姚惠芳	第3节	9:05—9:50
高三（4）	实验楼3楼	数学	三角函数最值	平卫星	第4节	10:00—10:45
高一（1）	网络教室1（图书馆3楼）	英语	Getting to Know Steven Spielberg	顾 钰	第3节	9:05—9:50
高二（1）	教学楼4楼	英语	Unit7 Canada	周文忠	第4节	10:00—10:45
高一（1）	网络教室1（图书馆3楼）	物理	反冲运动、火箭	韩建光	第4节	10:00—10:45
高二（3）	教学楼四楼	物理	闭合电路欧姆定律	毛国良	第3节	9:05—9:50
高二（2）	多媒体教室（教学楼2楼）	化学	离心晶体	虞 琦	第3节	9:05—9:50
高二（1）	多媒体教室（教学楼2楼）	生物	植物对水分的吸收	周向东	第4节	10:00—10:45
高二（14）	教学楼5楼	历史	第一次世界大战	洪 莉	第4节	10:00—10:45
高三（10）	多媒体教室（实验楼5楼）	地理	长三角的地理思考	邵俊峰	第4节	10:00—10:45
高三（1）（3）（5）班女生	体育馆	体育	韵律操	姚建萍	第4节	10:00—10:45
高一（2）	网络教室2 图书馆3楼	美术	古代山水画欣赏	朱 惬	第3节	9:05—9:50
高一（13）	制图室（实验楼2楼）	劳技	平面图形的分析	朱迅宇	第4节	10:00—10:45

续表

开课班级	开课地点	学科	课题	执教老师	开课时间 节次	开课时间 时段
高一（3）	音乐教室 图书馆4楼	音乐	色彩情感音乐要素	姚妙琴	第3节	9:05—9:50
高一（3）	网络教室2 图书馆3楼	信息	资源管理器	胡晓东	第4节	10:00—10:45

2. 同课异构、对外展示活动安排表（2017年11月22日）

类型	学科	课题	教师	节次	开课地点	备注
同课异构课	高一语文	最后的常春藤叶	顾吟圆	2	高一（2）	常熟市学科带头人
同课异构课	高一语文	最后的常春藤叶	刘俊红	3	高一（4）	德州名教师
同课异构课	高一数学	三角函数的周期性	平卫星	2	高一（11）	苏州市学科带头人
同课异构课	高一数学	三角函数的周期性	李晓华	3	高一（12）	齐河优秀教师
同课异构课	高一物理	牛顿第一定律	张玲芳	2	高一（4）	常熟市学科带头人
同课异构课	高一物理	牛顿第一定律	杨晓云	3	高一（3）	德州名教师
同课异构课	高二英语	M6 U3 Project	王建刚	2	高二（4）	常熟市学科带头人
同课异构课	高二英语	M6 U3 Project	戴 峰	3	高二（2）	姜堰区教坛新秀
同课异构课	高二化学	原子晶体第1课时	包淑芳	2	高二（5）	常熟市教学能手
同课异构课	高二化学	原子晶体第1课时	田益民	3	高二（6）	姜堰区学科带头人
对外展示课	高一语文	一个人的遭遇	汤丽萍	2	高一（6）	苏州市名教师
对外展示课	高二语文	信仰：我们头上的灿烂星空	李 亚	3	高二（1）	常熟市教学能手
对外展示课	高三数学	直线与圆的相交问题	钱春兰	3	高三（13）	常熟市学科带头人
对外展示课	高三英语	M10 U3 Project	薛佳玮	2	高三（15）	常熟市学科带头人
对外展示课	高一生物	物质跨膜运输的方式	施敏娟	3	高一（2）	高一生物备课组长
对外展示课	高二生物	DNA重组技术的基本工具	金 燕	3	高二（7）	常熟市教学能手
对外展示课	高二政治	世界文化的多样性	季建宾	2	高二（14）	常熟市学科带头人
对外展示课	高三政治	不忘初心，牢记使命	朱 梅	3	高三（2）	常熟市学科带头人
对外展示课	高二历史	历史小论文写作	戴 亮	3	高二（14）	常熟市学科带头人
对外展示课	高三历史	中国特色社会主义建设道路	冯李军	2	高三（2）	常熟市教学能手
对外展示课	心理	试把"鸭梨"变"冻梨"	李 燕	3	高二（10）	常熟市教学能手
对外展示课	艺术	走进抽象艺术（高一-12）	孙亚文	2	美术教室	常熟市学科带头人
对外展示课	校本课程	跨学科思维下的理化问题分析	张玉荣 肖 敏	2	高三（6）	苏州市学术带头人 常熟市学科带头人
对外展示课	校本课程	感受数学文化，欣赏数学之美	姚惠芳	3	高二（5）	苏州市学科带头人

续表

类型	学科	课题	教师	节次	开课地点	备注
对外展示课	校本课程	创新:从学科交叉点出发	邵俊峰	3	高二(3)	特级教师、教授级高级教师
	校本课程	在文学中探寻地理	齐本莹	2	高二(10)	常熟市学科带头人
	校本课程	用地理的眼光看世界	曹宇	2	高二(7)	课程基地摄影社团负责人
	校本课程	常熟花边(高一6)	谢燕月	3	美术教室	常熟市教学能手
	班会	栀子花开	洪莉	3	高二(11)	常熟市德育带头人
	体育	排球(高一7、8)	姚建萍	3	体育馆	常熟市学科带头人

3. "五育并举、综合育人"教学开放日活动安排表(2021年11月21日)

学科	节次	开课者	开课班级	课题	开课地点
语文	2	张紫扬	高三(13)	作文	实验楼四楼北高三(13)
	3	姚春红	高一(1)	风景中的况味	教学楼三楼南高一(1)
数学	2	朱敏奕	高一(2)	立体几何中的角度问题	教学楼三楼南高一(2)
	3	宗蕾	高三(13)	隐形圆问题的解题策略	实验楼四楼北高三(13)
英语	2	王薇薇	高二(16)	Calling for the Protection of Our Heritage Sites	教学楼五楼南高二(16)
	3	钱景意	高三(4)	读后续写讲评课	实验楼三楼南高三(4)
政治	2	陈思蒙	高三(15)	高考时政热点专题复习	实验楼四楼北高三(15)
历史	2	袁海洋	高一(10)	国家出路的探索与列强侵略的加剧	教学楼三楼北高一(10)
	3	韩金华	高三(16)	战后两极格局的形成	实验楼四楼北高三(16)
地理	2	夏凤鸣	高三(16)	中国地理一轮复习——西北地区	实验楼四楼北高三(16)
	3	张禾子	高一(15)	海水性质	教学楼二楼北高一(15)
物理	2	王磊	高二(2)	波的形成	教学楼四楼南高二(2)
	3	周璇	高一(10)	超重和失重	教学楼二楼北C213
化学	2	王晓红	高一(9)	二氧化硫的性质及应用	教学楼三楼北高一(9)
	3	沈志圆	高三(11)	有机合成	实验楼四楼南高三(11)
生物	2	朱嘉磊	高二(4)	种群数量的变化	教学楼五楼南高二(4)
体育	3	周子琪	高二(3)	篮球:体前交叉步变向	体育馆篮球场
信息	2	周敏娟	高一(3)	自定义函数	图书馆三楼机房

续表

学科	节次	开课者	开课班级	课题	开课地点
心理	3	李燕	高二(14)	假如考试是一个黑点……	教学楼五楼北高二(14)
跨学科	2	是好	高二(11)	"化"说暖贴	教学楼C518室
	2	李波	高一(7)	从甲骨文看新冠疾病与中华优秀传统文化回归和觉醒	教学楼三楼北高一(7)
	3	蒋少卿 肖敏	高一(11)	罗马万神庙	教学楼二楼北高一(11)

4．"同课异构、跨学科校本课程、学生讲堂"教学开放日活动

课程安排表（2023年11月22日）

学科	课题	开课教师	节次	开课班级	备注
语文	入其境行其道——诗歌梯度阅读视角下缘题寻理	范艳君	3	高三(2)	苏州市学科带头人
语文	怜悯是人的天性（同课异构）	戴辰沛	3	高二(13)	常熟市高三优秀青年教师
语文	怜悯是人的天性（同课异构）	张芳梅（昆山震川高中）	4	高二(8)	苏州市微课比赛一等奖
语文	小"语"有大用——内纵到外拓梯度文本细读	杨帆	4	高三(16)	苏州市学科带头人
语文	大单元主题深度学习——我们怎样做学生	翁建红	4	高一(1)	苏州市学科带头人
语文	散文化小说——陈村《给儿子》开始谈	王祎雪	3	高三(12)	苏州市学科素养大赛二等奖
数学	圆锥曲线中"非对称"问题的解题策略	钱春兰	3	高三(10)	苏州市学科带头人
数学	对数函数的图像与性质（同课异构）	沈宏	3	高一(4)	苏州市学科带头人
数学	对数函数的图像与性质（同课异构）	王刚（梅村高级中学）	4	高一(9)	无锡市学科带头人 江苏省评优课一等奖
数学	椭圆第三定义及其应用	高煜纯	4	高三(15)	校"四有青春杯"赛课特等奖
数学	椭圆中的定点问题	顾颐臣	3	高二(5)	苏州市学科素养大赛二等奖
英语	Extensive Reading（同课异构）	邓华	3	高二(5)	苏州市学科带头人
英语	Extensive Reading（同课异构）	顾燕君（昆山震川高中）	4	高二(12)	昆山市优秀课评比一等奖，昆山市教坛新秀

续表

学科	课题	开课教师	节次	开课班级	备注
英语	读后续写	管海峰	4	高三(8)	苏州市学科带头人
英语	Extended Reading Forest Camp	詹 晟	3	高一(10)	苏州市学科素养大赛三等奖
英语	Continuation Writing	王 颖	3	高三(6)	常熟市学科素养二等奖
物理	用动量思路解决问题（同课异构）	丁娅婷（西交苏州附中）	4	高三(7)	苏州工业园区"三新"比赛一等奖，苏州工业园区解题竞赛一等奖
物理	用动量思路解决问题（同课异构）	陆 球	3	高三(2)	苏州市学科带头人
化学	微项目式学习——含酚工业废水的处理	张一览	4	高一(3)	苏州市学科带头人
化学	反应体系中的选择性	葛 岩	3	高二(1)	姑苏教育拔尖人才
化学	化学反应的调控	姜丽娜（江阴第一中学）	4	高二(2)	江阴市教学能手
化学	离子反应与离子方程式	是 妤	3	高一(4)	常熟市教学能手
生物	神经调节和体液调节的关系	马佳静	3	高三(6)	校级优秀青年教师
生物	酶的作用和本质	屈雅欣（西交苏州附中）	4	高一(6)	校青年骨干教师、优秀班主任，苏州工业园区解题能力竞赛一等奖
生物	种群的数量	吴 佳	4	高二(11)	入选2023年基础教育精品课堂
历史	全民族浴血奋战与抗日战争的胜利	倪吴雨婷	3	高二(14)	校"四有青春杯"赛课特等奖
历史	晚清时期的内忧外患与救亡图存	冯李军	4	高三(16)	苏州市学科带头人
政治	充分发挥市场在资源配置中的决定性作用	张歆文	3	高一(15)	常熟市高中教师学科素养竞赛一等奖
政治	高三一轮复习：在和睦家庭中成长	朱 梅	3	高三(15)	苏州市学科带头人
地理	海水的运动	齐本莹	3	高一(5)	苏州市学科带头人
地理	地理环境的整体性	陆文博	4	高二(4)	江苏省教学名师 江苏省基本功竞赛一等奖
体育	篮球技战术运作组合	周子祺	5	高三(1)(2)	校级优秀青年教师
美术	中国传统建筑	朱 悝	3	英才3班	苏州市学科带头人
心理	向生活发问——探寻生活的意义	李 燕	4	高二(15)	常熟市教学能手

续表

学科	课题	开课教师	节次	开课班级	备注
跨学科校本课	宇宙的边疆	顾吟圆	3	高二(16)	苏州市学科带头人
跨学科校本课	地震探秘	肖敏	4	高二(7)	江苏省名教师、正高级教师
		蒋少卿			姑苏教育拔尖人才
学生讲堂	李白诗中的酒与月	陆宥辰	3	高一(7)	学生
	从《月亮与六便士》谈艺术的叛逆性	文张好			
学生讲堂	《祭侄文稿》前世今生	潘至祺	4	英才1班	学生
	黑白玄妙无尽，一方天地纵横	徐灵果			

大事记

大事记

1923年
海虞市议员季梦九等提议创办县立初中。

1924年
1月,县教育局确定在西仓基处建筑县立中学校校舍,成立以局长屈荆才为首的县中校舍建筑委员会。

7月,县公署和教育局决定以大步道巷新城隍庙后宫为校舍,建立常熟县立初级中学校。

8月,两次招生录取39名学生。

9月26日,县教育局奉令聘沈承烈(字佩畦)为县立初中校长。

10月4日,学校正式开学。是为立校日。

10月,《学生周刊》第一期出刊。

1925年
元旦,行全体师生祝贺式。

4月,举办第一届"图画展览会"。

5月,县中师生修学旅行无锡,回校后举行"旅行成绩展览会"。

6月,县中师生谴责英国巡捕制造"五卅惨案",并参加集会和募捐活动,协济沪工。

7月,县参议会同意县中添招初一新生一个班。

1926年
5月,县中师生修学旅行镇江。

秋，学生温肇桐、季国屏等发起成立学生书画研究会。

12月，苏州美专校长颜文樑来校主讲《图画引论》。

1927年

4月，县中西仓前校舍落成。

7月，县中第一届学生毕业式，校刊第一期出版。

8月，沈佩畦校长卸任，殷懋德继任。

9月，学校迁入西仓前新校舍。并入私立女子中学为校女子部，女子部仍设在石梅原址。

10月，发生学潮，部分学生被迫转学。

秋，试行童子军训练。

1928年

2月，殷懋德校长辞职，徐信继任。

5月，日军制造"济南惨案"，县中全体师生发出抗议通电。

秋，成立县中童子军团部。

12月，与江阴县立中学篮球队举行比赛。

1929年

春，常熟县中小学教师训练班在县中举办。

3月，举办学校首届运动会。同月，省视学尹志仁视察县中。

7月，县中校友会开办第一期暑期义务学校。

9月，本城吕曾叔和将100亩田地捐入县立中学。

10月4日，举行立校五周年纪念仪式。同月，江苏省县立中等学校联合会大会在常熟县中举行。

1930年

3月，全国步行团来校参观。

5月，县中女子部学生参加常熟县第一届女子篮球赛。

6月，县中学生顾曾芝获全县学生拒毒演讲比赛会中学组第一名。

12月,"琴报杯"足球赛在县中操场举行。

1931年

12月,学校停课两周,师生外出宣传,反对日本侵占东北。

1932年

5月,国民革命军第五军军长张治中参观县中女校,捐款200元以修葺校内之昭明读书台。

8月,江苏省教育厅任命桑灿南为校长。

9月,奉江苏省教育厅令,县中解散。

10月,江苏省教育厅委朱印离任校长,县中复校。

1933年

1月,县中第三届级友会成立。

3月,省督学易作霖视察县中。

7月,朱印离改任乡师校长,孙贡元继任。

是年,重修校门,并将"上海观音堂"后部园地划入校内。

1934年

9月,举行建校十周年庆祝大会,并树立"母校十周年纪念碑"。

1935年

4月,举行学校第六届体育运动会。

6月,县中校友会编辑出版《励学》月刊。

1936年

1月,孙贡元校长辞职,顾彦儒继任。

秋,女子部迁入西仓前校舍。

11月,县中教员组织捐款,支援傅作义部绥远抗战。

是年,周顾丽兰后裔向学校捐款1000银圆。

1937年

9月,学校迁至王庄。

10月,日军飞机轰炸常熟城邑,校舍毁坏严重。

11月,日军在白茆口登陆,学校解散。

是年,日军侵入虞城,敌伪绥靖队强占县中校舍为据点。

1938年

8月,县中教师宋梅春、萧理等开办勤业补习社。

1939年

10月12日,县中复校,殷溥如为校长,借书院弄教育局用房为校舍。

12月,举办成绩展览会。

1941年

1月,举办成绩展览会。

9月,1935届校友朱爱秾在反日伪"清乡"斗争中牺牲。

1942年

2月,勤业补习社停办,师生转入县立初中。

4月,县中学生举行远足活动。

秋,日伪绥靖队撤出西仓前校舍。

9月,学校迁回西仓前校舍。

1943年

4月,举行春季运动大会。

1944年

8月,奉令设1个自费班,增招自费生101名。

1945年

3月,校长殷溥如因病辞职,宋梅春继任校长。

10月,江苏省教育厅委任陈旭轮为校长。

11月,县府令县中举办短期师资班。

1946年

2月,江苏省教育厅批准在县中附设简易师范科。

3月,简易师范班开学。

7月,县教育局在县中举办暑期讲习班,培训师资。

9月,恢复童子军教育。

秋,开办工人业余补习班。

11月,西塘桥私立虞西中学请归县办,陈旭轮签呈意见请改设为县中分校。

1947年

1月,简易师范班举行毕业典礼。

6月28日,首次举行县中、中山、淑琴、孝友联合毕业典礼。

8月,县教育局改西塘桥原私立虞西初中为县中分校。丙戌级校友举办暑期义务学校。

12月,县中学生自治会举办冬令救济贫民义演游艺会。

1948年

5月,"县长杯""大同杯"足球赛相继在县中操场举行。

6月,省教育厅督学朱稚山视察县中。

8月,兼办本县理化实验所。

1949年

3月,因薪金无着,教师代表赴县府洽领。

4月,常熟解放,学校获得新生。

4月底,常熟县军管会文教部王部长慰问县中教职工。

5月16日,军代表崔希唐接管县中,陈旭轮等仍任原职。

5月,县中学生学习新民主主义,举办学习漫谈会。

6月,常熟各界在县中操场举行上海、常熟解放庆祝大会。县中学生会筹备会成立。

7月,台风吹毁学校围墙,常熟县人民政府指令修复。

9月,成立校务委员会,陈旭轮任主任。苏州专署文教处吴督学来校视导。

1950年

3月,成立县中教导委员会、经费委员会。县中分校改设为公立西塘桥初级中学。

10月,苏州专署文教科视导县中,并树之为专区学校榜样。

秋,开办学校附设夜中学。

是年,学校新民主主义青年团、少年先锋队等组织相继成立。

1951年

4月,建立常熟县教育工会县中分会。

11月,苏州专署组织专区行政干部和专区公私立中学负责人来校视导。

是年,苏南人民行政公署指定常熟县中为试行新民主主义教育方针试点学校之一。学生张留徽等40余人被军事干校提前录取。

1952年

3月,学校更名为常熟市中学。

7月,开设高中部,完全中学由此发端。同月,开设初中招生预备班,组织工农子弟补习。

12月,成立体育委员会,由校长任主任。

1953年

10月,调整夜中学教学,测验合格者编入普通班学习。

秋,举行全校性教学观摩活动。

1954年

7月,高中部首次实行省中、市中、沙中三校联合招生。

8月,王克芳任党支部书记兼副校长,中共市中支部成立。

秋,召开贯彻政治思想教育经验交流会。

1955年
4月,省教育厅确定市中为首批重点装备教学设备学校。是月,举办劳动教育展览会。

7月,首届高中学生毕业。

9月,因学生增多,在庙弄开设市中校分部。

是年,初三(1)班邓增林、高三(2)班徐乾易同学分别勇救落水儿童,被常熟市人民委员会通报表扬。

1956年
春,建立学科课外活动兴趣小组。

7月,市中校分部改设为常熟市第三初级中学。

11月,中国农工民主党市中支部成立。

12月,孙鸣玉、季良生老师被评为江苏省中初等学校优秀教师,并出席江苏省优秀教师代表会议。

1957年
1月,校长陈旭轮参加全国政协工作会议。

2月,陈旭轮列席最高国务会议第11次(扩大)会议。

10月,山西省长治地委文教部参观团来校参观。

11月,校长陈旭轮调任常熟市人民政府副市长,张剑继任校长。

1958年
6月,更名为常熟县中学,校团总支改组为团委。

秋,建立校务委员会,下设校务办公室。成立年级工作组。学校停课两个月,大炼钢铁。

是年,常熟县人委将虞山南麓山地约20亩划拨县中,作为开展农业生产劳动课之用。

1959年
2月,县中细菌肥料厂试制赤霉素成功。

6月，苏州行政区专员公署确定常熟县中为专区"空中取氮肥"项目重点承担单位。

春，组织生物教师赴农大参观访问。

秋，举办"教学与生产劳动相结合"展览会。

1960年

5月，将学生编为5个连，建立民兵营，徐蕙芬老师任营长。

是年，司马淳老师被评为江苏省教育、文化、卫生、体育社会主义建设先进工作者。

1961年

是年，王克芳调任常熟师范学校校长，王民调任县中副校长。

1962年

7月，张剑调离，庞学渊继任校长。

10月，常熟县文教局决定把县中办学规模调整为24班。

秋，邀请县科协负责同志举行击落"飞船U-2型"讲座。举办各科课外学习讲座和语文、英语等科优秀作业展览。

1963年

3月，学校组织开展"学雷锋"活动。

1964年

9月，制订并实施分类矫治近视计划。

1966年

春，"四清"工作队进驻县中。

9月，红卫兵组织成立，校长庞学渊被宣布撤销职务。同月，"四清"工作队撤离，成立学校"文化革命小组"。

10月，初二以上师生前往吴市公社参加劳动。

11月，部分师生到全国"大串联"。

1967年

县军管会支左办派干部来校领导师生"复课闹革命",对全体学生进行军训。

1968年

2月,成立校"革命委员会",刘省任主任。

秋,恢复初、高中招生。

10月,刘省调离,刘杏度任校"革委会"主任。

是年,工宣队进驻学校。

1970年

2月,建立整党领导小组,开始整党工作。

11月,梅影调任校"革委会"副主任。

是年,全校师生被疏散到冶塘公社,在农村边参加劳动,边学习文化。

1972年

1月,重建中共县中党支部,刘杏度任书记。

是年,举办教育革命展览会。建办纸盒厂,为中百公司加工纸盒。

1974年

虞山镇教革组派工作组进驻县中,开展路线教育试点工作。

1976年

刘杏度离任,梅影继任党支部书记兼校"革委会"主任。

是年春,建办印刷厂。

1977年

6月,梅影因病逝世。

10月,钱建南任校"革委会"主任,王惠珍任副主任。

11月,宋庆元调任校"革委会"副主任、副书记。

1978年

2月,工宣队撤离,校"革委会"撤销。钱建南任校长兼党支部书记。

8月,樊立生为副校长兼教导主任。

秋,开始执行部颁六年制全日制中学教学计划。

是年,县中被确定为苏州地区首批办好的重点中学,并被定为江苏省电化教育重点建设学校。

1979年

10月,尤新刚被团中央命名为全国"三好学生"。

12月,汪兆海调任副校长、副书记。

是年起,开始复查和平反教师中的冤假错案。

1980年

6月,县中被确定为苏州地区电化教育试点学校。

7月,应届毕业生章晖获高考江苏省理科第一名。

9月,成立学生思想政治工作领导小组,试行班主任工作津贴制。

10月,县中被确定为江苏省首先办好的重点中学,开始执行全日制重点中学教学计划。同月,葛韶华调任副校长、副书记。同月,县中工会组织恢复活动。

是年,1930届校友姚鑫当选为中国科学院学部委员(后改称院士)。

1981年

2月,常熟县文教局在全县推广县中开展以"五讲四美""三好"为中心的"文明班级""文明小组""文明宿舍"评比活动的经验。

3月,学校开展"五讲四美三热爱"活动。

5月,学校被表彰为常熟县"学雷锋、树新风"建设社会主义精神文明先进集体。同月,团总支被评为江苏省先进基层团组织。

6月,县中印刷厂更名为常熟县教育印刷厂。

9月,开展"四风"建设活动。

12月,校团总支改设为团委。

1982年

7月，组织学校团队干部到碧溪公社进行农村社会调查。

9月，举办"党抚育我成长"国庆征文比赛。

秋，田径队获常熟县中学生运动会初中组团体第一名、高中组团体第二名。

12月，中国农工民主党常熟委员会直属县中小组恢复组织活动。是月，成立校史编写小组，葛韶华任组长。

1983年

1月，学校更名为常熟市中学。

4月，常熟市人民政府决定将市中高中扩充为六轨。教育部电教局吴局长、省电教馆赵馆长来校视导电化教育。

秋，金沛耀任校长、副书记，李椿任副校长，葛韶华调任文教局局长。

10月，市中代表苏州市重点中学接受江苏省体育卫生工作检查。

12月，举行茶话会，与各界人士、校友协商举办校庆事宜。

是年，学校被评为苏州市文明单位、江苏省体育传统项目学校先进集体。邵宪鸿被评为全国优秀班主任，吴宗瑾被评为全国优秀工会积极分子。

1984年

3月，劳技教研组在校内举办缝纫成品展销会。

4月，金沛耀调任教育局局长，邓丽正调入任副校长，李椿调任常熟市副市长。新疆教育学院组织校长班学员来校观摩公开课。

5月，初三（1）班"学雷锋"小组被表彰为江苏省"学雷锋、创三好"先进集体。出刊教师教科研学术期刊《教苑》。同月，省教育厅检查团来校进行综合调研。

6月，南京教育学院干训班学员来校学习。金元庆老师指导学生园艺小组的成果获1983年度江苏省农业科学小论文竞赛一等奖。

7月，学生邵洁在全国青少年运动会女子乙组田径赛上打破省女子乙组跳高纪录。

11月，顾崇文调任副校长。

12月，召开首届教职工代表大会。举行建校60周年庆祝活动。

1985年

3月,高中开设微机课。

5月,举办教师自制教具展览。

8月,李勤晓任校长、党支部书记,陶汉森任副校长,钱建南任调研员。

9月,举行茶话会,庆祝第一个教师节。

10月,出刊《市中教工》《市中青年》。

秋,与广西荔浦中学结为友好学校。

是年,学校被常熟市委确定为基础教育体制改革试点单位。邵宪鸿老师被评为江苏省优秀教育工作者。

1986年

2月,胡永鹏调任校党支部副书记。

4月,召开首届"三优"代表大会。

5月,孙鸣玉老师向学校捐款建立市中物理奖学金。

9月,赵天祥任副校长。

10月,合并教务处和政教处,建立教导处,赵天祥兼主任。

12月,教代会通过学校第一个发展规划。

是年,全国政协副主席钱昌照先生题书"常熟市中学"校名。学生钱向阳获全国数学奥林匹克竞赛一等奖。

1987年

3月,建立校党总支和各支部委员会。

3月中旬,物理教研组前往嘉定中国科学院上海原子能研究所参观。

4月,新校门竣工。

5月,工会举办庆五一文艺茶话会。

9月,组织的日环食观测活动获苏州市二等奖,学校获先进集体奖。

11月,苏州市教育局会同各重点中学校长来校视导。

1988年

3月,成立常熟市第一所中学生业余党校。

4月,举办一届一次六校联谊会。

6月,学校开展首批教师职务任职资格评定工作。

9月,复设校长办公室。

12月初,团委、语文教研组举办"1988年图书书评联展"。

1989年

1月,学校退管会和退教协会成立。

7月,校团委组织首期学生干部夏令营,赴上海宇航科技中心参观学习。

8月,钱文明任副校长。

10月,女职工委员会成立。

12月,举办学校首届校园文化艺术节。

是年,学校被评为苏州市文明单位,钱文明被评为全国优秀教师。

1990年

2月21日,学校工会发起支援本市地震灾区募捐活动。

2月,民盟常熟市中学支部成立。

4月,重建校务委员会。

5月,海虞文学社成立,出刊《海虞》第一期。

6月,学生许唯伟、钱焱入党,是为业余党校首批学生党员。

9月,举行第一次升旗仪式。

是年,外语、语文、物理三个教研组被评为常熟市先进教研组。

1991年

3月,著名教育艺术家曲啸教授来校作专题报告。

4月,成立学校教育科学研究组。

6月,举行首次教师德育论文交流会。

9月,学校"三结合"教育委员会成立。

10月,广西荔浦中学教师来校交流。校刊《市中教改》第一期出刊。

是年,学校被评为苏州市文明单位,陆如年被评为全国优秀教师,吴宗瑾被评为全国优秀工会积极分子和苏州市劳动模范。

1992年

3月,苏州市中学历史教改观摩研讨会在市中举行。

5月,举行首批常熟市中学德育基地签约仪式。

8月,钱文明任校长、党总支书记,李国荣调任党总支副书记,陆如年任副校长。

10月,苏州市教委来校进行江苏省重点中学复评初验。广西壮族自治区赴江苏义务教育学习考察团来校参观交流。

11月,江苏省教委验收组来校进行重点中学验收。同月,国家教委督导司郑启明、国家督学吴椿等来校视察。

是年,周永良老师获江苏省青年教师评优课一等奖。

1993年

4月,苏州市数学教学观摩活动在市中举行。

5月,学校被确认为合格的江苏省重点中学。

8月,任宇劲任副校长。日本绫部市教育访中团来校访问。

12月,与市老干部局联合举办纪念毛泽东诞辰100周年文艺活动。

是年,周永良被评为全国优秀教师。

1994年

1月,中国民主促进会市中支部成立。

3月,市中青年志愿者服务总队成立。

6月,"学海无涯"雕像落成,王淦昌亲笔题字。

8月,常熟市中学教育改革和发展委员会成立。

9月,开始试办高中美术特色班。省教委确定市中为高中艺术教育实验学校。

11月,举行建校七十周年庆典。

是年,学校被评为江苏省德育先进学校。

1995年

3月15日,市中青年志愿者协会成立。建立师生"爱心"基金会。

5月,学校团委被评为江苏省先进集体。

9月,邓一先被评为常熟市劳动模范。

是年，1956届校友范滇元当选为中国工程院院士，邓一先被评为全国优秀教师。

1996年

1月，1946届校友、北京大学原校长吴树青回母校并题词。

3月，建立教科室。

4月，省电教馆领导来校对电教工作进行检查验收。

5月，学校党总支举办大型青年教工座谈会。

10月，沈沛任校党总支副书记，邓一先任副校长。

是年，学校被评为江苏省先进集体。

1997年

2月，撤销教导处，建立教务处、政教处。

4月，苏州大学教育实践基地在市中挂牌。校青年志愿者社区服务基地揭牌。市中"旭轮电视台"开播。

5月，中央电教馆在市中举行电化教育现场会。钱文明校长被推选为中国中学校长工作研究会理事。

6月，校刊《市中简报》第一期出刊。

是年，成立清产核资领导小组及工作小组，对校办企业进行清产核资。

是年，学校被评为江苏省关心下一代工作先进集体，王成琦老师被评为江苏省中小学优秀班主任。

1998年

2月，举行"创建星级小书屋"研讨会。中国常驻联合国副代表、大使，1968届校友沈国放回母校探望。

3月，苏州市退协工作现场会在市中举行。

5月，校工会邀请省特级教师王美卿来校与青年教师交流。

8月，日本绫部市青少年乒乓球友好访华团来校进行友谊比赛。

9月，沈国明被评为全国模范教师，赴京参加全国教育系统劳动模范表彰会。同月，钱文明校长参加教育部"第二届中学校长高级研修班"学习，并赴欧洲考察。

11月,举办"1998金秋广场文艺演出"。

是年,钱律新老师获"江苏省中小学德育先进工作者"称号。学生金亮以高考苏州市文科第一名获李政道奖学金。

1999年

3月,中学生业余党校《社会调查报告集》第一辑出刊。中青年教师现代教育技术培训班开班。

5月,被评为江苏省电化教育示范学校。

6月,市政府撤销常熟市第八中学建制,改设为常熟市中学分校。广西荔浦中学领导教师来校交流。

11月22日,市中校舍扩建工程全面启动。

12月,举办"走进新时代"广场文艺会演。

2000年

2月,朱小龙调任副校长。

5月,学生美术书法作品展在常熟市博物馆举行。

8月,制定《常熟市中学章程》。

9月,陈旭轮雕像落成。

11月,市政府将市中校园拓展列入"为民办实事十大工程",翌年4月竣工。

是年,数学教研组被评为江苏省先进教师集体。

2001年

元旦,师生代表在虞山门举行"沐浴新世纪曙光"仪式。

1月,学校组织"一把手访贫"活动,走访慰问贫困学生。

3月,常熟市中学人才录《桃李成蹊径》发行。

4月,江苏省教育厅验收组来校验收国家级示范高中创建工作。

9月,海虞文学社更名为西窗文学社。

秋,试行高一学生素质评估"绿卡"制。

是年,学校被确定为江苏省德育先进学校、江苏省现代教育技术示范学校。张琦祯老师被评为江苏省优秀教育工作者。

2002年

4月，与澳大利亚国际应用教育学会签订"合作创办常熟市中学国际班"协议书。

5月，沈国明被评为江苏省特级教师。

7月，邓一先兼任校党总支副书记，沈国明任副校长，张琦祯任党总支副书记。

8月，学校搬迁至新世纪大道东侧新址。

9月，举行新校落成典礼。同月，中澳国际班开学。

是年，学校被评为江苏省中小学党建工作先进集体、苏州市文明单位。钱文明被评为苏州市十杰校长。

2003年

1月，师生代表团赴澳大利亚访问学习。

4月，开办离退休教工活动中心。

9月，学校被确定为江苏省历史教育科研基地。

10月，教育局副局长王金涛兼任市中校长、党总支书记，凌解良调任党总支副书记、副校长，钱文明任调研员。

11月，教育部"十五"规划重点课题"网络教育与传统教育优势互补研究"年会在市中举行。

12月，恢复常熟市第八中学建制，同时保留"常熟市中学分校"牌子。

是年，1949届校友陆埮当选为中国科学院院士。

2004年

3月，学校转评为江苏省四星级普通高中。

4月，美国加州中学生爵士乐团来校访问。

6月，徐竞文以高考江苏省第三名获李政道奖学金。

8月，凌解良任校长、党总支书记，殷丽萍调入任副校长。

11月，举行建校80周年庆典。

2005年

7月底，苏州市叶圣陶教育思想研讨会在我校举行。

9月，邹丽芳被评为江苏省优秀教育工作者。

11月,评选市中首届"教坛新苗"。

12月,任臻同学获2005年全国化学奥林匹克竞赛一等奖。

是年,校办企业常熟市教育印刷厂改制完成。1956届校友吕达仁被评为中国科学院院士。

2006年

3月,沿江九校历史研讨会在市中举行。

4月,美国青少年乒乓球代表团来校进行友谊赛。

10月,江苏省地理学科新课程研讨会在市中举行。

11月,全球ET学术峰会——全国整合课说课比赛在市中举行。

12月,沈国明被评为江苏省正教授级中学高级教师。

是年,市中民盟支部被评为江苏省优秀基层支部,校田径队获江苏省中学生田径运动会团体第8名。

2007年

1月,宁夏银川一中教育考察团来校参观交流。

3月,举行常熟市中学教师发展学校开学仪式。

9月,校训"诚敬"石落成。

12月,被评为江苏省文明学校。

2008年

5月,全校师生为四川汶川地震灾区捐款178113元。

7月,建立市中党委。

8月,董建石、邹丽芳任副校长。

9月,韩建光被评为江苏省特级教师。

10月,顾钰等8位教师赴泗洪开展教学交流活动。

是年,学校被评为江苏省精神文明建设工作先进单位。

2009年

4月,1959届校友回母校举行毕业50周年纪念活动。同月,举行"让生命充满爱"

大型感恩励志演讲报告会。

6月，地理教研组获"全国地理教学先进集体"称号。

10月，与山东泰西中学结为友好学校。

11月，举办常熟市中学优秀教师师德风采展。

2010年

4月，周永良任校长、党委书记。

5月，师生向青海玉树地震灾区捐款29818元。

9月，组织名师讲学团赴新疆克拉玛依讲学交流，并与克拉玛依二中结为友好学校。

10月，山东省昌邑市人大教育考察团来校参观。

12月，举办首次"教师讲堂"活动。

是年，马宁被评为江苏省特级教师。

2011年

1月，开始全面实施绩效工资制。

2月，被评为江苏省依法治校示范学校。

6月，沈国明地理教学思想研讨会在市中举行。

9月，与新疆克拉玛依市第九中学结为友好学校。

10月，与江苏省泗洪县淮北中学结为友好学校。举办江浙沪三地名校同课异构公开教学研讨活动。

2012年

6月，与加拿大爱思德国际学院结为友好姊妹学校。

8月，薛惠良被评为2011年度全国创新教育师德楷模。

9月，邵俊峰被评为江苏省特级教师，并被教育部确定为"国培计划"专家。

10月，学校名师工作室成立。

11月，与山东齐河一中结为友好学校。

2013年

8月，马宁、范祖国任副校长。同月，常熟市中学道德讲堂开讲。

9月，学校被评为"江苏省空军招收飞行学员工作先进单位"。马宁、邵俊峰入选江苏省"333高层次人才培养工程"。

10月，1953年初中毕业校友回校，范滇元院士、吕达仁院士等为母校题词。

是年，被评为江苏省文明单位。学校被列为教育部"普通高中特色学校"专项研究单位。

2014年

2月，沈国明、马宁入选首届"姑苏教育领军人才计划"。同月，1948届校友、清华大学博士生导师郑兆昌教授回母校讲学。

7月，"生态·地理综合实践课程基地"被评为省级高中课程基地，并聘吕达仁院士等为指导专家。

10月，"生态·地理综合实践课程基地"被评为苏州市示范课程基地。

12月，马宁、邵俊峰被评为中小学正高级教师。

是年，1962届校友霍桐章、邵璘夫妇捐资并发起建立"校友奖学金"制度。

2015年

3月，友好学校江苏省淮北中学领导教师来校交流。

9月，顾钰任党委副书记。

10月，常熟市特级教师工作室研讨会在我校举行。

11月，友好学校山东省齐河一中领导教师来校对口交流。

12月，江苏省基础教育课程建设项目视导组来校视察。

2016年

3月，学校被南京医科大学授予"优秀生源基地"。

4月，学校"常熟花边"社团被列入常熟市非遗传承保护基地名录。

6月，举行"非遗进校园"讲座和展览活动。

8月，王跃斌任副校长。

9月，工会组织首次"环尚湖徒步健身"活动。

10月,学校名师工作室成员赴贵州省思南县讲学交流。

11月,江苏省基础教育前瞻性教学改革实验项目推进会在市中举行。

2017年

2月,美国圣拉斐尔中学校长Dan Richard一行来校访问,双方签约为友好学校。

4月,历史、地理名师工作室成员赴山东省菏泽市送教交流。

6月,学校顺利通过四星级普通高中复评验收。

8月,马宁任校长、党委副书记。

9月,举办首次常熟市中学书记讲堂。同月,举办"与诺奖科学家面对面"市中讲堂活动,1999年诺贝尔物理学奖得主、荷兰著名理论物理学家杰拉德·特·胡夫特教授来校作专题讲座。

11月,人民教育出版社高中地理新教材试教及研讨会议在市中举行。

2018年

1月,学校被教育部评为国防教育特色学校。同月,邵俊峰被确定为苏州市第三批教育领军人才。

3月,江苏省基础教育前瞻性教学改革实验项目专家组来校中期视导。

6月,与北京师范大学甘肃庆阳附属学校结为友好合作学校。

8月,华国平、平卫星任副校长。

9月,广西壮族自治区"国培计划"教研员能力提升班师生来校作专题考察。

10月,友好学校新疆克拉玛依市独山子第二中学骨干教师来校挂职交流。

11月,江苏省高中地理青年教师基本功大赛在市中举行。

2019年

3月,举行周华生老师捐书仪式。

6月,友好学校广西荔浦中学领导教师来校交流。

9月,第一期青年教师教学研讨班开班。

10月,友好学校新疆独山子二中师生来校研学。

12月,汤丽萍被评为江苏省中小学正高级教师。

2020年

1月,马宁兼任校党委书记,周永良任调研员。

4月,学校被苏州市总工会授予五一劳动奖状。

6月,举行首届"四有青春杯"新入职教师课堂教学大赛。

12月,市中被江苏省教育厅认定为第三批省级教师发展示范基地,学校CS(跨学科)研教团队入选江苏省"四有"好教师团队。同月,邵俊峰任副校长,入选江苏省首批"苏教名家"培养对象。同月,举办首届英文书写大赛。

是年,《普通高中跨界课堂的校本实践》获苏州市教育教学成果基础教育类特等奖。

2021年

4月,举行与南京大学共建"江苏省生态·地理课程基地"签约仪式。

7月,校党委举行庆祝中国共产党成立100周年暨"七一"表彰大会。

10月,江苏省教育厅在市中举办"苏教名家培养工程"中学文科组研修活动。

11月,江苏省教师培训中心等在市中举办高中地理骨干教师省级培训班。

12月,肖敏老师被评为中小学正高级教师。

2022年

1月,学校《跨界课堂:普通高中跨学科素养培育的十年探索》获江苏省基础教育成果一等奖。

7月,1956届校友中国工程院院士范滇元、中国科学院院士吕达仁回母校与师生代表座谈。

9月,葛岩、张一览任副校长。同月,马宁被确定为江苏省"苏教名家"培养对象。

11月,学校接受四星级普通高中现场复审评估。同月,肖敏入选江苏教学名师。

2023年

7月,为迎接百年校庆,校史编纂工程正式启动。

8月,马宁任校党委书记,华国平任校长、党委副书记,开始实行校党组织领导的校长负责制。

9月,学校获苏州首届"圣陶杯"园丁奖(团队)。同月,江苏省普通高中课程基地

"高中物理融创课程基地"立项。

10月,邵俊峰被评为国家教学名师。

12月,陆文博、蒋少卿被评为江苏省中小学正高级教师。

2024年

1月,学校向广大校友和社会各界发出百年校庆第一号公告。同月,陆文博被评为江苏省教学名师。

3月,常熟市中学教育基金正式成立,号召广大校友和社会各界捐款支持本校发展。

5月,常熟市中学老校门重建工程、旭轮书院竣工,举行剪彩仪式。

8月,常熟市中学建校百年纪念石碑落成。

后记

2023年4月,常熟市中学校长会议决定,全面启动建校100周年庆祝活动筹备工作。7月底,校史编写组成立并投入工作。至2024年4月底,完成《常熟市中学百年校史(1924—2024)》初稿。其后经过专家论证、征求意见、修改补充、校勘核查等步骤,至7月定稿。

《常熟市中学百年校史(1924—2024)》较多地参考了以往所编的本校校史资料。民国时期,历年校刊载有学校沿革、组织系统、规章制度、教职员和毕业生名录、大事记等,比较全面地反映了当时的学校面貌。新中国成立后,学校多次组织力量编撰校史,其中有:徐鳌等的《常熟县中学十年简史(1949—1959年)》,1983年季良生等的《常熟市中学校史(1924—1982年)》,1994年顾佑民等的《老树春深更著花——常熟市中学建校70周年》(载《常熟文史》第22辑),2004年张琦祯等的《常熟市中学建校八十周年画册》、2014年张琦祯等的《常熟市中学九秩校史记》。此外,庞翔勋撰写的《常熟县立初级中学创办的头三年》(载《文史资料辑存》第9辑),季良生撰写的《解放前常熟县立初级中学概况》(载《文史资料辑存》第9辑),对了解建校初期历史也有较高的参考价值。2001年,沈沛等编写了《桃李成蹊径》一书,辑录了历届著名校友事迹和部分回忆文章,是一本较有价值的市中人物类历史参考书。

本次市中修史,是对前人研究成果的一次总结。同时,编写组在广泛收集整理各种资料的基础上,从史志结合的角度对校史作了大范围的补充和调整。相对而言,《常熟市中学百年校史(1924—2024)》更全面、系统、真实地记录了100年来常熟市中学的发展历程和办学经验成果。但其不足和缺憾也是显而易见的。

第一个是校史的宏观视野问题。常熟市中学百年来所走过的历史,既是中国教育和常熟教育的一个缩影,又是在现当代教育变革的深刻背景下演变发展的。因此,把市中的历史置于国家和地区的教育发展全局之中,从宏观的角度体现出市中世纪教育的历史价值,是编写校史的应有之义。囿于编写人员的学识水平,在这方面显然是做得不够的。

第二个是史料的选取考证问题。一个世纪以来,常熟市中学积累了极为丰富的文献文物资料,如何在尊重史实的基础上去伪存真,如何在价值判断的基础上去粗取精,是一个严肃的科学性问题。在修史过程中,尽管我们致力于求真求实,疑难之际反复求证核实,轻重之间审慎权衡判别,仍或有鱼珠相淆、遗漏之处。特别是有些关键性问题,仍留有疑问,尚待考证。

例如"诚敬"校训的起源问题。1994年,《老树春深更著花——常熟市中学建校70周年》一文载:"建校伊始,校长沈佩畦先生以'诚敬'为训,治校育人。"是后学校均采此说以明校训之起源。在本次修史中,遍查各方资料,上文的说法未见其依据;从另一面说,我们也不能轻易地以其未见而定其为无,但"诚敬"校训是否起自学校初建时,似有存疑之必要,是故现校史中没有全采上文说法。关于市中校训,始见于20世纪30年代。1933年6月《常熟教育》创刊号中《常熟县立初级中学概况》一文称:"该校采'公勇'二字为校训,取'舍己为公见义勇为'之意。"1934年的《常熟县立初级中学校刊》,亦明载学校以"公勇"为校训。此后一段时间则未见校训之记载。"诚敬"校训始见于1947年《常熟县中虞钟社社集》(现校训石所镌"诚敬"字样,即取于此)、1948年《常熟县立初级中学校胜利后第四届毕业同学纪念册》等。据此,现校史对"诚敬"校训的起源表述为:陈旭轮校长"莅任后,弘扬'诚敬'校训"。用"弘扬"二字,意在两存其说以调和之,诚非妥当之法。"诚敬"校训究竟起自何时,应当进一步查明定论。

第三个是苏南名校形成的具体表述问题。《常熟县中学十年简史(1949—1959年)》载:"1951年,苏南人民行政公署指定常熟县中为试行《中学暂行规程》学校之一,研究试行新民主主义教育方针、理论与实际一致的教学方法,把青少年培养成为德、智、体、美四育全面发展的、具有升学深造或参加国家建设的工作人才。"而《常熟市中学校史(1924—1982年)》将其表述为:"1951年,由苏南人民行政公署指定为新民主主义教育方针的试点学校。"其后历次编修,均采此本之说。本次修史,从时间上最接近、表述最完整的角度衡量取舍,采用了《常熟县中学十年简史(1949—1959年)》的提法。但因未见苏南人民行政公署文件原文,故仍不应视为定论,应当继续查找原件加以确认。

《常熟市中学百年校史(1924—2024)》的编写,时间紧迫、任务繁重。我们有幸得到了常熟市教育局、常熟市档案馆等部门的大力支持；学校所聘沈秋农、唐坚、吕惠峰、金晔、俞益民等专家不仅搜集、支持了大量的校史资料，还全程给予了悉心指导；许多老教师和校友积极为编写人员提供咨询、技术等服务，并踊跃捐献了一大批宝贵的校史文物；学校各部门和老师在百忙之中帮助编写组解决了许多工作难题。这些都为如期完成修史工作提供了可靠保障。另外要特别感谢1986届高三（1）（2）（3）（4）（5）（6）班校友，1989届高三（2）班校友，1993届初三（1）班校友，2001届高三（1）班校友，2008届高三（15）班校友，2016届高三（11）班校友，2017届高三（13）班校友，1987届校友汪俭，1991届校友邵晞、钮达人，2001届校友张燕，2012届校友邱云海、盛裕辉，2014届校友朱宏敏对本书出版的大力支持。在此一并表示衷心感谢！

常熟市中学校史编写组
2024年7月